Rich Cohen

Nachtmarsch

Eine wahre Geschichte
von Liebe und Vergeltung

Aus dem Amerikanischen
von Irmengard Gabler

S. Fischer

2. Auflage: September 2000
Die Originalausgabe erschien 2000 unter dem Titel
›The Avengers. A Jewish War Story‹
bei Alfred A. Knopf, New York
© Rich Cohen 2000
Für die deutsche Ausgabe:
© S. Fischer Verlag GmbH, Frankfurt am Main 2000
Alle Rechte vorbehalten
Satz: Fotosatz Otto Gutfreund GmbH, Darmstadt
Druck und Bindung: Clausen & Bosse, Leck
Printed in Germany 2000
ISBN 3-10-010218-5

Inhalt

Night March

And someone stood up in the field,
and his voice was like this night;
»Will we get there – and how?«
Who will know? This night
– as on all other nights –
it's the one who will stand up and go.

Abba Kovner

Für Ellen Cohen

Sie ist anders als alle Geschichten, die ich jemals über den Holocaust gelesen habe. Es ist darin weder die Rede von Güterwaggons noch von Konzentrationslagern. Sie spielt in Kellerverstecken, auf Waldlichtungen und in den Ruinen deutscher Städte nach dem Zweiten Weltkrieg. Ich hörte sie zum ersten Mal 1977, als ich mit meiner Familie in Israel war. Diese Reise ist in einem Fotoalbum dokumentiert, das meine Mutter zusammenstellte, als wir wieder zu Hause in Chicago waren. Die Bilder zeigen eine Familie, die sich lächelnd vor den üblichen Sehenswürdigkeiten ablichten lässt: Klagemauer, Totes Meer, Massada. Ich war damals zehn, mein Bruder fünfzehn. Er trägt auf den meisten Fotos schwarze T-Shirts, die das Sonnenlicht zu schlucken scheinen, mit Bildern von Popstars auf der Brust. Auf einem Bild lässt er seine Muskeln spielen. Meine Schwester, bald achtzehn, wirkt derart gelangweilt, als würde sie mit jeder Minute auf dieser Reise eine andere Party versäumen. Ein Schnappschuss zeigt meinen Vater, wie er an einem israelischen Panzer lehnt und sinnend in die Ferne blickt, als hielte er nach Babyloniern Ausschau. Meine Mutter bediente entweder die Kamera oder hielt sich die Hände vors Gesicht, damit niemand ein Foto von ihr machen konnte. Was das Fotografieren anbelangt, ist sie ein klassisches Beispiel für jemanden, der gerne austeilt, aber nicht einstecken kann. Alle Fotos nacheinander ergeben die obligatorische Pilgerreise einer jüdischen Mittelstandsfamilie aus Amerika. Weihnachten im Heiligen Land: Jugendliche, die in die Sonne blinzeln und nach einer verlorenen Verbindung suchen, nach einer Beziehung zu dieser Heimat, die ihnen nach dem endlos langen Flug vorkommt wie jedes beliebige fremde Land.

Wen die übrigen Momente unseres Ferienaufenthalts interessieren, in denen der Fotoapparat in der Tasche blieb, das Gemaule und Gezanke, die Drohungen und Krisen, der muss schon tiefer graben, sich zwischen alten Zeugnissen und Sportabzeichen zu den vergilbten Seiten des *Cohen-Tagblatts* vorarbeiten, einer Zeitung, deren Herausgeber ich war und die unseren dreiwöchigen Urlaub in Israel kommentierte. Streng genommen war sie gar keine richtige Tageszeitung, zumal sie nicht täglich erschien. Sie bestand aus den gelben Blättern, die ich aus meines Vaters Notizblock gerissen, beschriftet und mittels einer Büroklammer zusammengefasst hatte. Sie ging von einem Familienmitglied zum nächsten. Die Geschichten unter den verwischten Überschriften hielten selbst die anzüglichsten Gerüchte fest. Ein Artikel meines Bruders handelte von gewissen Umtrieben meiner Eltern: »Herb und Ellen sind am Fummeln.« Im Folgenden war die Rede vom verräterischen Funkeln in den Augen meines Vaters, von verdächtigen Geräuschen jenseits der Zimmerwand, zerrauftem Haar, Gelächter. »Ellen lag unter der Decke und trug ein breites Grinsen auf dem Gesicht«, hieß es. »Gerüchten zufolge war das alles, was sie trug.«

Auf der letzten Seite standen die Rezensionen; in einer zum Beispiel tat mein Vater seine Ansichten über ein Restaurant in Haifa kund, dessen Gerichte angeblich mehr als nachhaltig sättigten. »Dieses Essen macht einen nicht nur satt«, schrieb er, »man ist danach zum Platzen voll.« Die letzte Ausgabe des *Cohen-Tagblatts*, die entstand, als meine Eltern bereits die Koffer packten, handelt von unserem Ausflug zu einem Kibbuz im Norden Tel Avivs. Wir hatten Verwandte besucht, von denen wir lange Zeit geglaubt hatten, sie seien im Holocaust ums Leben gekommen. In wenigen Sätzen schildert hier meine Schwester in ihrer eckigen Handschrift den fraglos wichtigsten Abend unseres Aufenthalts, unsere erste Begegnung mit den »Rächern«, einer Truppe selbst ernannter Soldaten, die den Zweiten Weltkrieg in den dunklen Wäldern Osteuropas ausfochten, später für die biblischen Wüsten des Mittleren Ostens kämpften und zu jenem Menschenschlag gehörten, der Joseph Goebbels zu folgendem Tagebucheintrag inspirierte: »Man sieht aber daran, wessen man sich seitens der Juden zu gegenwärtigen hat, wenn sie im Besitz von Waffen sind.« In wenigen Sätzen hielt meine Schwester den Augenblick fest, der die verlorene Verbindung herstellte und uns in unserer Heimat heimisch werden ließ – ein elektrisierender Moment, der sich hinter den Fotos im Album meiner Mutter verbirgt.

* * *

Wir mieteten uns einen Wagen und fuhren zum Kibbuz. Die Hinweise bezüglich der Reiseroute, die wir von einem der Hotelangestellten erhalten hatten, waren gänzlich unbrauchbar. Israelis – weiß Gott, warum das so ist – erklären einem den Weg ebenso vage wie weitschweifig, als sähe es allerorten gleich aus und als führten alle Straßen dorthin: Nur ein Idiot würde das nicht finden. »Also, Sie erreichen die Straße und fahren los«, hatte uns der Mann gestikulierend erklärt. »Sie fahren und fahren und fahren immer weiter. Dann sehen Sie eine Brücke, die beachten Sie gar nicht und fahren immer weiter. Dann kommen Sie zu einem Baum und einem Haus, und schon sind Sie da.«

Wir kauften uns eine Straßenkarte. Ich hielt sie auf dem Schoß. Auf Familienausflügen war immer ich der Navigator. Landkarten faszinierten mich. Die hier zeigte einen Streifen Land und daneben das Meer. Braun, blau. Die Städtenamen kannte ich aus dem Religionsunterricht: Jaffa, Jericho, Beer Sheva. Während ich die Karte studierte, wurde mir bewusst, wie klein Israel doch ist, als wäre die Karte im Maßstab 1:1 gezeichnet. Ich suchte mir eine Stadt aus und sagte: »In zwei Stunden dürften wir in Netanya sein.« Und kaum hatte ich das gesagt, nahm mein Vater schon den Fuß vom Gas und verkündete: »Netanya.«

Wir bogen in eine Straße ein, die durch offenes Gelände führte. Hinter uns kamen immer wieder kleine Autos angebraust und machten mit der Lichthupe auf sich aufmerksam. Man sah sie im Rückspiegel. Mein Vater kurbelte sein Fenster herunter und winkte sie vorbei. Und weg waren sie, eine Staubwolke hinter sich herziehend. Wir waren zu Ruzka Korczak unterwegs; meine Großmutter hatte uns darum gebeten, die 1920 ihr polnisches Heimatstädtchen verlassen hatte und nach New York ausgewandert war. Sie hatte neun Geschwister und eine kleine Nichte, die Tochter ihres ältesten Bruders. Obwohl meine Großmutter das erste Kind war, das diese Reise unternahm, geriet ihre Familie in Geldnöte. Und die Zeit verging. Und Politiker kamen und gingen. Und der Krieg brach aus. Einige Jahre nachdem Deutschland kapituliert hatte, erhielt meine Großmutter den Brief einer gewissen Sarah, die aus demselben Ort in Polen kam wie sie. Sarah lebte inzwischen in Israel, wo sie Überlebenden half, ihre Angehörigen zu finden. Zu diesem Zweck sah sie sich auf Schiffen um, studierte Passagierlisten und Einreisepapiere, redete mit Flüchtlingen. Wir hatten mit Sarah gleich zu Beginn unseres Aufenthalts zu Abend gegessen. Sollte sie irgendetwas von Belang gesagt haben, muss es mir entgangen sein. Ihr Mann hieß Schlomo; sehr viel mehr war aus ihm nicht herauszubekommen.

In besagtem Brief schrieb Sarah meiner Großmutter, dass fast alle Juden in ihrer Heimatstadt umgebracht worden seien. Ein Mitglied der Familie meiner Großmutter habe jedoch überlebt – ihre kleine Nichte. Einen Großteil des Krieges habe diese als Partisanenkämpferin im Wald zugebracht. Mittlerweile lebe sie in einem Kibbuz nördlich von

12

Tel Aviv. »Erinnerst du dich an deine Nichte?«, schrieb Sarah. »Du bist ihre ganze Familie. Sie heißt Ruzka.«

Die Straße führte eine Anhöhe hinauf. Als ich mich umblickte, sah ich unter uns das flache braune Land liegen. Es flimmerte im Staub. Wir bogen auf eine holprige Sandstraße ein. Felder, so weit das Auge reichte. Sie waren so grün, dass es den Augen wehtat. Die Luft roch wie in Illinois, wenn die Bauern ihr Gemüse in der Stadt zum Verkauf anbieten. Wir bogen um die Ecke, und da stand Ruzka. Ich hatte schon viel von ihr gehört, Geschichten von all den Heldentaten, die sie im Krieg vollbracht hatte. Ich hatte große Erwartungen. Stattdessen kam eine zierliche, lächelnde grauhaarige ältere Dame auf uns zu, meiner Großmama Esther nicht unähnlich, die ihren Lebensabend in einem Seniorenheim in North Miami Beach verbrachte.

Als wir aus dem Wagen stiegen, umarmte Ruzka jeden von uns, als würde sie uns schon lange kennen. Sie hatte das zerfurchte Gesicht einer Bauersfrau – ein beeindruckender Hintergrund für ihre Augen, die Wärme und Jugend ausstrahlten. Sie stellte uns viele Fragen und schien jede Antwort zu genießen, wobei sie dem Zuhören genauso viel Bedeutung beimaß wie die meisten Menschen dem Reden. Während wir hinter ihr hergingen, wies sie auf verschiedene Häuser: »Das da ist der Speisesaal«, sagte sie. »Da wohnen die Kinder. Dort haben wir unsere Waffen.« In der Ferne sahen wir Kinder, Kühe und Ziegen. Der Kibbuz ist ein sozialistisches Kollektiv, dessen Mitglieder auf den Feldern arbeiten, Obst pflücken oder Kühe melken. Wer hier lebt, kann mit Recht von jeder beliebigen Kuh, die er sieht, behaupten: »Diese Kuh gehört mir.« Die wenigen Kibbuzim, die es noch gibt, sind Überbleibsel, Relikte aus Pioniertagen, als Gemeinschaften, die nach dem Prinzip »einer für alle, alle für einen« funktionierten, die beste Antwort auf sengende Hitze und plündernde Nachbarn zu sein schienen. Ruzka blickte zum östlichen Horizont, wo die Felder braun wurden, und sagte: »Vor dem Sechstagekrieg 1967 begann jenseits dieser Felder Jordanien.«

Ruzka führte uns zu einem weißen Haus mit rotem Dach. In den Fenstern spiegelte sich das Licht. Die Wände innen waren voller Gemälde und Bücherregale. Avi, den Ruzka nach dem Krieg geheiratet hatte, ein schöner, hellhäutiger Mann mit weißem Haar und strahlenden blauen Augen, begrüßte uns lächelnd. Seit Avi in den Zwanzigern nach Palästina ausgewandert war, verwandte er einen Teil seiner Zeit darauf, die Kultur seiner Jugend zu bewahren, die Musik, Literatur und Kochkunst Österreichs. »Was ist denn, Avi?«, fragte Ruzka.

Er blickte suchend auf der Platte umher, die Ruzka mit Obst und Gemüse belegt hatte.

»Ruzka, Schätzchen, wo ist denn die Wurst?«

Ruzka lächelte Avi an und füllte unsere Teller.

Es klopfte. Einmal, zweimal. Die Dielen knarzten. Das Haus füllte sich mit dem Geplauder und Gelächter älterer Juden. »Das ist Abba Kovner«, sagte Ruzka. Man hatte mir erzählt, Kovner sei Dichter und habe die höchsten Auszeichnungen erhalten, die ein israelischer Schriftsteller erhalten kann, Soldaten hätten seine Bücher mit in den Krieg genommen. Er sah anders aus als alle, die ich kannte, eher wie ein verlorener Prophet der alten Welt. Seine Schultern waren hochgezogen, sein Körper drahtig und schlank, ein Werk moderner Bildhauerei, mit vielen Ecken und Kanten. Seine dunklen, traurigen Augen trugen einen geheimnisvollen Glanz in sich. Auf unseren Fotos tritt sein Gesicht in den Hintergrund, wirkt stiller und düsterer als die umliegenden Hügel. Ihm zur Seite, immer nur ein Flüstern weit von ihm entfernt, stand seine Frau Vitka. Sie hatte lange Gliedmaßen, dunkles Haar und große Augen. Ihr Gesicht war unscheinbar, bis sie lächelte, und dieses Lächeln schuf ihr Gesicht neu, war es erloschen, trug sie wieder dieselbe unbewegte Miene, die bereits als junges Mädchen typisch für sie gewesen sein muss.

Abba, Ruzka, Vitka – das war keine gewöhnliche Beziehung, jedenfalls keine konventionelle, kein Ehepaar, das mit der Nachbarin ein kurzes Schwätzchen hielt. Diese Leute hatten sich vor über dreißig Jahren in den geschäftigen Straßen Wilnas kennen gelernt, der Hauptstadt Litauens – junge Menschen, gefangen im zweiten Akt des Zweiten Weltkriegs. Es gab ein paar Versuche, ihre Beziehung als klassisches Dreiecksverhältnis darzustellen. Man sagte, Ruzka und Vitka seien in Abba verliebt, oder Abba und Ruzka seien in Vitka verliebt, oder Vitka und Abba seien in Ruzka verliebt. In Wahrheit waren alle drei ineinander verliebt. Jeder von ihnen konnte die Sätze der anderen zu Ende sprechen, ihre Gedanken erraten. Wie ein dreiteiliger Spiegel reflektierten sie einander ins Unendliche. Was sie gemeinsam durchgestanden hatten, schweißte sie auf eine kaum vorstellbare Weise zusammen.

Normalerweise sprachen sie nicht gern über ihre Vergangenheit oder über ihre Taten. Sie stellten uns lieber Fragen über Amerika oder Chicago oder, in meinem Fall, über die Widrigkeiten der fünften Klasse. Erst nach und nach, oftmals durch die Aussagen anderer Leute, konnten wir etwas über die Untergrundarmee in Erfahrung bringen, die sie in Europa gebildet hatten, über die Kämpfe, die sie mit den Deutschen ausgefochten hatten, darüber, wie es ihnen gelungen war, kurz vor der Zerstörung des jüdischen Ghettos aus Wilna zu fliehen. Es gab auch Geschichten über die Wälder, in denen sie ein Jahr lang gelebt und gekämpft und feindliche Züge und Militärtransporte in die Luft gesprengt hatten. Ihre letzten Tage in Europa hatten sie in den Wäldern verbracht. Dort war das alte Leben zu Ende gegangen, hatte das neue begonnen – mit der Geburt Israels. Die Geschichte von Abba, Ruzka und Vitka ist letztendlich eine Geschichte des Mittleren Ostens. In den Wäldern kämpften sie bereits als Israelis. Der Wagemut, die Kühnheit, die sie dort bewiesen, waren ihr wichtigstes Gut, und sie nahmen es mit nach Palästina. Im Wald hatten sie sich auch die ungewöhnlichen Pläne ausgedacht, die sie in den Wirren der frühen Nachkriegszeit in die Tat umsetzen wollten – Pläne, wie sie an den Männern Rache nehmen konnten, die ihre Familien auf dem Gewissen hatten. Während sie erzählten, blinkten die ersten Sterne am Himmel auf. Kreisende Konstellationen. Gelbes Licht leuchtete in den Fenstern, und der Raum schien in die Vergangenheit zurückzusinken, zu den Städten und Sümpfen, in denen sie ihre Jugend verbracht hatten.

★ ★ ★

Als ich älter wurde, sprach ich noch viele Male mit Ruzka und Abba und Vitka, während der Ferien, die wir alle paar Jahre in Israel verbrachten, und bei ihren Besuchen in den Staaten. In meiner Erinnerung spielt ihre Geschichte vor einer wechselnden Kulisse – Häuser am Meer, Vorstadtrasen, überfüllte Restaurants. Ich traf Abba einmal im Diaspora-Museum in Tel Aviv, das er initiiert und eingerichtet hatte. Das Museum sollte nicht nur von den Massenmorden des Holocaust Zeugnis ablegen, sondern auch die Jahre jüdischen Lebens dokumentieren, die dem Gemetzel vorausgegangen waren. Er hatte langes graues Haar, trug Chinos und hatte die Hände in den Hosentaschen. Er führte mich durch die Säle, in denen Dokumente und Fotografien ausgestellt waren. In einem Zimmer blieb er vor einem detailgetreuen Modell des großen Tempels in Wilna stehen und wies mich auf den ausgewogenen Rhythmus von Bögen und Säulen hin: »Wie sollt ihr begreifen, was wir verloren haben«, sagte er, »wenn ihr gar nicht wisst, was wir hatten.«

Ich suchte Abba, Ruzka und Vitka für gewöhnlich im Kibbuz auf, in Räumen voller Bücher, Musik und Bilder. Abbas und Vitkas Sohn Michael ist Maler, und ich saß oft vor seinen luftigen Aquarellen von Häusern im Negev. Wenn Abba oder Ruzka erzählten, gingen die Türen auf, und Mitglieder der alten Truppe betraten lächelnd das Zimmer, ergänzten die Geschichte. Für einen Amerikaner waren diese Menschen eine abenteuerliche Mischung, abgerissene Intellektuelle, Kämpfer, die allein durch Erfahrung und Neugierde ausgebildet wurden. Wenn Ruzka zuhörte, hingen ihr die Arme seitlich herab, weiteten sich ihre Augen; sie sog jedes Wort in sich ein. Ich schlenderte oft mit ihr durch die engen Straßen des Kibbuz, vorbei an Häusern, die voller Leben waren. Sie hielt ihre Arme auf dem Rücken verschränkt und redete mit sanfter Stimme.

Wenn wir den Kibbuz besuchten, verbrachten wir die meiste Zeit glücklich im Kreis unserer Familie, bei Ruzka und ihren Kindern – meinen Cousins – Yehuda und Yanot und Ghadi, deren Ehepartnern und Kindern. Aber wann immer sich mir die Gelegenheit bot, lenkte ich das Gespräch auf Europa, auf Ruzkas Leben vor dem Krieg, denn ich wollte wissen, wie sie überlebt und was sie unternommen hatten, als der Friede kam. Ich war geradezu besessen. Ihre Erlebnisse eröffneten mir einen anderen Zugang zu unserer Geschichte als das Fernsehen oder Literatur – dies war der Zweite Weltkrieg aus der Sicht des Ostens, aus der Sicht der Juden, die nichts mehr zu verlieren hatten und deshalb beschlossen zu kämpfen.

1998 flog ich nach Israel, um mich mit Vitka und den übrigen Partisanen – sofern sie noch am Leben waren – zu unterhalten. Indem ich unterschiedliche Stränge der Geschichte zusammentrug, hoffte ich ein Vermächtnis zu Pa-

17

pier zu bringen, das man vertrauensvoll an mich weitergegeben hatte. Ich bewohnte ein Gästehaus im Kibbuz und unterhielt mich jeden Morgen mit Vitka. Hin und wieder begleitete sie mich in einen benachbarten Kibbuz, wo ehemalige Kampfgenossen lebten. Wollte jemand nicht über Vergangenes sprechen, sagte sie der oder dem Betreffenden, ich sei ein Cousin Ruzkas. Daraufhin pflegten die Leute mich anzulächeln und zu sagen: »Ruzka war ein wunderbarer Mensch. Lassen Sie uns in den Garten gehen und reden.«

Über mehrere Wochen erzählten mir diese Menschen in aller Ausführlichkeit Geschichten, die ich bereits kannte, und solche, die ich mir niemals hätte träumen lassen. Geschichten, die sie noch keiner Menschenseele erzählt hatten, die letzten großen Geheimnisse des Kriegs. Als ich Vitka fragte, weshalb sie diese Dinge für sich behalten hatte, runzelte sie die Stirn. Abba habe nicht gewollt, dass diese Geschichten an die Öffentlichkeit kämen, erklärte sie. Israel sei ständig von Terroristen bedroht gewesen, und Abba habe Angst gehabt, dass Mitglieder extremistischer Gruppen seine Aktionen während des Kriegs als Rechtfertigung für ihr eigenes Verhalten missbrauchen könnten. Überdies hatte er Angst, dass andere Juden das Leben, das er in Europa geführt hatte, womöglich nicht verstanden. Aus dem Kriegszusammenhang gerissen, könnten seine Taten grausam oder gefühllos erscheinen.

Ich fragte Vitka, weshalb sie sich jetzt doch dazu entschlossen habe, die Geschichte zu erzählen, und sie antwortete, es hätte sich eben vieles verändert. Als Abba und Ruzka gestorben seien, sei ihr plötzlich bewusst geworden, dass ihre Geschichte, wenn sie sie nicht erzählen würde, mit ihnen stürbe.

Eines Abends führte Vitka mich hinaus in die Felder, jenseits der letzten Hoflampe. Ein Vogel flog auf. Sterne flim-

merten am Horizont. Wir erreichten einen gepflegten Ra-
sen, dessen Grashalme im Abendwind zitterten. Grabsteine reihten sich aneinander, Geburts- und Todesdaten um-
spannten die kurze Geschichte des Landes. Am äußeren
Ende des Friedhofs beugte Vitka sich über zwei Gräber:
Abba und Ruzka, die nur wenige Meter voneinander entfernt in der Erde ruhten. An Abbas anderer Seite befand
sich ein drittes, noch leeres Grab, und Vitka gab sich Mühe,
nicht darauf zu treten. Vitka legte einen kleinen Stein auf
jedes Grab, schloss die Augen und murmelte ein paar Worte. Sie blickte auf die Gräber, dann wieder zum Kibbuz
hinüber. »Komm«, sagte sie. »Lass uns nach Hause gehen.«

Das Ghetto

Ruzka Korczak kam in Bielsk zur Welt, einer kleinen Stadt im Westen Polens. Sie war klug, lebhaft und aufgeweckt. Sie gehörte zu den wenigen Juden, die die allgemeine Schule besuchten. Als einer der Lehrer einmal eine judenfeindliche Bemerkung machte, schob Ruzka ihr Pult hinaus auf den Flur, weil sie mit solch einem Mann nicht in einem Zimmer sitzen wollte. Für den Rest des Schuljahres schrieb sie so viel vom Unterricht mit, wie sie von dort mithören konnte. An diesem Tag kam Ruzka zu Bewusstsein, dass sie eine Außenseiterin war. Als Folge davon wurde sie sehr still und in sich gekehrt. Mit vierzehn war sie entsetzlich schüchtern. Sie war sehr klein, nur etwa eins fünfzig groß, mit einem wippenden Gang und braunem Kraushaar. Ihre Augen hatten die Farbe ihrer Haare und waren wunderbar klar. Sogar an düsteren Tagen schien die Sonne sich darin zu spiegeln. Ihre Haut war kupferfarben, und ihre Gesten hatten die Ungezwungenheit eines Bauernmädchens. Als sie älter wurde, war sie die meiste Zeit allein. Unter normalen Umständen hätte sie nach der Schule wohl ein einfaches Leben geführt. Es war die Zeit, die jene hervorragenden Eigenschaften, die in ihr schlummerten, zum Vorschein brachte. In dieser Hinsicht war der Krieg merkwürdig – er nahm einem alles, was man hatte, aber man bekam auch etwas.

Als sie fünfzehn war, nahm ihr Vater sie von der Schule. Er war Viehhändler, ein jüdischer Beruf, und die Geschäfte standen schlecht. Um die Familie zu unterstützen, arbeitete sie in einer Bäckerei. Am Abend ging sie dann durch die dunklen, nebeligen Straßen der Stadt. Im Winter konnte sie den festgetretenen Schnee unter ihren Schuhen knirschen hören und den Rauch aus den Kaminen riechen. Oft machte sie einen Abstecher in die Bibliothek. Sie las Tolstoi, Turgenjew, Dostojewski, Marx, Engels und Lenin. Eines Abends stieß sie auf das Buch eines Zionisten mit dem

Namen Leo Pinsker. Das Buch trug den Titel *Auto-emanzipation*. Es veränderte ihr Leben. »Das gehässige Bild der Nichtjuden von den Juden steht in alle Ewigkeit fest«, schrieb Pinsker.»… so ist der Jude für die Lebenden ein Toter, für die Eingeborenen ein Fremder, für die Einheimischen ein Landstreicher, für die Besitzenden ein Bettler, für die Armen ein Ausbeuter und Millionär, für die Patrioten ein Vaterlandsloser, für alle Klassen ein verhasster Konkurrent.« Für Ruzka wurde der Zionismus fast so etwas wie eine Religion. Er verlieh ihrer Einsamkeit einen Sinn. Die kleine Geschichte des Mädchens aus Bielsk wurde nun Teil der großen Geschichte vom Exil. Sie gelobte, nach Palästina auszuwandern.

Ruzka trat einer zionistischen Jugendbewegung bei, der Jungen Garde, einer Organisation, die politisch eher links angesiedelt war und die Arbeit als etwas Heiliges begriff. Die Anführer der Jungen Garde glaubten an den gemeinsamen Besitz, an die Gleichberechtigung der Frau und daran, dass Kinder der Gemeinschaft gehörten. Sie gelobten, einen neuen Typus von Juden zu erschaffen, »uns selbst neu zu schaffen, indem wir das Land (Israel) neu schufen«. Es gab zahlreiche Vereinigungen dieser Art, verstreut in kleinen und größeren Städten Osteuropas, wo es den Juden am schlechtesten erging. Die Mitglieder waren Jugendliche, die jiddisch, polnisch und deutsch sprachen, am Hebräischunterricht teilnahmen und im Sommer singend durch die Wälder streiften. Sie trugen grüne Hosen und graue Hemden und lernten die Überlebensstrategien, die sie in Palästina brauchen würden. Sie glaubten an Selbstverteidigung und daran, dass Juden lernen müssten, ihre Familien zu beschützen. Es gab Klassen, in denen die Älteren den Jüngeren das Schießen beibrachten. Sie machten sich nichts vor, was das Schicksal der europäischen Juden anbelangte. Obwohl die meisten dieser Menschen noch nie außer Landes gewesen waren – das Heilige Land war für sie eine Art Traumlandschaft mit Kamelen, Dünen und Meer –, glaubten sie, dass Palästina die einzige Chance für eine jüdische Zukunft war.

★ ★ ★

Am 23. August 1939 unterzeichneten Hitler und Stalin einen Nichtangriffspakt und teilten Polen unter sich auf. Wenige Tage später überschritten deutsche Truppen die Grenze. An deutschen Proviantzügen waren Schmierereien von alten Männern mit Hakennasen. Darunter stand zu lesen: »Wir fahren nach Polen und verprügeln die Juden.« Im Herbst desselben Jahres, als die Straßen von Ruzkas Heimatstadt sich mit deutschen Soldaten füllten, beschloss sie nach Warschau zu gehen, wo sie hoffte, die Anführer der Jungen Garde zu treffen. Sie war siebzehn. In ein paar Monaten, wenn es in Bielsk wieder ruhiger geworden war, wollte sie wiederkommen. Deshalb verließ sie gelassen und zuversichtlich eine Welt, in die sie nie mehr zurückkehren würde, deren unbeschwerte Freuden ihr bald nur noch wie ein Traum erscheinen würden.

Als Ruzka die Koffer packte, redete ihr Vater mit ihr. Er sagte, er könne gut verstehen, weswegen sie fortging. Er wäre selbst gegangen, hätte er sich nicht um seine Eltern zu kümmern, die für eine solche Reise schon zu alt waren. Er vermied ihren Blick, während er mit ihr sprach, um zu verhindern, dass sich auf seinem Gesicht eine Gefühlsregung abzeichnen würde, die die Entschlossenheit seiner Tochter womöglich ins Wanken brächte – er wusste, dass sie gehen musste. Ruzka blickte zu ihrem Vater hin und schluckte. Nur um das eine bat er sie: Falls sie zu Jom Kippur, dem Fest der Versöhnung, noch nicht zurück sei, dann solle sie wenigstens das Fasten einhalten. »Versprich es mir«, sagte er.

Ruzka war nicht gläubig. Wie viele Zionisten hatte sie eine weltliche Vorstellung von der jüdischen Geschichte, glaubte an einen Judaismus, der weniger auf Gott als auf das Volk zentriert war, auf seine Geschichte, seinen Ruhm, seinen Niedergang. Sie glaubte mehr an die Geschichte als an die Gottheit, die Geschichte der Juden und wie jeder Einzelne daraus seine ganz persönliche Geschichte ableitete. Ihr Vater sagte, er respektiere ihre Überzeugungen, bitte sie nur um dieses eine Zugeständnis.

»Ich habe vor, in den Ferien wieder hier zu sein«, sagte Ruzka. »Sollte mir das nicht möglich sein, werde ich fasten. Das verspreche ich.«

Als sie das Haus verließ, hörte Ruzka, wie ihre Mutter leise vor sich hinsagte: »Ich werde sie nie mehr wieder sehen.«

★ ★ ★

Auf der Straße nach Warschau wimmelte es von Flüchtlingen. Bauern hatten Maulesel oder Ochsen vor ihre Fuhrwerke gespannt, ärmere Leute schleppten ihre Karren eigenhändig vorbei an verwahrlosten Gehöften mit eingesunkenen Dächern. Die Landschaft war üppig und grün. Deutsche Flugzeuge flogen in Bodennähe über sie hinweg. Ruzka sah die schwarzen Kreuze auf den Rümpfen und die Köpfe der Piloten, die alle in eine Richtung blickten. Und sie hörte die Explosionen über Warschau, das nur sechzehn Kilometer jenseits der Felder lag. Nachdem sie die Bomben abgeworfen hatten, kamen die Flugzeuge in großer Höhe zurück. Als Ruzka in Warschau anlangte, stand die Stadt in Flammen, ein Meer aus brennenden Häusern. Sie ging durch die menschenleeren Straßen. Ihre Kleider rochen nach Rauch. Glücklicherweise lief sie einem Mädchen aus der Jungen Garde über den Weg, das sie vor wenigen Monaten auf einem Treffen kennen gelernt hatte.

»Wo sind denn die anderen?«, fragte Ruzka.

»Die sind alle nach Wilna gegangen«, sagte das Mädchen.

»Warum?«

»Von Wilna aus können sie vielleicht nach Palästina ausreisen.«

Wilna liegt fast fünfhundert Kilometer von Warschau entfernt. 1939 strömten fünfzehntausend jüdische Flüchtlinge in die Stadt. Ruzka ging zu Fuß, auf geheimen Pfaden, vorgezeichnet von Juden für Juden, die aus dem deutschbesetzten Polen fliehen mussten. Mit zehn weiteren Schicksalsgenossen ging sie gefrorene Landstraßen und Waldwege entlang. In jeder Stadt wurde die kleine Schar von einem Führer empfangen, der sie zur nächsten Stadt begleitete. Nachts schliefen die Flüchtlinge in Synagogen oder engen Wohnzimmern. Um sich warm zu halten, schliefen sie entweder Körper an Körper oder an einem knisternden Feuer, das flackernde Schatten warf. Es war ein strenger Winter. Der Wind türmte hohe Schneewehen auf, und die Temperatur sank auf dreißig Grad minus. Als der Schnee dann im Frühling schmolz, fand man Dutzende von Toten, die mit blau gefrorenen Händen ihre Bündel festhielten, die Leichen derer, die dem Fußmarsch nicht gewachsen waren.

Ruzka wusste lediglich, dass sie den Bug überqueren musste. Am jenseitigen Ufer waren die Russen. Nach einer Woche erreichte die Schar den Bug. Das ist ein breiter Fluss, der sich durch die Täler Ostpolens windet, voll von zahlreichen von Sumpfgras bewachsenen Inseln, und viel Geröll mit sich führt. Im Winter sind seine Ufer zugefroren, in der Mitte treiben Eisschollen. Das Wasser ist schwarz und kalt. In der Ferne konnte Ruzka deutsche Soldaten sehen. Die Juden versteckten sich in den Feldern. In der Nacht trafen sie einen polnischen Bauern mit einem hölzernen Kahn. Als Ruzka hineinstieg, fing er heftig an zu schaukeln. Eis krachte gegen den Rumpf, als sie den Fluss überquerten. Am anderen Ufer bezahlten die Führer den Bauern. Die Gruppe war auf russischem Gebiet angelangt. Noch immer lagen dreihundert Kilometer Wegs vor ihnen. Tage und Nächte auf der Straße. Nach drei Wochen erreichten sie Białystok. Einige Tage später marschierten sie in einen litauischen Ort nahe der Grenze nach Wilna. Man warb polnische Führer an, die den Juden den Weg über die Berge weisen sollten. In der ersten Nacht wurde Ruzka von russischen Grenzposten abgewiesen. In der Nacht darauf ließ man sie passieren.

Von einer Anhöhe aus blickte Ruzka auf die Stadt hinunter, die sich in eine Senke zwischen grünen Hügeln schmiegte. Die roten Schindeldächer der Häuser berührten sich, und die Hügel oberhalb der Stadt waren bewaldet. Die Gassen schlängelten sich zwischen mittelalterlichen Bauten hindurch. Zahlreiche Kirchtürme ragten in die Luft. Ein Schloss erhob sich am Waldrand. Die Wilija wand sich wie ein silbernes Band durch die Stadt. An ihrem ersten Tag in Wilna wurde Ruzka von der Polizei angehalten, befragt und verhaftet – sie war illegal eingewandert. Die Mitglieder der Jungen Garde bestachen einen Beamten und kauften Ruzka frei. Man brachte sie in einem Ziegelhaus am Stadtrand unter. Das Bauwerk stammte aus der Mitte des neunzehnten Jahrhunderts und war damals das jüdische Armenhaus. Später war es von zionistischen Jugendverbänden übernommen worden und diente nun als Zwischenaufenthalt für Juden auf dem Weg nach Palästina. Es war groß wie ein Ozeandampfer und beherbergte etwa tausend Flüchtlinge, junge Leute aus Berlin, München, Wien, Krakau und Warschau, die sich nächtelang über die politische Lage die Köpfe heiß redeten. Sie waren in Kibbuzim organisiert, eine Lebensweise, die sie später, in den israelischen Siedlungen, beibehalten würden.

Ruzka schlief mit fünfzehn Jugendlichen in einem Zimmer, von denen keiner älter als siebzehn war. Eine Kindergemeinschaft. Ihre Heimatorte, Gebräuche, Traditionen, und ihre Familien – all das hatten sie hinter sich gelassen. Die Welt ihrer Eltern, der Schule, der Arbeit und der konventionellen Zukunftspläne löste sich auf, als die Deutschen einmarschierten. Die alten Schwierigkeiten und Träume kamen ihnen wie eine Farce vor. Ruzka hatte ihre Mutter und ihren Vater seit zwei Monaten nicht mehr gesehen; zum ersten Mal kam ihr der Gedanke, dass sie sie vielleicht niemals wieder sehen würde. Und plötzlich begriff sie ihre Lage – sie war allein und frei zugleich.

In diesen ersten Wochen redete Ruzka nur selten. Bei Diskussionen hielt sie sich zurück, wartete ab. Sie war zwar noch sehr jung, aber sie lernte dazu. Ältere erahnten in ihr eine gewisse innere Ruhe, die Fähigkeit zuzuhören. Ruzka ließ Menschen ihre Geschichten auf ihre Weise erzählen, versuchte nie sie eines Besseren zu belehren. Gab es Streitigkeiten, musste sie sie schlichten. Fast zufällig wurde sie zu einer Anführerin. Wie nur große Anführer besaß sie die Fähigkeit, Leute dazu zu bringen, freiwillig zu tun, was getan werden musste. Am ehesten beschreibt sie wohl das Adjektiv »rechtschaffen«.

Eines Morgens saß Ruzka im Hof und las ein Buch mit dem Titel *Aufsätze über den sozialistischen Zionismus*. Ein junges Mädchen ging auf sie zu. Sie war ungefähr zwanzig, im selben Alter wie Ruzka, wirkte aber um einiges jünger. Sie hatte einen wippenden Gang und strahlte sie aus langen Wimpern an. Ihre Augen waren groß und dunkel, und ihr braunes Haar reichte ihr über die Schultern.

»Was liest du denn da?«, fragte sie.

Ruzka hielt ihr das Buch hin.

»Warum liest du denn ein so ernstes Buch?«, fragte das Mädchen.

»Die Welt ist ernst«, antwortete Ruzka.

»Gar so ernst auch wieder nicht«, sagte das Mädchen.

»Siehst du denn nicht, wo wir leben?«, fragte Ruzka.

Das Mädchen schaute über den von Menschen wimmelnden Hof zum Haus hinüber, wo die Wäsche zum Trocknen aus den Fenstern hing. »Na gut, die Welt ist also ernst, umso mehr Grund, nicht auch noch ein ernstes Buch zu lesen.«

»Was liest denn du?«, fragte Ruzka.

Das Mädchen meinte, sie habe zwar sämtliche Russen gelesen, ihr Lieblingsbuch aber sei *Der Graf von Monte Christo*.

»Wie heißt du?«, fragte Ruzka.

»Vitka Kempner.«

Ruzka und Vitka mochten sich sofort, ihre gegensätzlichen Charaktere brachten sie einander näher. Vitka fühlte sich von Ruzkas Wesen angezogen, ihrer Anständigkeit, Bescheidenheit und Kraft. In Vitka fand Ruzka die Jugend wieder, die sie verloren hatte, die kindliche Ausgelassenheit. Vitkas alberne Späße waren nicht leichtfertig, sondern eine Art Lebensphilosophie. Die Antwort auf eine absurde Situation, der feste Entschluss eines jungen Mädchens, dem man bereits Heim, Familie und Freiheit genommen hatte, sich wenigstens seine Lebensfreude zu bewahren. Die beiden waren schon bald unzertrennlich. Ruzka und Vitka teilten sich ein Bett, saßen zusammen im Hof und gingen im Wald spazieren.

Eines Tages kam ein seltsamer junger Mann in das Flüchtlingsheim. Er trug eine Flanellhose und hatte seinen Hut tief in die Stirn gezogen. Er ging durch die Säle, sah sich jeden Einzelnen genau an. Seine Arme hielt er auf dem Rücken verschränkt – er inspizierte. Er stand eine Weile beobachtend, schweigend in einer Ecke. Er war schlank, hatte lange Arme und lange Beine. Sein Teint war dunkel und seine Züge so weich, dass sie fast feminin wirkten, dennoch ging eine gewisse rohe Kraft von ihm aus. Er hatte große Hände. Einige junge Frauen unterhielten sich darüber, wie gut er aussah. Vitka fand nicht, dass er gut aussah, eher seltsam.

Als er den Raum verließ, steckten die Leute die Köpfe zusammen und redeten.

»Wer ist er?«, fragte Vitka.

»Er ist ein Anführer der Jungen Garde«, sagte man ihr. »Er heißt Abba Kovner.«

* * *

Ruzka war im Winter in die Stadt gekommen. Nun war Frühling. Wenn sich abends die Straßen mit den Bauern füllten, die von den Feldern kamen, gingen Ruzka und Vitka in die Stadt. Im Süden sahen sie baumbewachsene Hügel, dahinter noch mehr Hügel und noch mehr Bäume. Der Weg führte die beiden Mädchen an den alten Festungen vorbei, die Wilna in früheren Zeiten vor Überfällen schützten. Seit Wilna gegründet worden war, hatte man die jüdische Bevölkerung fünfmal aus der Stadt gejagt. Vitka kannte die neuesten Schlager und sang sie Ruzka vor. Die Mädchen unterhielten sich über das Land, seine Menschen und seine Vergangenheit. Wilna war im vierzehnten Jahrhundert von einem Prinzen aus einer nahe gelegenen Provinz erbaut worden. Ihr Gründungsmythos ist düster und seltsam: Eines Nachmittags jagte der Prinz in den Wäldern an der Wilija; er erlegte einen Hirschen und verspeiste ihn; danach schlief er ein und träumte von einem Wolf, der eine eiserne Maske trug und heulte wie hundert Wölfe. Am Morgen erklärte ein Traumdeuter dem Fürsten, dass der Wolf eine befestigte Stadt bedeute, die er just an dieser Stelle erbauen lassen solle. Der Prinz errichtete Wilna. Die

Stadt wurde die Hauptstadt Litauens, das sich als letztes europäisches Land zum Christentum bekehrte.

Die Juden, die aus Russland und Deutschland in die Stadt gekommen waren, arbeiteten als Schuster, Kesselschmiede und Kaufleute. Im sechzehnten Jahrhundert verbannte man sie in ein Ghetto im Stadtzentrum, ein Labyrinth aus Holzhäusern und Sackgassen. Die Keller im Ghetto waren drei Stockwerke tief; einige Leute nannten sie die Behausungen des Teufels. Im Laufe der Zeit entstand in der Stadt eine große jüdische Gemeinde mit Schulen für Gelehrte und heilige Männer. Als Napoleon auf seinem unseligen Russlandfeldzug 1815 durch die Stadt Wilna kam, warf er einen Blick in den großen Tempel, in dem sich Hunderte von Juden zum Gebet eingefunden hatten, und sagte: »Dies muss das Jerusalem Litauens sein.« Und von diesem Tag an trug Wilna für die ortsansässigen Juden diesen Namen.

1939 lebten 200 000 Menschen in Wilna, ein Drittel davon waren Juden. Die Stadt war eine friedliche kleine Insel inmitten des Kriegs: die Russen im Osten, die Deutschen im Süden und im Westen. Die Straßen boten eine Vielfalt an historischer Architektur: verfallende Holzhäuser, byzantinische Ecken und Ausblicke auf grüne Hügel, Kupferdächer und gepflasterte Straßen, die sich im Dunst des Dämmerlichts durch die Bäume schlängelten. Die Mädchen gingen an Synagogen und verrauchten Räumen vorbei, in denen junge Männer über Trotzki und Stalin diskutierten. Die Juden waren in rivalisierende Fraktionen aufgespalten: da waren zum einen die Zionisten, dann die Kommunisten, dann die Bundisten, die an Arbeitsgemeinschaften glaubten, dann die Orthodoxen und schließlich die assimilierten Juden, die sich eher als Polen oder Litauer oder Deutsche fühlten. Jede Gruppierung hatte ihre eigenen Organisationen, Vorstellungen und Rituale. Die

Kommunisten misstrauten den Bundisten, die Bundisten den Zionisten, die Zionisten den Orthodoxen und alle zusammen misstrauten den Assimilierten.

Hin und wieder blies der Wind den Mädchen den Geruch der Felder in die Nasen und kräuselte das Wasser des Flusses, in dem sich Kirchtürme und Brücken spiegelten. An den Wochenenden saßen Arbeiter mit selbst gemachten Angeln an seinen Ufern. Es war dunkel und sicher unter der Brücke, wo Ruzka und Vitka ihr Mittagessen teilten und sich Geschichten erzählten. Vitka hatte erst vor kurzem per Brief vom Tod ihres Vaters erfahren. Ihre Mutter schrieb, er sei an einem Herzanfall gestorben, aber Vitka wusste, dass der Krieg ihn getötet hatte. Vitka war sich sicher, dass sie Ruzka, indem sie ihr davon erzählte und damit verriet, was in ihr vorging, einen Schatz zu hüten gab.

★ ★ ★

Vitka war in Kalisz aufgewachsen, einer Stadt im Westen Polens. Ihre Eltern hatten eine Schneiderei. Sie war ein jüdisches Mädchen, das man auch für nicht-jüdisch hätte halten können, und sprach das Polnische ohne jiddischen Einschlag. Eine Zeit lang gab sie sich sehr

Vitka vor dem Krieg

33

patriotisch und hasste jeden, den die Polen hassten – die Juden ausgenommen. Ihr Hass richtete sich vor allem gegen die Deutschen und die Russen. Als sie zwölf Jahre alt war, trat sie der Betar bei, einer zionistischen Jugendbewegung, die mit der Jungen Garde rivalisierte, sehr weit rechts stand und den Mythos einer Art heiligen Gewalt pflegte. Ihr Anführer war Wladimir Jabotinsky, der sich wie ein jüdischer Faschist gebärdete und seine Gefolgsleute in braune Hemden kleidete, die die Erde Palästinas symbolisierten. Er schrieb: »Die größte Leistung einer Gruppe von Menschen ist es, wenn sie in ihren Aktionen die unfehlbare Präzision einer Maschine erreicht.« Die Betar in Polen wurde von Menachem Begin angeführt, Israels späterem Premierminister. Vitka verließ die Gruppe, nachdem sie das Buch *Der Graf von Monte Christo* entdeckt hatte. Ihr fehlte einfach die nötige düstere Tragik. Stattdessen trat sie der Jungen Garde bei, nahm an deren Versammlungen teil und sang deren Lieder, blieb aber weiterhin sorglos und aufgeschlossen und ließ sich von politischen Dogmen nicht so leicht beeindrucken. Vitka war ein einfaches Leben vorgezeichnet, aber da fielen die Deutschen in Polen ein.

Auf Drängen ihrer Eltern, die sich um weitere Angehörige kümmern mussten, liefen Vitka und ihr dreizehnjähriger Bruder in den nahen Wald, um sich vor den Bomben in Sicherheit zu bringen. Sie wollten in die Stadt zurückkommen, sobald der Bombenangriff vorüber war. Schweigend gingen sie die Waldwege entlang, in die Panzerketten tiefe Furchen gegraben hatten. Hin und wieder sahen sie Flugzeuge, die so tief über den Wald hinwegflogen, dass sie beinahe die Baumwipfel streiften. Am Nachmittag hörte Vitka das Geräusch schwerer Stiefel. Die beiden duckten sich ins hohe Gras und beobachteten, wie deutsche Soldaten vorbeimarschierten. Die Augen der Männer waren stumpf, und ihre Stiefel stampften durch die Pfützen.

»Was habt ihr hier zu suchen?«

Vitka fuhr herum. Über ihr stand ein deutscher Soldat. Er war ungefähr in ihrem Alter, um die achtzehn, und trug einen Helm, unter dem man sein kurzes blondes Haar sehen konnte. »Hoch mit euch«, herrschte er sie an. Er musterte zuerst sie, dann ihren Bruder, der mit geballten Fäusten neben ihr stand.

»Weglaufen wird euch nichts nützen«, sagte der Soldat. »Eure Burschen sehen ja ganz gut aus auf ihren Pferden, aber gegen uns haben sie keine Chance. Wir sind die Stärksten auf der ganzen Welt. Ihr habt Glück«, setzte er hinzu, »wir sind die Wehrmacht. Wir tun euch nichts. Aber nach uns kommt die SS, dann werdet ihr Deutschland kennen lernen.«

Ein paar Stunden später lagen Vitka und ihr Bruder daheim in ihren Betten.

Ungefähr zwei Wochen nach der deutschen Invasion verfügte die SS, dass die Stadt Kalisz, die in der Nähe der deutschen Grenze lag, Teil einer judenfreien Zone werden sollte. Die jüdische Bevölkerung, insgesamt etwa dreitausend Menschen, wurde aufgefordert, sich tags darauf in einer verlassenen Kirche einzufinden. Ausgerechnet an diesem Morgen waren Vitkas Eltern in die Stadt gegangen, um Neues in Erfahrung zu bringen. Vitka wartete den ganzen Nachmittag vergebens auf ihre Rückkehr. Am Abend klopfte jemand an die Tür. Zwei Soldaten forderten Vitka auf, ihre Habe zusammenzupacken. Sie brachten sie zu der Kirche, wo sie ihre Familie und sämtliche Juden der Stadt antraf, reiche wie arme, gläubige und ungläubige, Freunde und Feinde, Menschen, die sich noch tags zuvor nicht gegrüßt hätten. Ein Nazi hatte sich vor ihnen aufgebaut und schleuderte ihnen Flüche und Anschuldigungen entgegen. Was Vitka als das Schlimmste empfand, war die Wut dieses Mannes, der sie alle hilflos ausgeliefert waren. »Er brüllte mich an«, erzählte sie später. »Das gefiel mir gar nicht.«

Vitka erklärte ihren Eltern, sie würde fortgehen und ihren dreizehnjährigen Bruder mitnehmen. In der festen Überzeugung, sie schon bald wieder zu sehen, ließ ihr Vater sie gehen. Sie bahnte sich einen Weg durch die Menge und erreichte eine kleine Kammer. Dort öffnete sie das Fenster, stieg hinaus ins Freie und zog ihren Bruder hinterher. Stets auf der Hut vor Patrouillen, gingen sie durch die von Geräuschen erfüllte Dunkelheit in die nächste Stadt, wo ihr Großvater wohnte. Der alte Mann gab Vitka den guten Rat fortzugehen, dem Krieg zu entfliehen. »Aber dein Bruder ist noch zu jung«, entschied er. »Er muss hier bleiben.«

Zwei Wochen später war Vitka in Wilna.

* * *

Im Frühling fanden Ruzka und Vitka Unterkunft in einem Privathaus in der Stadt. Es war einmal ein herrschaftliches Gebäude gewesen, und so gab es in den Räumen noch immer Halterungen für Kronleuchter und Kamineinfassungen aus behauenem Marmor. Ruzka und Vitka aber wohnten dort sehr billig, mit Dutzenden von Flüchtlingen, die auf Fußböden schliefen, in Fluren und Badezimmern. Die Mädchen fanden bald Arbeit in einer Bürstenfabrik. Vitka sortierte Borsten. Ruzka arbeitete bei jedem Wetter draußen im Hof, da sie die Borsten sauber schrubben musste. Am Ende eines jeden Arbeitstages hatten sich ihre Schuhe mit Wasser vollgesogen, waren ihre Socken nass, ihre Füße taub und sie klapperte vor Kälte mit den Zähnen. Die Mädchen waren nicht gezwungen, Geld zu verdienen. Für Nahrung und Unterkunft sorgte die Junge Garde. Aber Arbeit war nun einmal fester Bestandteil ihrer Philosophie: Ohne Arbeit konnte ein Mensch keine

Selbstachtung haben. Ihren Lohn überließen sie der Gruppe, die davon Emigranten die Ausreise nach Palästina finanzierte.

Am 15. Juni 1940 marschierten die Russen in Wilna ein. Zu behaupten, russische Truppen hätten die Stadt angegriffen, wäre falsch. Das hatten sie gar nicht nötig. Sie spazierten einfach hinein, es war ein Schachzug in dem geopolitischen Spiel zwischen Stalin und Hitler. Wenige Tage zuvor war den Deutschen Paris in die Hände gefallen, und Stalin holte sich jetzt, was vom Osten noch übrig war, jene vermeintlichen Pufferzonen, von denen Realisten längst wussten, dass sie bald Frontgebiet sein würden. Die Russen lösten die Regierung auf und bemächtigten sich der Rundfunkstationen. Sowjetische Soldaten bevölkerten Züge und Busse, vertranken in Gasthäusern und Kneipen ihren Sold und brachten die Unbarmherzigkeit ihrer kargen Heimat mit sich. Die Russen verboten zionistische Gruppierungen mit der Begründung, diese würden die sowjetische Oberhoheit untergraben. Die Junge Garde und die Betar tauchten unter, trafen sich in Kellern und Hinterzimmern und lernten, dem Gesetz immer einen Schritt voraus zu sein.

Stalin befahl allen Flüchtlingen, die sowjetische Staatsbürgerschaft zu beantragen. Die zionistischen Vereinigungen hielten Versammlungen ab. Es gab wütende Auseinandersetzungen. Wenn Juden russische Staatsbürger wurden, waren sie keine Flüchtlinge mehr; wenn sie keine Flüchtlinge mehr waren, hatten sie auch keinen Anspruch mehr auf Papiere, die ihnen die Ausreise nach Palästina ermöglichten. Wurden jüdische Flüchtlinge *keine* russischen Staatsbürger, konnten sie jederzeit von der NKWD, der sowjetischen Geheimpolizei, verhaftet werden. Die meisten Zionisten beschlossen, die russische Staatsbürgerschaft abzulehnen, den Soldaten aus dem Weg zu gehen und auf ihr

Glück zu vertrauen. In den Wochen danach wurden Dutzende von Juden verhaftet, verurteilt und nach Sibirien abgeschoben. Menachem Begin war einer von ihnen. »Was damals so fürchterlich schien, erwies sich letztendlich als Segen«, sagte Vitka. »Wer nach Russland abgeschoben wurde, überlebte den Krieg.«

Ein befreundeter Polizist erzählte Vitka, er habe ihren Namen auf der Liste der NKWD entdeckt. Schnell tauchte sie unter und ging in der nächsten Zeit nicht mehr außer Haus. Im Juni 1941, nachdem sie sich wochenlang versteckt hatte, erklärte sie Ruzka: »Ich will frei sein, also werde ich gehen.«

Sie packte ihre Habe ein, trat vor den Spiegel und ordnete ihr Haar.

»Wohin gehst du?«, fragte Ruzka.

»Nach Weißrussland«, antwortete Vitka. »In Weißrussland steht mein Name bestimmt noch auf keiner Liste. Wer bin ich denn schon? Wer sollte sich für mich interessieren?«

»Ich werde dir schreiben, sobald die Luft hier wieder rein ist«, versprach Ruzka.

Vitka nahm ihre Tasche über die Schulter und blickte zu Ruzka hinüber, die auf dem Bett saß. Vitka kannte Ruzka erst seit einem Jahr, aber was sie für sie empfand, ging tiefer als Liebe.

»Und dann?«, fragte Vitka.

Ruzka lächelte. »Dann gehen wir nach Palästina.«

★ ★ ★

Ruzka hörte erschrocken die Sirene, die den Luftangriff ankündigte. Sie saß lesend auf der Wiese vor dem Haus. Es war ein windiger Sonntagmorgen. Vitka hatte eine Woche zuvor die Stadt verlassen. Die Geschäfte waren geschlossen und die Straßen menschenleer. Ruzka schaute hinauf in den blauen Himmel. Nicht eine Wolke. Sie konnte Vögel in den Bäumen zwitschern hören. Dann sah sie deutsche Flugzeuge, die über die Felder flogen. Sie blieb stehen, als sie vorbeiflogen, und für einen kurzen Augenblick stand sie in ihrem Schatten, hörte das Brüllen der Motoren und fühlte sich wie im Maschinenraum eines großen Schiffs. Die Flugzeuge flogen über die Stadt, und sie konnte Explosionen hören aus der Richtung des Flughafens. Um elf Uhr vormittags sprach der sowjetische Außenminister im Radio und sagte, die Deutschen hätten vor sieben Stunden angegriffen. Der Feind überschritt den Njemen auf seinem Weg nach Wilna. Die Straßen, die aus der Stadt hinausführten, waren voller Autos. In den Autos saßen die aufgetakelten Frauen der russischen Offiziere. Militärlastwagen wurden auf den Plätzen der Stadt beladen. Als die Lastwagen die Hügel hinauffuhren, lehnten sich Soldaten mit Zigaretten in den Mundwinkeln über die Ladefläche. Die wenigen Soldaten, die in Wilna geblieben waren, fuchtelten in dieser Nacht verzweifelt mit ihren Gewehren herum und verlangten Zivilkleidung. Am Morgen füllte sich die Stadt mit neuen Flüchtlingen, die den Angriff der Deutschen schilderten und von brennenden alten Städten erzählten.

Am selben Nachmittag brach Ruzka in Richtung Osten auf. Unzählige jüdische Familien hatten sich mit ihrer ganzen Habe auf den Weg gemacht. Auf schmalen Stegen überquerten sie Flüsse, an deren Uferhängen Pferde grasten. Hin und wieder gab ein Bauer ihnen zu trinken. Nachts flogen deutsche Tiefflieger über die Flüchtenden hinweg, beschossen sie aus Maschinengewehren. Dutzende ließen ihr Leben, andere konnten sich zu den Bäumen am Straßenrand retten. Wenn die Flugzeuge über Bauernhöfe flogen, wurde so lange gefeuert, bis die Strohdächer in Flammen aufgingen. Deutsche Fallschirmjäger sprangen, als Bauern getarnt, über den Wäldern ab. Nach der Landung vergruben sie ihre Schirme und mischten sich unter die Flüchtlinge. Am Morgen waren die Straßen nach Osten blockiert. Wie die meisten Flüchtlinge ging auch Ruzka wieder zurück. Andere wurden an der Grenze abgewiesen. Die Russen sagten, feindliche Fallschirmjäger, als Bauern verkleidet, würden versuchen, ihre Linien zu infiltrieren.

Die Straßen waren leer, als Ruzka nach Wilna zurückkam, und die Läden geschlossen. Es war die Ruhe vor dem Sturm. Plötzlich kam ein Soldat auf einem Motorrad angefahren. Er trug Lederhandschuhe, eine schwarze Hose, eine dunkle Schutzbrille und einen Stahlhelm mit dem eisernen Kreuz. Seine Stiefel waren dreckig. Er fuhr an ihr vorbei und verschwand hinter einer Straßenbiegung – der erste Deutsche, den sie in Wilna sah. Einen Augenblick später hörte sie Motorenlärm, Stimmen und Schritte. Die deutsche Armee marschierte in die Stadt ein, vorneweg die Motorräder, dann die Infanterie, die Feldgeschütze, die Halbkettenfahrzeuge und schließlich die Panzer. Die Soldaten waren staubig, und es war ihnen anzusehen, dass sie eine weite Strecke zurückgelegt hatten. Die Haustüren flogen auf, die Mädchen warfen Blumen aus den Fenstern, und die jungen Männer schwenkten bunte Fahnen. Ruzka nahm den Weg über das ehemalige Ghetto, wo die armen Juden lebten. Die Fenster waren fest geschlossen. Nichts regte sich.

★ ★ ★

Vitka war über zwei Wochen in Grodno gewesen. Sie war dort, als die Deutschen einmarschierten. Ein paar Tage später erfuhr sie, dass Wilna eingenommen worden war, und fragte sich: »Wenn hier wie dort die Deutschen sind, warum gehe ich dann nicht nach Wilna zurück? Wenn ich schon die Nazis ertragen soll, dann will ich wenigstens bei Ruzka sein.«

Sie schulterte ihre Tasche und ging aus der Stadt. Auf der

Straße sah sie einen deutschen Soldaten, der vom Verdeck eines Transporters herunterschaute. »Wohin fahrt ihr?«, fragte Vitka.

Vitka war ruhig und direkt; Kühnheit war ihr so natürlich wie das Atmen. »Nach Wilna«, sagte der Soldat.

Er war ungefähr zwanzig und hatte das Verhalten eines Bauernjungen.

»Da will ich auch hin«, sagte Vitka. »Nehmt ihr mich mit?«

Der Soldat musterte Vitka. »Bist du katholisch?«, fragte er.

»Nein«, sagte Vitka.

»Evangelisch?«

»Nein.«

Er ließ die Arme sinken. »Was bist du dann?«

Als Kind hatte Vitka sich manchmal ihres Glaubens geschämt. Sie war eine Polin, sie wollte sein wie alle anderen, zu diesem Volk gehören, weder besser sein noch schlechter. Manchmal empfand sie die Geschichte ihres Volkes als eine Last. Sie lauerte hinter jedem Gespräch, auf jeder Türschwelle. Aber seit sie mitansehen musste, wie man ihre Familie zusammentrieb, seit sie von zu Hause fortgegangen war und Ruzka getroffen hatte, hatte sie sich verändert. Jetzt war sie stolz auf ihre Vergangenheit, auf ihr Volk, auf ihren verhängnisvollen Platz im nationalsozialistischen Europa.

»Ich bin Jüdin«, sagte sie.

Der junge Soldat sah Vitka an, schluckte und ließ sie stehen. Ein Bauernjunge, den man bis obenhin mit Lügen voll gestopft hatte, mit Geschichten vom Blut trinkenden Juden, dem Virus, dem Schädling, dem Krankheitserreger – und als er sich plötzlich einem jüdischen Mädchen gegenübersah, bekam er es mit der Angst zu tun. Vitka lief in den Wald.

Dort versteckte sie sich stundenlang. Von ihrem Schlupfwinkel aus blickte sie auf eine Lichtung, wo ein Güterzug auf den Schienen stand, die nach Wilna führten. Die Waggons waren offen und hatten Ausrüstung geladen. Langsam fuhr der Zug wieder an. Vitka rannte darauf zu, suchte sich einen leeren Waggon, warf ihre Tasche hinein und sprang auf. Sie verkroch sich in die hinterste Ecke und blickte auf die Landschaft hinaus. Es war dunkel, und sie sah eine dunkle Straße, die sich an kleinen Ortschaften vorbeischlängelte, in denen das Leben seit tausend Jahren unverändert geblieben war. Die Weizenfelder wogten im Wind, und Sommer lag in der Luft. Das Geräusch des fahrenden Zuges schläferte sie ein. Sie träumte von ihrer Familie, die um einen Tisch saß, ihrer Mutter, die das Essen auftrug, dem Stuhl, auf dem sie sonst immer gesessen hatte und der jetzt leer war.

Als der Zug in Wilna einfuhr, schreckten die Stimmen der Bahnarbeiter sie aus dem Schlaf. Sie sprang aus dem Wagen und ging über den Hof, nicht schnell, nicht langsam, mit nach hinten gedrückten Schultern und hoch aufgerichtetem Kopf. Wenn man so tut, als wüsste man genau, wohin man will, stellt sich einem niemand in den Weg – dachte sie. Bald hatte sie die leeren Straßen der Innenstadt erreicht. Gebäude, Geschäfte, alles schien unverändert. Sie erreichte das Haus, in dem sie mit Ruzka gelebt hatte. Es war fünf Uhr früh.

»Ruzka«, rief sie. »Ich bin wieder da! Ruzka!«

Ein Fenster ging auf. »Bist du verrückt geworden«, zischte Ruzka. »Willst du dich umbringen lassen?«

Vitkas Lächeln erstarb.

»Komm rauf«, sagte Ruzka und schloss das Fenster.

Ruzka kochte Tee, als die Sonne über den steilen Dächern der Stadt aufging. »Du musst verrückt sein«, sagte sie.

»Warum denn?«

»Treibst dich vor dem Ende der Ausgangssperre auf den Straßen herum, noch dazu ohne gelben Stern. Ich schau aus dem Fenster, und was sehe ich? Vitka, die seelenruhig auf dem Gehsteig steht. Mitten auf dem Gehsteig! Du kannst von Glück sagen, dass du noch lebst.«

»Ich verstehe dich nicht.«

»Es ist das neue Judengesetz«, sagte Ruzka. »Die Deutschen haben es erlassen, zwei Tage nachdem sie einmarschiert sind. Es ist an jeder Ecke angeschlagen.«

»Und worin besteht es?«

»Du hast gerade dagegen verstoßen.«

Die Deutschen hatten für die Juden die üblichen im Deutschen Reich geltenden Gesetze erlassen: unter anderem das Tragen des gelben Sterns, eine Ausgangssperre sowie das Verbot, die Gehsteige zu benutzen.

»Wo sollen wir denn dann gehen?«, fragte Vitka.

»Auf der Straße, mit den Tieren.«

Vitka trat ans Fenster. Menschen waren auf dem Weg zur Arbeit.

»Das ist noch nicht alles«, sagte Ruzka.

»Was denn noch?«

»Die SS hat sechzig der bekanntesten Juden der Stadt verhaftet: Rabbiner, Professoren, Schauspieler und Politiker. Sie sagten, sie würden diese Leute mitnehmen, um sicherzustellen, dass die anderen Juden sich auch bestimmt an die neuen Gesetze hielten.«

»Und haben die Leute ihnen gehorcht?«

»Ja, haben sie, trotzdem haben wir keinen dieser Männer wieder gesehen«, sagte Ruzka. »Stattdessen sind noch mehr verschwunden. Ein Mann ging am Morgen zur Arbeit und kam nicht zurück. Andere sind von den Deutschen aus ihren Häusern geholt worden. Hunderte von Männern – einfach verschwunden.«

»Wo sind sie?«

»Die Deutschen sagen, dass sie in den Osten umgesiedelt wurden.«

»Was ist mit der Jungen Garde?«, fragte Vitka. »Was hat sie dagegen unternommen?«

»Sie haben unsere Leute vor den Deutschen versteckt«, sagte Ruzka. »Ein paar geben sich als Arier aus und leben in der Stadt. Andere sind im Frauenkloster untergetaucht.«

Vitka trank ihren Tee.

»Was denkst du?«, fragte Ruzka.

»Nur, dass ich Angst habe.«

★ ★ ★

Am 6. September 1941 schwärmten SS-Männer in Wilna aus. Sie gingen in jedes jüdische Haus. Sie klopften an die Türen und drangen in die Wohnungen ein. Ihre Stiefel knarzten. Sie kamen immer sehr früh am Morgen, sodass die Menschen völlig überrumpelt waren und sich das Auftauchen der Soldaten mit ihren Träumen vermengte. Die Juden hatten zehn Minuten Zeit, um ein paar Habseligkeiten einzupacken; dann brachte man sie in ein Ghetto. Viele zogen mehrere Lagen Kleider übereinander an: fünf Hemden, vier Pullover und drei Jacken. Jeder durfte nur so viel mitnehmen, wie er tragen konnte. Manche packten Lebensmitteldosen ein und luden sich Mehlsäcke auf den Rücken. Die Straßen wimmelten von Juden, die Koffer und Rucksäcke schleppten. Auf den Gehsteigen standen die sogenannten Arier: Kaufleute, Schulkinder und Arbeiter – alles vertraute Gesichter. Die meisten schauten dem ungewohnten Treiben einfach nur zu. Es war ein heißer Sommertag, und manche Juden brachen unter ihrer schweren Last zusammen. Auf der Straße verstreut lagen Tassen und Teller, Kleidungsstücke und Fotos. Die Leute balgten sich darum wie die Aasgeier. Die sonst eher ruhige Straße hatte sich in einen Tunnel aus Lärm verwandelt. Hin und wieder sprang ein Pole auf die Straße und schrie: »Ihr wolltet Palästina haben, jetzt kriegt ihr das Ghetto!« Der Zug endete vor einem hölzernen Tor in der Rudnitskaja-Straße, an dem ein Schild hing mit der Aufschrift: »Pest! Betreten verboten!«

Darunter hing noch ein kleineres Schild: »Den Juden ist das Mitführen von Nahrung und Brennstoff strengstens untersagt – Zuwiderhandelnde werden erschossen!«

Jenseits des Tors befand sich das ehemalige Ghetto, jenes byzantinische, mit tiefen Kellern versehene Labyrinth, in dem die Juden bis zum ausgehenden Mittelalter leben mussten. Es umfasste weniger als drei Quadratkilometer und bestand aus sechs engen Gässchen. Vor dem Krieg hatten hier etwa tausend Menschen gelebt. Jetzt würden es dreißigtausend sein. Die Deutschen umschlossen das Ghetto mit einem hohen Bretterzaun. Die Fenster, die einen Blick über den Zaun, in den freien Teil der Stadt ermöglichten, wurden vernagelt. Von einer Straße aus konnte man, wenn man sich auf die Zehenspitzen stellte, die Spitze des großen Tempels sehen – er befand sich außerhalb des Ghettos –, die goldene Kuppel und die Tafel mit den zehn Geboten. Für Wilnas Juden beschränkte sich die Welt fortan auf ein paar windschiefe Häuser.

Die Straßen im Ghetto waren menschenleer. Noch vor wenigen Tagen hatten nur arme Leute hier gelebt, Schuster, Handwerker und Händler. Reiche Juden pflegten hierher zu gehen, um den Duft des frisch gebackenen Brots zu genießen. Als die Deutschen die Stadt eroberten, ließen sie sofort sämtliche Talmudschulen und Synagogen schließen und die Straßen bewachen. Am 30. August hatte man im Ghetto angeblich auf einen deutschen Soldaten geschossen. Höchstwahrscheinlich war das Ganze nur Theater, ein Vorwand, um das Vorgehen gegen die Juden zu rechtfertigen.

Der Gebietskommissar der Stadt Wilna, Hingst, ließ Flugblätter mit folgender Bekanntmachung verteilen:

»Am gestrigen Sonntagnachmittag wurde in der Stadt Wilna aus dem Hinterhalt auf deutsche Soldaten geschossen. Zwei der feigen Banditen konnten festgestellt werden. Es waren Juden. Die Täter haben ihr Leben verwirkt. Sie wurden sofort erschossen. Zur Verhütung derartiger feindseliger Akte sind bereits weitere schärfste Gegenmaßnahmen getroffen. Die Vergeltung trifft die Gesamtheit der Juden.«

Soldaten der SS stürmten das Ghetto und verhafteten jeden Juden, den sie erwischten. Der Staub, den sie dabei aufwirbelten, war in der ganzen Stadt zu sehen. Frauen wurden Treppen heruntergeschleift, verprügelt und getötet. Die Überlebenden brachte man aus der Stadt. Einige Tage später sagte eine Bäuerin, sie habe gesehen, wie man die Juden in den nahe gelegenen Wald gebracht habe. Dort gab es ein Eisenbahndepot, und wieder behaupteten die Deutschen, die Juden seien in den Osten umgesiedelt worden. Dieses Massaker, das das Ghetto leer fegte und auf seine neuen Bewohner vorbereitete, wurde als »Die große Provokation« bekannt.

* * *

Als ein Soldat der SS Ruzka und Vitka sagte, sie hätten genau zehn Minuten Zeit, um ihre Habseligkeiten zusammenzupacken, entgegnete Vitka nur: »Die brauchen wir nicht.« Anders als die meisten Juden in Wilna hatten die beiden Mädchen bereits alles verloren. Sie mussten sich weder um ihr Eigentum kümmern noch um Eltern oder Geschwister.

»Wir sind so weit«, sagte Vitka.

Die Mädchen gingen durch die hell erleuchteten Straßen, und ihre schweren Stiefel zertraten Glasscherben. In Ruzkas Kopftuch, das sie sich umgebunden hatte, fuhr der Wind; sie wusste nicht, wo sie die Nacht verbringen würde. Eine schwarze Limousine fuhr die Straße entlang, hupte sich den Weg frei und hielt vor dem Tor. Ein Chauffeur in blauer Uniform stieg aus. Er hob einen schweren Koffer vom Dach, öffnete den hinteren Schlag und half einem elegant gekleideten Mann aus dem Wagen. Dieser sagte ein paar Worte zu seinem Chauffeur und schleppte dann den Koffer durchs Tor. »Er ist Jude«, sagte Vitka.

Im Ghetto sah Ruzka den Mann rauchend auf seinem Koffer sitzen. Später schrieb sie über diese Juden, die sich durch Reichtum oder Bildung über die anderen erhoben: »Sie unterschieden sich von der Masse, machten viel Aufhebens um sich und trugen zuweilen ein verächtliches Lächeln zur Schau, als wollten sie den Übrigen damit ihr Anderssein demonstrieren; doch mit all ihrer stolzen Verachtung waren diese Leute noch schlechter dran als alle anderen.«

Die Mädchen lebten in der Straschun-Straße Nr. 15, unmittelbar am Ghettozaun. Der Freund eines Freundes hatte sie aufgenommen. Es war ein sauberes, quadratisches Haus mit zwei Stockwerken und einem schwarzen Schieferdach. Es hatte zwei Schlafzimmer und ein Wohnzimmer, eine Küche und ein Badezimmer. Die Mädchen teilten sich die Wohnung mit zehn jungen Burschen. Im Laufe der Zeit wurde Scham zum überflüssigen Luxus, und so kleideten die Mädchen sich vor den Jungen ebenso ungezwungen aus wie vor Geschwistern. Die Mädchen teilten sich ein Bett im hinteren Teil der Wohnung, das sie unter ein mit Brettern verschlagenes Fenster schoben, durch welches ein paar mattgelbe Sonnenstrahlen ins Zimmer fielen. Ruzka war zutiefst erschüttert, als sie die Habseligkeiten sah, die von den früheren Hausbewohnern stammten. »Das Zimmer lebt«, sagte sie. Da waren Bilder von Ausflügen ins Grüne, Briefe von Verwandten, ungemachte Betten und halb leere

Teller. Ruzka versuchte sich einzureden, dass all diese Menschen lediglich fortgezogen waren und jetzt in einer anderen Stadt wohnten. Doch je länger sie sich im Zimmer umsah und ihre Beobachtungen zu deuten suchte – er war ein liebevoller Ehemann, seine Frau eher verträumt, zerstreut und humorvoll –, konnte sie nur noch das Schlimmste befürchten und bekam einen fürchterlichen Hass auf all die Juden, die noch am Leben waren, auf sich selbst, die jetzt in diesem Haus wohnte, das vorher jemand anderem gehört hatte, und auf die Deutschen, die sie dazu brachten, ihr Volk und sich selbst zu hassen.

Eines Tages erhängte sich ein Mann draußen im Hof. Man schnitt ihn ab und ließ ihn auf dem Pflaster liegen. Sein Haar stand ihm nach einer Seite vom Kopf ab, sein Gesicht war blau angelaufen, und die Zunge quoll ihm aus dem Mund. Passanten stiegen einfach über den Leichnam hinweg. Ruzka wunderte sich, wie leicht die Bewohner im Ghetto mit den Toten lebten.

* * *

Franz Murer hatte eine Pistole in der Faust und marschierte durch die hell erleuchteten Straßen der Stadt. Er trug die schwarze Uniform eines Oberst der SS. Als er sich dem Ghettotor näherte, musste er sich einen Weg durch die Menge der Juden bahnen, die aus den Fabriken zurückkamen. In diesem Herbst waren die Deutschen nach Osten vorgerückt, um die Sowjettruppen noch vor dem ersten Frost zu besiegen. Seitdem steckten sie in Russland fest, und der Winter stand unmittelbar bevor. Deutschland war auf derartige Rückschläge nicht gefasst, und die Soldaten an der Front brauchten dringend neue Ausrüstung. Deshalb ließ man die Juden arbeiten, ließ sie Stiefel, Mützen und Mäntel anfertigen. Jeden Morgen mussten sie vor dem Tor antreten und warten, bis litauische Polizisten sie durchsucht und ihre Arbeitsscheine geprüft hatten. Wenn sie dann abends zurückkamen, wurden sie erneut sorgfältig abgesucht, damit sie nicht etwa Lebensmittel oder Brennstoff oder sonstige Güter ins Ghetto schmuggelten. Sobald ein Polizist Murer sah, zeigte er bei der Suche doppelten Eifer.

Murer war für sämtliche Angelegenheiten des Ghettos verantwortlich. Sein Büro befand sich in einem stattlichen Backsteingebäude im freien Teil der Stadt. Hin und wieder verließ er seinen Schreibtisch und ging zum Ghetto, um die Durchsuchungen am Ghettotor zu überwachen. Er hatte stahlblaue Augen und dunkles Haar. Er war ein fanatischer Judenhasser. »Der Jude ist der Feind des deutschen Volkes und trägt Schuld am Krieg«, pflegte er zu sagen. »Dem jüdischen Zwangsarbeiter ist jeglicher private Umgang mit seinen Arbeitgebern verboten. Ausnahmen sind Angelegenheiten, die die Arbeit betreffen. Jeder, der Umgang mit Juden pflegt, wird behandelt, als wäre er selber ein Jude.«

Hin und wieder, wenn ein Jude ihm besonders unangenehm auffiel, ließ Murer den Dienst habenden Polizisten beiseite treten, um persönlich die Durchsuchung des Betreffenden zu übernehmen. Einmal fand er bei einer jungen Frau ein Stück Brot. Er führte sie ins Gefängnis, ließ sie ihre

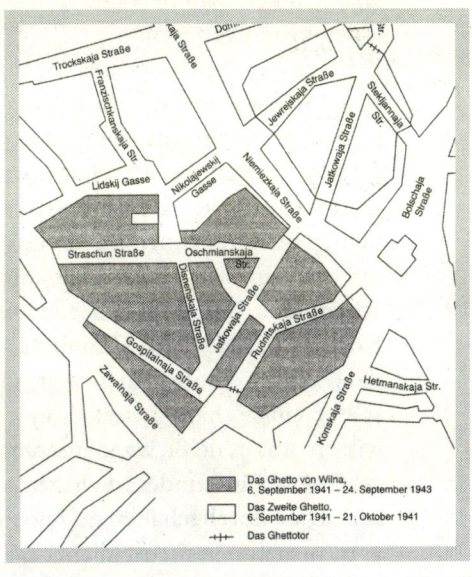

Plan des Wilnaer Ghettos

Kleider ausziehen und befahl dem Aufseher, ihr fünfundzwanzig Hiebe zu verabreichen. Als dieser ihm nicht fest genug zuschlug, nahm er ihm den Knüppel aus der Hand und drosch selbst auf sie ein.

Seine Befehle wurden von der litauischen Polizei, den Mitgliedern der SS und der Einsatzgruppen ausgeführt, jenen mobilen Mörderbanden, die der deutschen Armee in den Osten gefolgt waren. Es gab vier Kommandos der Einsatzgruppen, und ein jedes bestand aus dreitausend Männern. Diese Einheiten fielen in die frisch unterworfenen Gebiete Osteuropas ein und hatten Befehl, sämtliche Juden und Kommunisten zu töten. Gruppenfotos dieser Kommandos zeigen junge Männer in grauen Uniformen mit steifen Krägen und Mützen, manche von ihnen mit Hitlerbärtchen, andere mit schmierigem Lächeln, allesamt farblose Psychopathen, ebenso nichts sagend wie eine mittelmäßige Fußballmannschaft. Vor dem Krieg waren sie Akademiker, Schuhverkäufer, Kassierer in einer Bank oder Telefonisten gewesen.

Jedes Mitglied der Einsatzgruppen erhielt die Anweisung, selbst wenn sein Arbeitsplatz hinter einem Schreibtisch war, wenigstens einen Juden zu töten. Auf diese Weise konnte sich keiner über den anderen stellen. Sollte Deutschland den Krieg verlieren, würden alle gleichermaßen die Verantwortung für die Verbrechen tragen. Es waren die Einsatzgruppen, die die Juden aus Wilna verschleppten. Ihre Mitglieder gehorchten unmittelbar dem Kommando Heinrich Himmlers, der für Deutschlands Judenpolitik verantwortlich war und seinen Schützlingen später eingeschärft hatte: »Von euch werden die meisten wissen, was es heißt, wenn hundert Leichen beisammen liegen, wenn fünfhundert da liegen oder wenn tausend da liegen. Dies durchgehalten zu haben und dabei – abgesehen von Ausnahmen menschlicher Schwächen – anständig geblieben zu sein, das hat uns hart gemacht. Dies ist ein niemals geschriebenes und niemals zu schreibendes Ruhmesblatt unserer Geschichte.«

Bald nach der Eroberung Wilnas ernannte Murer einen Judenrat, der für Ordnung sorgen sollte. Dieser bezog das größte Haus im Ghetto, einen dreistöckigen Ziegelbau mit großzügigem Innenhof unmittelbar am Ghettotor. Murer stellte den Judenrat zusammen, der aus ein paar Dutzend Mitgliedern bestehen sollte, aus Lehrern, Ärzten, Elektrikern, Bauarbeitern und Ingenieuren. Den Vorsitz erhielt zu seiner eigenen Überraschung Anatol Fried, ein ehemaliger Bankdirektor, der sich nicht als Jude fühlte. Fried stellte einen Antrag, ohne den Judenstern herumgehen und die Gehwege benutzen zu dürfen. Murer lehnte sein Gesuch ab. Im Ghetto sangen die Kinder Spottlieder über Anatol Fried, den Anführer der Juden, der die Juden hasst.

Murer gründete auch eine jüdische Polizei, die im Ghetto für Ordnung sorgen sollte, und ernannte Jakob Gens, einen gewandten, übereifrigen Vierzigjährigen zum Polizeichef. Gens war ein stattlicher Mann mit breiter Nase, nach unten gezogenen Mundwinkeln, hoher Stirn und schmalen Augen. Er trug Anzüge und gestreifte Krawatten. Er war der Inbegriff eines modernen, halbwegs gebildeten Europäers. Er hatte Zeitschriften abonniert, las Bücher, besuchte Konzerte und versäumte keine Theaterpremiere. Er schwärmte für amerikanische Filme, glaubte an den Fortschritt, die Wissenschaft und die Anständigkeit der Menschen. Nach dem Ersten Weltkrieg, als Litauen seine Unabhängigkeit erhielt, trat er der Armee bei. Er mochte die soldatische Disziplin und stieg in kurzer Zeit auf. Zu anderen jüdischen Soldaten pflegte er zu sagen: »Verstellt euch niemals.« Dank seiner Fürsprache wurden Juden in der litauischen Armee vom christlichen Gottesdienst freigestellt. Nach Ablauf seiner Militärzeit heiratete er eine reiche

Nichtjüdin. Er verkehrte in den höchsten Kreisen. Als man die Juden ins Ghetto verbannte, bot man ihm an, sich in Sicherheit zu bringen, indem er seinen Namen änderte. Mit der Begründung, er gehöre zu seinem Volk, lehnte er ab und ging freiwillig ins Ghetto.

Gens verpflichtete für seine Polizei eine Truppe junger Juden, die darin eine Chance sahen, sich gewisse Vorrechte zu sichern und die neuen Gesetze zu umgehen. Die Polizisten trugen weiße Armbinden mit dem blauen Davidstern. Sie standen bei Sonnenaufgang am Ghettotor und kontrollierten die Arbeitsscheine derer, die in die Fabriken gingen. Abends, bei ihrer Rückkehr, durchsuchten sie sie, überwachten die Einhaltung der Ausgangssperre, patrouillierten vor Häusern, in denen Kinder zur Welt kamen und Familien vor ihren kargen Mahlzeiten beteten. Mehrere Mitglieder der Jungen Garde – im Ghetto lebten etwa sechzig – meldeten sich zum Polizeidienst. In ihren Uniformen sicherten diese Männer den Zionisten einen gewissen Grad an Freiheit, gaben ihnen Gelegenheit, gegen das Ausgehverbot zu verstoßen und sich aus dem Ghetto zu schleichen. Zu dieser Zeit entschloss die Junge Garde sich zum gewaltlosen Widerstand, zu einem Guerilla-Unternehmen, das den Juden Kleidung und Nahrung sichern sollte. Es gründete auf einer einfachen Logik: Die Invasion der Deutschen unterscheidet sich in keiner Weise von früheren feindlichen Invasionen – der der Schweden etwa oder der Franzosen. Wenn wir nur genügend zu essen haben und dazu ein Dach über dem Kopf, werden wir den Krieg schon überstehen.

Die Junge Garde schickte ein paar ihrer Mitglieder aus dem Ghetto, um als Christen getarnt Lebensmittel und Decken zu beschaffen. Bei den Zionisten hießen diese Leute »Unsere Arier«. Um ins Ghetto zurückzukommen, warteten sie die Nächte ab, in denen Mitglieder der Jungen

Garde am Tor standen. Die Polizisten pflegten eine Schein-durchsuchung durchzuführen und den Schmuggler dann hineinzuwinken. Das Ghettoleben war hart und ohne Decken und Lebensmittel nicht zu bewältigen. Obwohl die Juden nur wenig Kontakt zur Außenwelt hatten, brachte es ein Bewohner des Ghettos tatsächlich fertig, einen Brief an seine Familie in Brooklyn, New York, an den Deutschen vorbeizuschmuggeln. Er enthielt eine Art Code: »Wir essen wie an Jom Kippur, sind wie an Purim gekleidet und woh-nen wie an Sukkoth.«

★ ★ ★

Von seinem Büro im Ratsgebäude aus blickte Jakob Gens über die steilen Dächer des Ghettos. Er saß oft bis spät in die Nacht hinein an seinem Schreibtisch, studierte Auf-zeichnungen und Listen und versuchte Möglichkeiten zu finden, die Menschen im Ghetto zu ernähren. Wenn er die Juden Wilnas retten konnte, würde er als Held in die Ge-schichte eingehen, als ein Mann, der sein Volk in der ärgs-ten Bedrängnis nicht im Stich ließ.

Eines Nachts tauchte Franz Murer in seinem Büro auf. Murer sagte, er brauche mehrere tausend Juden, die im Osten in Fabriken arbeiten sollten. Die jüdische Polizei sol-le diese Juden für ihn aussuchen. Gens fragte, wohin genau man die Arbeiter bringen würde. Das wisse er nicht, ent-gegnete Murer – das sei die Entscheidung der Wehrmacht. Gens entgegnete, er könne nicht einfach Leute in einen Zug setzen, dessen Ziel er nicht kenne.

»Wenn Sie uns nicht helfen wollen«, sagte Murer, »dann tun wir es selber. Und wenn wir es selber tun, wird es viel schlimmer für die Juden.«

Gens war Soldat. Er hatte als Hauptmann in einer litaui-schen Armee gedient. Er wusste um die Bedeutung von Macht. Als Soldat glaubte er Murer und andere deutsche

Soldaten zu verstehen. Er würde mit ihnen zusammenarbeiten. Er fragte Murer, ob er denn wirklich so viele Arbeiter bräuchte: Ließe sich ihre Zahl nicht reduzieren? Nach lautstarkem Hin und Her konnte er Murer überreden, tausend Juden weniger zu nehmen als ursprünglich geplant. Gens betrachtete dies als einen großen Sieg.

Am 23. Oktober 1941 verteilte die jüdische Polizei an die Arbeiter, die außerhalb des Ghettos arbeiteten, gelbe Arbeitsscheine. Tags darauf gingen die Männer mit den gelben Scheinen wie üblich zur Arbeit. Die Familien dieser Arbeiter – Murer sagte, eine Familie dürfe nur aus Eltern und höchstens zwei Kindern unter sechzehn Jahren bestehen – erhielten die Anweisung, sich im Hof des Judenrats einzufinden. Dann stürmten litauische Soldaten das Ghetto. Sie traten Fenster und Türen ein, schleiften jeden aus dem Haus, den sie erwischen konnten. Juden versteckten sich in Kellern und auf Dachböden, wobei sich Dutzende oder sogar Hunderte von Menschen in fensterlosen Räumen aneinanderdrängten. Man erzählt sich viele Geschichten von dem Grauen in solchen Räumen, von all den toten Stunden voller Herzklopfen, von Stiefelschritten auf den Stufen, erstickten Schreien, weinenden Kindern, rotgesichtigen Männern oder Frauen, die sagten: »Bringt doch endlich dieses Kind zum Schweigen, sonst gehen wir alle zugrunde!«, von einer jungen Mutter, die eine Decke auf ihr jammerndes Kind presste und dann, als die Schritte der Soldaten sich entfernt hatten, entsetzt bemerkte, dass sie ein totes Kind im Arm hielt. Auf den Straßen wurden die Juden verprügelt. Wenn sie über den Ghettozaun kletterten, wurden sie erschossen. Bis zum Ende des Tages hatte man fast viertausend Juden getötet oder verschleppt.

Als die jüdischen Arbeiter mit ihren Erlaubnisscheinen aus den Fabriken zurückkamen, sah das Ghetto aus wie nach einem schrecklichen Unwetter. Die Straßen waren totenstill, nichts regte sich. Die Menschen krochen aus ihren Verstecken hervor und standen benommen auf der Straße. Die Juden waren sorgfältig in Besitzende und Besitzlose eingeteilt worden – die einen hatten Arbeitsscheine, die anderen hatten keine –, die einen waren im Innenhof des Judenrats in Sicherheit, die anderen waren zur Treibjagd freigegeben. Wer im Besitz eines Arbeitsscheins war, mochte Mitleid empfinden mit denen, die keinen hatten, dachte aber trotzdem nicht daran, seinen Schein herzugeben. »Es hatte Methode«, schrieb Ruzka später. »Man wollte Unfrieden stiften zwischen den Menschen, die dasselbe Schicksal erwartete, wollte die tierischen Triebe, die am Grund der Seele schlummern, an die Oberfläche locken.«

★ ★ ★

In den folgenden Wochen kam Murer immer wieder in Gens' Büro. Einmal brauchte er tausend, ein andermal dreitausend, dann wieder fünftausend Juden. Die jüdische Polizei verteilte Arbeitsscheine, litauische Soldaten stürmten die Straßen. Aktionen hießen diese Treibjagden, wodurch man ihnen einen offiziellen, politischen Anstrich verlieh. Die Aktion Gelbe Scheine. Die Aktion Blaue Scheine. Die Aktion Rosa Scheine. Bis Dezember war die Einwohnerzahl des Ghettos auf die Hälfte geschrumpft. Ruzka und Vitka und die anderen Mitglieder der Jungen Garde überlebten in Verstecken oder mit Hilfe von gefälschten Scheinen oder als Nichtjuden außerhalb des Ghettos. Als Ruzka ein Mitglied des Judenrats aufsuchte, um sich nach einem vermissten Freund zu erkundigen, erklärte man ihr, dass er bei denen war, die im Osten neu angesiedelt worden seien, wo sie Arbeit und genug zu essen hätten. Manche Ghettobewohner erhielten sogar mit estnischen oder weißrussischen Marken frankierte Briefe mit einer kurzen Botschaft in vertrauter Handschrift: »Viel Essen, leichte Arbeit, hoffe, du kommst bald nach.« In Wirklichkeit zwang man die Leute mit vorgehaltener Pistole diese Briefe zu schreiben, die die Juden in Sicherheit wiegen sollten. Für die Menschen im Ghetto war der Ausdruck »in den Osten umsiedeln« bereits eine Art Redewendung geworden, die so viel bedeutete wie »jemanden über die Klinge springen lassen«, »ins Jenseits befördern«. Er bedeutete, dass wieder ein Jude in dieses mysteriöse Nirgendwo fuhr, wo jede deutsche Reise endete. Eine Gruppe Rabbiner suchte Gens auf, um ihm zu sagen, er habe kein Recht, Juden zu selektieren und den Deutschen in die Hände zu treiben. Indem er es zuließ, dass diese wenigen umgesiedelt würden, sagte Gens, schütze er viele tausend andere. Ein Rabbiner rief Gens die Worte des Maimonides in Erinnerung: »Bevor eine Seele Israels sich unterwirft, sollen lieber alle sterben.«

* * *

Vitka wohnte außerhalb des Ghettos. Die Junge Garde hatte nach Freiwilligen gesucht, die in den freien Teil der Stadt zogen, von wo aus sie als Kuriere Informationen und Vorräte ins Ghetto schmuggeln sollten. Mit falschen Papieren und falschen Namen ausgestattet, sollten die Kuriere sich Arbeit und Unterkunft suchen. Mehrmals wöchentlich würden sie vom Ghetto in die freie Stadt überwechseln, von der jüdischen in die arische Welt, von der Straße auf den Gehsteig. Wer auch nur den kleinsten Verdacht erregte, wurde erschossen. Die Kuriere waren fast ausnahmslos Mädchen – zum einen schenkten die Deutschen einem Mädchen weniger Beachtung, da es für sie keine Bedrohung darstellte, zum anderen waren diese jüdischen Mädchen außergewöhnlich mutig. Ihre zarten, glatten Gesichter in den gefälschten Pässen lassen an einen Geheimbund denken, dessen Mitglieder ebenso an ihre Unsterblichkeit wie an ihren bevorstehenden Tod glauben. Viele verließen das Ghetto und verschwanden auf Nimmerwiedersehen.

Vitka, die ausgezeichnet polnisch sprach und sich wie ein Bauernmädchen bewegte, eignete sich hervorragend für diese Aufgabe. Polen zu täuschen würde ihr wohl kaum gelingen, das wusste sie, aber bei den Deutschen dürfte sie keine Schwierigkeiten haben. Ein Deutscher glaube, was man ihm erzähle, meinte sie. Sage man zu einem Deutschen, man sei ein polnisches Bauernmädchen, antworte der: »Soso, ein polnisches Bauernmädchen also.« Deutsche konnten Polen, die immerhin Slawen waren, und Juden, die doch in ihren Augen Ungeziefer waren, das es auszurotten galt, nicht voneinander unterscheiden. Polen dagegen erkannten einen Juden sogar dann, wenn er blond und blauäugig war. Es war weniger eine Frage der Rasse als eine Frage des Milieus – Juden verkehrten in anderen Kreisen, hatten ihre eigenen Schulen. Bevor Vitka ihre Tätigkeit als Kundschafterin aufnahm, färbte Ruzka ihr das Haar. Sie hatte eine Flasche Bleichmittel im Abfall gefunden. Vitka hielt ihren Kopf über einen Eimer, während Ruzka ihr das Mittel in die Haare rieb.

Als Vitkas Haar trocken war, schob Ruzka sie in die Sonne.

»Was meinst du?«, fragte Vitka, deren dunkle Haare jetzt in einem Furcht erregenden Karottenrot leuchteten.

»Ich meine, dass wir dringend Hilfe brauchen«, sagte Ruzka.

Gegen ein kleines Entgelt blondierte ein jüdischer Barbier Vitkas Haare mit Peroxyd. Bekleidet mit einem langen Mantel und einem Hut verließ Vitka das Ghetto.

Sie hatte sich zu den Arbeitern gesellt. Auf ihrem Revers war locker mit zwei Stichen der obligatorische Judenstern befestigt. Als sie das Tor passiert hatte, riss sie den Stern vom Stoff, steckte ihn in ihre Tasche, trat auf den Gehweg, bog um die Ecke und nahm ihren Hut ab. Zum Vorschein kam ihr blondes Haar mit dem dunklen Haaransatz. Ihr Herz raste, als sie durch die geschäftigen Straßen ging.

Am Stadtrand fand sie Arbeit bei einer Frau in mittleren Jahren, deren Wohnung sie in Ordnung hielt und deren Tochter sie Nachhilfeunterricht erteilte. Vitka wohnte in einer Dienstbotenkammer im ersten Stock. Von ihrem Fenster aus blickte sie auf Bäume in einem Hinterhof. An der Wand hing ein Kreuz, und Vitka meinte es sogar nachts, in der Dunkelheit, wahrzunehmen. Die Frau war sehr fromm und betete vor jeder Mahlzeit. Sie forderte Vitka auf, mit ihr zu beten. Vitka weigerte sich, ohne zu erklären, weshalb. Jede Nacht schlief Vitka mit dem Gedanken ein, was im Ghetto wohl gerade vor sich gehen mochte. Sie gehörte nicht hierher.

Zwei- oder dreimal in der Woche ging Vitka bei Sonnenuntergang ins Ghetto zurück. In einer Seitenstraße setzte sie ihren Hut auf und heftete den gelben Stern an ihrem Mantel fest. Einmal hatte sie ihn vergessen. Blass vor Schreck steckte sie sich ein gelbes Blatt an den Mantel. Ein Zionist, der als Polizist am Ghettotor stand, lächelte und winkte sie hinein. Sie traf sich mit Mitgliedern der Jungen Garde, nahm Anweisungen entgegen und gab Neuigkeiten aus der Stadt weiter.

Ende Dezember 1941 erhielt Vitka auf einer dieser Versammlungen eine wichtige Mission. Sie sollte zu einem Kloster außerhalb der Stadt gehen, in dem sich der Anführer der Jungen Garde versteckt hielt. Vitka sollte ihn zum Ghetto begleiten, wo er ein junges Mädchen treffen sollte. Als Vitka wissen wollte, was es mit diesem Mädchen auf sich hatte, winkte einer der Zionisten ab und meinte: »Die Leute halten sie für verrückt.«

Einige Nächte zuvor hatten Juden im Wald das ungefähr siebzehnjährige Mädchen gefunden. Es war vollkommen nackt, sein Körper blutig und voller blauer Flecke. Es war seit zwei Tagen umhergeirrt, nachdem es angeblich hatte mitansehen müssen, wie man Juden aus Wilna im Wald bei Ponar umgebracht habe.

Man brachte das Mädchen zu Jakob Gens. Sie erzählte ihm, sie habe gesehen, wie man Juden aus Wilna sich in einer Reihe aufstellen ließ und dann erschoss; sie sagte ihm auch, wie sie entkommen war. Gens sah das Mädchen an. Es hieß Sarah. Er glaubte Sarah nicht. Sie musste verrückt sein. Kein Zweifel. Das war traurig, aber konnte, was sie da erzählte, wahr sein? Niemals. Er konnte es einfach nicht glauben. Es hätte seine Weltsicht völlig erschüttert. Gens war Realist, und wie alle Realisten war er der festen Überzeugung, dass der Mensch aus purem Eigennutz handelt. Die Juden Wilnas zu töten konnte nicht im Interesse der Deutschen sein. Viele dieser Juden waren gesunde junge Männer, die Deutschen brauchten sie, damit sie Bomben bauten oder Mäntel nähten. Nein. Das Mädchen war verrückt. Und es war seine Pflicht, sie davon abzuhalten, den Leuten weiterhin Angst einzujagen. Ein aufrührerisches Ghetto konnte den Deutschen gefährlich werden, und dann lag es tatsächlich in ihrem Interesse, Juden zu töten. »Willst du, dass dein Vater am Leben bleibt?«, fragte Gens.

»Ja.«

»Dann sag keinem, was du da gesehen zu haben glaubst«, sagte Gens. »Ich werde dir Arbeit verschaffen, aber halte in Zukunft deinen Mund.«

Sarah wurde ins Krankenhaus gebracht, wo man ihre Wunden behandelte und ihr Beruhigungsmittel verabreichte. Dort hörten Mitglieder der Jungen Garde zum ersten Mal ihre Geschichte.

* * *

Hin und wieder nahm Vitka eine Landkarte aus der Tasche und studierte die verzweigten Pfade. Sie war dünn geworden, ihre Wangenknochen traten deutlich unter ihrer blassen Haut hervor. Sie hatte schon zwei Stunden Fußmarsch hinter sich. Als der Mond aufging, sah es aus, als seien die Bauernhöfe im Licht gefroren. Endlich sah sie von einem Hügel aus das Dominikanerkloster, in dessen Fenstern Kerzen brannten. Eine Nonne öffnete ihr eine Nebenpforte. Die Nonne war hübsch und wirkte knabenhaft jung in ihrer Tracht.

»Kann ich dir helfen?«, fragte sie.

»Ich möchte Abba Kovner sprechen«, sagte Vitka.

»Wir sind hier nur Nonnen«, sagte die Frau. Sie überlegte einen Augenblick und fragte dann: »Und wer bist du?«

»Eine Jüdin aus dem Ghetto.«

Die Nonne betrachtete Vitkas dunkle Haut und die dunklen Wurzeln ihres blonden Haars. »Natürlich«, sagte sie. »Ich bin die Mutter Oberin.«

Die Mutter Oberin war fünfunddreißig und hatte in Krakau studiert. Der klösterlichen Gemeinschaft gehörten noch sieben weitere Nonnen an. Als die Deutschen einmarschierten, hatte sie sich erboten, so viele Juden zu verstecken, wie sie unterbringen konnte. Derzeit lebten acht Zionisten im Konvent. Im Herbst hatte die Mutter Oberin die Männer in eine Schwesterntracht gesteckt und sie zum Arbeiten auf die Felder geschickt. In der Nachmittagssonne konnte man sehen, wie sie sich durch die Reihen pflückten.

»Warum willst du Abba sprechen?«, fragte die Mutter Oberin. Ihre Stimme klang lebhaft, und sie stand fest mit beiden Beinen auf der Erde. Vormittags arbeitete sie für gewöhnlich in den Feldern, nachmittags betete sie und las die Psalmen. Sie suchte in der Bibel nach Antworten für ihre eigenen Sorgen, nach der Stärke, die sie brauchte, um den

Krieg durchzustehen. Sie glaubte, dass Gott bei allen menschlichen Belangen seine Hand im Spiel hatte, dass er die Menschen prüfen wollte.

»Ich habe einen Auftrag zu erfüllen«, sagte Vitka.

Die Oberin führte Vitka in Abba Kovners Zelle. Er saß auf seiner Matratze. »Bitte entschuldigen Sie«, sagte die Mutter Oberin. »Das Mädchen hier will Sie sprechen.«

Vitka war wie eine Bauernmagd gekleidet. Es war schon sehr spät, und sie war so jung, dass ihm wohl als Erstes der Gedanke kam, ob sie denn überhaupt so spät noch außer Haus sein dürfe. »Komm herein«, sagte er. Er fragte Vitka, weswegen sie gekommen sei. Sie erzählte ihm von dem Mädchen, das man im Wald gefunden hatte. »Ich soll dich ins Ghetto begleiten«, sagte sie.

Gleich darauf war Abba bereit zum Aufbruch. Vitka dankte der Mutter Oberin für alles, was sie für die Juden getan hatte.

Die Mutter Oberin sagte darauf: »Wie die Dinge derzeit stehen, ist es das einzig Anständige, jüdisch zu sein.«

★ ★ ★

Abba und Vitka gingen schweigend nebeneinander her. Der Mond stand über den Wiesen. In den letzten Monaten hatte Abbas Welt sich grundlegend verändert. Sein Vater war einer der Juden gewesen, die man in den Osten deportiert hatte; seine Mutter und seine Geschwister lebten im Ghetto. Abba war erst vierundzwanzig Jahre alt, aber der Krieg hatte ihn frühzeitig altern lassen. Er war 1918 in Sebastopol geboren, wo seine Familie, auf dem Weg nach Palästina, vom Ersten Weltkrieg aufgehalten worden war. Als der Krieg vorüber war, kehrten die Kovners ohne einen Pfennig nach Wilna zurück, wo ihre Familie schon seit Generationen gelebt hatte. Abba wurde zum bekennenden Zionisten. Mit achtzehn schien ihm alles möglich. Litauen war ihm keine Heimat und Palästina noch ein Traum. Obwohl er nicht gläubig war, las er immer wieder die Bibel. Besonders die kämpferischen Geschichten hatten es ihm angetan, die von den jüdischen Armeen handelten, die durch die Wüste marschieren und nach blutigen Niederlagen herrliche Siege feiern. Tief im Innern sah er sich als eine Art biblische Gestalt; ein junger Mann, der nur darauf wartete, berufen zu werden.

Die Kovners hatten in Wilna ein bescheidenes Heim. Der Vater drängte darauf, dass seine Söhne sich auf praktische Weise ihren Lebensunterhalt verdienen sollten, aber Abba wollte unbedingt Künstler werden. Vor dem Krieg hatte er sich bereits als Bildhauer einen Namen gemacht. Die Kunstszene der Stadt schätzte seine Arbeiten und die Kraft seiner Worte. Er besaß Charisma und war ein feuriger Redner. Ein junger Mann, der die Massen begeistern konnte. Und doch war er ein Einzelgänger, glich einem Kapitän, der allein auf der Brücke stand und sein Schiff durch die aufgewühlte See steuerte. Und diese Eigenschaft machte ihn zum Anführer. Am Tag, als die Deutschen einmarschierten und Flugzeuge die Hügel aufleuchten ließen, sagten deshalb die älteren Anführer der Jungen Garde, bevor sie die Stadt verließen, zu Abba: »In Wilna gibt es Hunderte von Zionisten. Du sollst sie führen.«

Zuerst hatte Abba sich verraten, im Stich gelassen gefühlt. Als das Unwetter sich zusammenbraute, waren die wichtigsten Zionisten nach Palästina oder Russland geflohen und hatten die jungen Leute wie Abba und Vitka ihrem Schicksal überlassen. Aber schon bald erkannte er, dass er zwar wirklich ganz auf sich gestellt war, dass ihm dies aber auch ein großes Maß an Freiheit schenkte. Von nun an brauchte er niemanden mehr um Erlaubnis zu fragen. Es war ja keiner mehr da, der sie ihm hätte geben können. Was er in diesen ersten Wochen beobachtete, sollte ihn für immer von den alten Anführern und seiner eigenen Jugend trennen. Er war während »Der großen Provokation« in der Stadt gewesen, hatte beobachtet, wie die Deutschen im alten Ghetto Juden zusammentrieben. Abba hatte sich hinter einer Treppe versteckt und gesehen, wie ein Nazi einer Mutter ihr Kind aus den Armen riss, es an den Füßen packte und seinen kleinen Kopf gegen eine Mauer schlug.

Obwohl Abba und Vitka wortlos nebeneinanderher gingen, hatte dieses Schweigen nichts Merkwürdiges oder Unangenehmes an sich. Vitka fühlte sich wohl an Abbas Seite. Fast zu früh spürte sie das Kopfsteinpflaster unter ihren Schritten. Für Abba barg jede Straßenecke eine Geschichte. Die Sonne ging auf, als sie das Ghetto erreichten. Gerade brachen die jüdischen Arbeiter zu den Fabriken auf. Ein Zionist schleuste Abba und Vitka durch das Tor. Abba besuchte seine Mutter. Als kleiner Junge hatte er ein sehr inniges Verhältnis zu ihr gehabt. Nun war er älter und trug für mehr Menschen als seine Familie die Verantwortung. Sie versuchte, vor ihm ihre Rührung zu verbergen, und fragte ihn, ob er auch genug zu essen habe. Als er wieder fortging, sagte sie: »Was soll nur aus uns werden?«

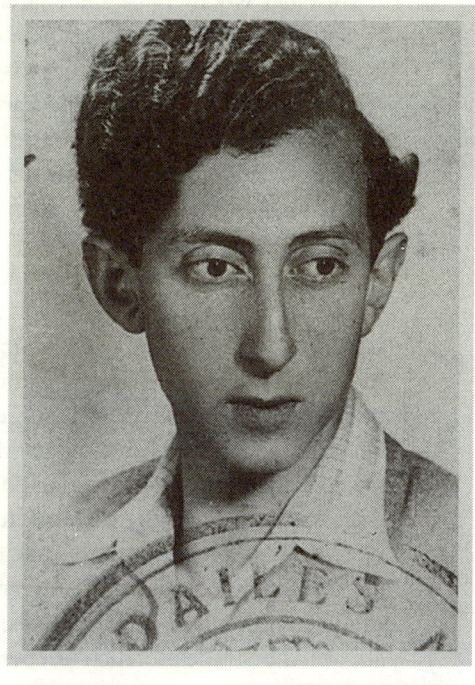

Abba vor dem Krieg

Dann gingen Abba und Vitka zum Krankenhaus, wo sich jeweils drei Patienten ein Bett teilen mussten. Dr. Sedlis war vor dem Krieg in Wilna ein überaus geschätzter Arzt gewesen, aber jetzt fehlte es ihm an Ausrüstung, und die Zustände im Krankenhaus waren alles andere als hygienisch; oft musste er ohne Betäubungsmittel operieren.

Als Dr. Sedlis Abba und Vitka sah, sagte er gleich: »Ihr kommt wegen des Mädchens.«

Er führte Abba und Vitka in ein Zimmer mit Blick auf einen Innenhof. Sarah richtete sich in ihrem Bett auf. Sie war gespenstisch bleich. Man hatte sie inzwischen gekämmt und ihr den Arm verbunden. Abba bat den Arzt, allein mit dem Mädchen reden zu dürfen. Sarah blickte aus dem Fenster und erzählte ihre Geschichte:

Vor einer Woche hatte man sie im Zuge der Aktion Gelbe Scheine aus dem Ghetto getrieben. Ihr Vater besaß zwar einen Arbeitsschein, hatte aber insgesamt drei Kinder und konnte nur zwei beschützen. Sarah hatte sich mit ihrer Mutter und einem Dutzend anderer Juden in einer Geheimkammer versteckt. Es war darin stockdunkel, und den ganzen Vormittag drangen Lärm und Geschrei von der Straße herauf. Am Nachmittag sagte plötzlich vor der Kammer eine Stimme: »Da drinnen sind sie.« Daraufhin trat jemand die Tür ein, und Licht flutete in den Raum. Sarah musste mitansehen, wie man ihre Mutter nach draußen schleifte, und wurde dann selbst hinausgeschleift. Sie hatte den jüdischen Polizisten erkannt, der ihr Versteck verraten hatte. Man hatte sie mit vielen anderen durch das Ghettotor getrieben und die mit einer Plane verhüllte Ladefläche eines Lastwagens besteigen lassen. Der Motor sprang an, und der Lastwagen holperte davon. Die Juden hatten keine Ahnung, wohin man sie bringen würde. Eine Weile ging es über asphaltierte Straßen, dann bremste der Lastwagen ab, weil die Straße plötzlich uneben wurde. Durch ein Loch in der Plane konnte Sarah Bäume vorbeihuschen sehen. »Wir sind im Wald«, sagte sie. Schließlich hielt der Wagen an, und die Plane wurde zurückgeschlagen. Die Juden befanden sich im Wald bei Ponar. Man führte sie einen schmalen Weg entlang, dann auf eine mit Stacheldraht umgebene Lichtung. Ein alter Mann hielt ein Gebetbuch in die Höhe und sagte: »Mein Herr und mein Gott, steh uns bei.« Ein Soldat schlug ihm mit einem Knüppel das Buch aus den Händen.

Ungefähr hundert Menschen befanden sich auf der Lichtung. Männer und Frauen standen getrennt. Sie wurden in Zehnergruppen aufgeteilt. Soldaten kamen und holten die erste Gruppe Männer und führten sie in den Wald. Ein paar Minuten später hörte man Schüsse. Die Soldaten kamen zurück und holten die nächste Gruppe. Es war schon spätnachmittags, als Sarahs Gruppe an der Reihe war. Die Frauen wurden zu einem Hügel geführt. Auf dem Boden lagen Haufen von Schuhen, Hemden, Mänteln, Socken, Unterwäsche. Man forderte die Frauen auf, ihre Kleider auf die Haufen zu legen. Sarah zog sich aus. Sie stand neben ihrer Mutter auf dem kalten Waldboden. Die nackten Frauen mussten durch einen Tunnel aus Leinwand gehen. Es war dunkel darin und es roch nach Zelt. Am Ende des Tunnels befand sich eine Grube, die mit leblosen Körpern angefüllt war. Als die Russen Litauen besetzten, hatten sie diese Gräben für ihre Treibstofftanks ausgehoben. Manche Körper regten sich – anscheinend waren noch nicht alle tot.

Eine Stimme rief: »Auf die Knie.«

Sarah starrte geradeaus. Sie hörte Schüsse. Dann spürte sie im Arm einen heftigen Schmerz und verlor die Besinnung. Als sie wieder zu sich kam, hörte sie jemanden weinen. Sie lag in der Grube. Es war sehr kalt, die Körper unter ihr waren steif gefroren, sie sah gebrochene Beine, bei denen die Knochen aus dem Fleisch ragten, und umgeknickte Arme und überall die Gesichter der Alten und Jungen, um deren Lippen sich Eiskristalle bildeten. Sie wandte sich ab und blickte direkt in die starren blauen Augen einer Leiche. Ihre Mutter. Sie schrie auf. Jemand packte sie an der Hand. »Sei still«, flüsterte eine Frau, »sonst kommen sie zurück und erledigen uns. Halt dich ganz still. Wenn es dunkel ist, klettern wir hier raus.«

Sarah blieb stundenlang reglos liegen. Sie hörte das betrunkene Gegröle litauischer und deutscher Soldaten am Grubenrand. Als es dunkel wurde, entfernten sich die Stimmen. Die Frau griff nach Sarahs Hand.

»Jetzt«, sagte sie.

Sie krochen über Rücken, Arme, Gesichter von Leichen. Sarah zog sich aus der Grube. Die Frau hatte nicht mehr die Kraft, sich selbst herauszuziehen. Sarah versuchte ihr zu helfen, aber sosehr sie sich auch bemühte, sie schaffte es nicht. Plötzlich vernahmen sie die Stimme eines Deutschen.

»Geh«, sagte die Frau. »Mach schnell.«

Sarah suchte zwischen den Bäumen Schutz. Fichtennadeln stachen sie in die Hände. Sie grub ein Loch in die weiche Erde unter dem Stacheldraht und kroch auf die andere Seite. Dabei zog sie sich einen tiefen Kratzer am Arm zu. Sie hörte Soldaten, die den Wald absuchten. Sie kroch tiefer ins Unterholz und blieb reglos liegen. Als sie es schließlich wagte aufzustehen, wollten ihre Beine sie zuerst nicht tragen. Sie schleppte sich weinend Richtung Wilna, bis man sie schließlich entdeckte.

Sarah war eine Weile still und flüsterte dann: »Mehr habe ich nicht zu sagen.«

* * *

Einige Tage später berief Abba ein Treffen der Jungen Garde ein. Die Anführer der Gruppe versammelten sich im Keller unter dem Ratsgebäude. Es war ein niedriger

Raum, nur von ein paar Kerzen erhellt. Die Juden hatten Abba schon seit Wochen nicht mehr im Ghetto gesehen – jetzt wunderten sie sich über seine Erscheinung. Sein Blick war kalt, sein Gesicht hart und sein Körper drahtig. Er trug schmutzige Arbeitshosen und war unrasiert. Mit Abba, Ruzka und Vitka waren ungefähr zwölf Leute im Raum.

Abba stand mit zitternden Händen vor ihnen. »Man hat unsere Lieben in den Tod geschickt«, sagte er. »Wir müssen jetzt, nicht erst später mit unserem Gewissen ins Reine kommen. Wir müssen der nackten, hässlichen Wahrheit ins Gesicht sehen – man hat unsere Freunde nicht bloß deportiert. Das weiß ich jetzt. Und doch wollen viele die Wahrheit noch nicht glauben. Worin besteht diese Wahrheit? Dass unsere Freunde und Verwandten, die man angeblich deportiert hat, nicht mehr am Leben sind. Man brachte sie nach Ponar – in den Tod.«

Jeder im Raum hatte Freunde, Vater, Mutter oder Geschwister, die man »in den Osten umgesiedelt« hatte. Niemand wollte glauben, was Abba sagte.

»Und das ist noch nicht die ganze Wahrheit«, fuhr er fort. »Die ganze Wahrheit ist noch viel schlimmer. Die Vernichtung von Tausenden ist nur der Anfang. Sie werden Millionen von uns vernichten. Der Tod dieser Tausend bedeutet unsere völlige Ausrottung.«

Abba war einer der ersten Juden in Wilna, die die Pläne der Nationalsozialisten durchschauten. Wie war er zu dieser entsetzlichen Schlussfolgerung gekommen? Er war auch nicht besser informiert als Jakob Gens und die Mitglieder des Judenrats. Aber im Gegensatz zu diesen war Abba ein Außenseiter, der gefühlsmäßig nicht an die Zivilisation Europas gebunden war. Er hatte immer geglaubt, dass es hier zum Schlimmsten kommen konnte. Und als er an die vielen Juden dachte, die verschwunden waren, an die Geschichte, die er von Sarah gehört hatte, daran, was er am Tag der großen Provokation mit eigenen Augen gesehen hatte, als der Soldat den jüdischen Säugling gegen die Mauer schlug, da passte plötzlich eines zum anderen. Das waren alles keine zufälligen Entgleisungen, begangen von irgendeinem wahnsinnigen Kommandanten; diese Verbrechen waren Teil eines Plans, man hatte vor, die europäischen Juden zu vernichten. Abba begriff das nicht wie ein Gelehrter, der logische Schlüsse zieht, sondern wie ein Prophet – es war eine plötzliche Eingebung, der Funke einer grausigen Wahrheit. Ein Prophet, selbst ein so bedeutender wie Moses, ist schließlich nichts anderes als ein Mensch, der sich für einen kurzen Augenblick aus der Geschichte löst, um den Weg zu überblicken, der in den Wald hinunterführt.

»Es ist mir immer noch ein Rätsel, warum Wilna schwer verwundet ist und in Blut schwimmt, während man in Białystok immer noch heiter und friedlich seinen Geschäften nachgeht«, fuhr er fort. »Ich weiß nicht, warum die Dinge so geschehen sind und nicht anders. Aber eines ist mir klar: Was wir daraus lernen sollten, gilt nicht nur für Wilna. Ponar ist nicht nur eine Phase, die wieder vorbeigeht. Der ›Gelbe Schein‹ ist nicht nur eine spezielle Erfindung des hiesigen Kommandanten. Er gehört zu einem kompletten System. Wir haben es hier mit einem ausgeklügelten Plan zu tun und bis jetzt noch keinen Schlüssel dafür.«

»Gibt es irgendeinen Ausweg für uns?«, fragte er. »Nein! Wenn dies systematisch geschieht, dann ist der Gedanke an Flucht eine Illusion, die genauso dumm ist wie alle anderen Illusionen. Denn wer kann aus dem Wilnaer Ghetto nach Białystok oder nach Warschau fliehen? Nur die Jungen, Schnellen und Gesunden. Die Schwachen, die Alten und die Kinder müssen hier bleiben und werden unweigerlich sterben. Und erreicht die Tragödie schließlich doch noch die Städte, in denen die jungen Leute Zuflucht gesucht haben, werden diese längst seelisch gebrochen, entwurzelt, überfordert und verwirrt sein. Was wir daher als Erstes begreifen müssen, ist: Flucht ist kein Ausweg!«

Er sah von einem zum anderen. »Gibt es eine Chance auf Rettung?«, fragte er. »Ich will ehrlich mit euch sein, auch wenn es euch grausam erscheint. Nein! Es wird keine Rettung geben. Vielleicht werden zehn oder hundert Juden gerettet werden: Aber für unser Volk als Ganzes, für die Millionen Juden in den von Hitler-Deutschland besetzten Gebieten gibt es keine Chance. Gibt es einen Ausweg? Ja! Den bewaffneten Widerstand. Dies ist die einzige Möglichkeit für unser Volk, seine Würde zu bewahren.«

Ein junger Mann namens Jakob stand auf. Er redete mit einer Besonnenheit, als gälte es einen Mann vor dem Sprung aus dem Fenster zu bewahren. Er einnerte Abba daran, dass sie doch Zionisten waren und Europa nicht ihr Problem sei. Weshalb sollten sie hier Kopf und Kragen riskieren und eine Lebensweise verteidigen, die in einer Sackgasse mündete? »Wir haben stets alle Formen von Exil und Diaspora abgelehnt«, sagte er. »Das europäische Judentum geht nun einer Katastrophe entgegen, ja, wir stecken bereits mittendrin. Dass wir überhaupt hier sind, ist nur ein Unfall. Unser Platz ist in Israel. Dafür leben wir. Wir müssen so viele Mitglieder retten als irgend möglich. Jawohl. Wir glauben an den Kampf. Aber in Israel. Nicht hier. Ein Kampf im Ghetto wäre nur eine Art Theater.«

»Dazu kommt, dass wir keinerlei Unterstützung haben«, fuhr er fort. »Allein sind wir schwach und wehrlos. Die Deutschen dagegen sind sehr stark. Eine Revolte unter diesen Umständen wäre doch glatter Selbstmord.«

»Wie meinst du das?«, fragte Ruzka ruhig. »Willst du etwa sagen, dass es schon in Ordnung ist, wenn das jüdische Volk ausgelöscht wird, Hauptsache, unsere kleine Gruppe überlebt? Wenn du dich in Sicherheit bringst, kannst du dann einem israelischen Kind in die Augen sehen, wenn es fragt, was du getan hast? Wenn dieses Kind dich fragt: ›Was hast du getan, als man unsere Leute zu Tausenden, zu Millionen abschlachtete?‹ Wirst du ihm sagen: ›Ich habe mich selbst gerettet?‹ Wirst du ihm sagen: ›Ich habe mich versteckt und damit verhindert, dass man mich wie alle anderen ermorden konnte.‹?«

Die Bücher, die Ruzka gelesen hatte, und die vielen Gedanken, die sie sich gemacht hatte, hatten in ihr eine feste Überzeugung reifen lassen. »Es ist unsere Pflicht, für unser Volk zu kämpfen«, sagte sie. »Das heißt ja nicht, dass wir Israel vergessen haben. Wir kämpfen, weil wir Israel lieben. Jedes Volk hat seine Heldengeschichten. Und diese Geschichten geben ihm die Kraft weiterzumachen. Aber diese Geschichten dürfen nicht nur Vergangenheit sein, Teil unserer uralten Geschichte. Sie müssen auch Teil unseres realen Lebens werden. Was sollen die nachfolgenden Generationen von uns lernen? Was soll aus ihnen werden, wenn ihre Geschichte aus lauter Mord und Vernichtung besteht? Unsere Geschichte darf nicht nur aus einer Tragödie bestehen. Das dürfen wir nicht zulassen. Sie muss auch von Selbstverteidigung und Widerstand handeln.«

Ein Mann namens Israel stand auf. »Und was ist mit der Kollektivstrafe?«, fragte er. »Die Nazis haben immerhin gedroht, für jeden toten Deutschen hundert Juden umzubringen! Keiner hat das bisher zur Sprache gebracht. Wie können wir von Kampf reden, wenn wir wissen, dass wir damit so vielen Menschen im Ghetto den Tod bringen? Haben wir das Recht, das Leben dieser Menschen zu gefährden? Machen wir uns damit nicht zu Komplizen der Mörder? Womöglich geben unsere eigenen Leute dann uns die Schuld an der Misere.«

Vitka brüllte etwas, Jakob brüllte zurück, und bald war

der Keller von Lärm erfüllt; alle waren aufgesprungen, fluchten und schrien wild durcheinander.

Abba hob seine Hand, eine knappe, Ehrfurcht gebietende Geste, die alle wieder Platz nehmen ließ. »Was wir auch tun, wir werden auf jeden Fall sterben«, sagte er. »Wir sterben, wenn wir feige sind, und sterben, wenn wir mutig sind.«

»Was soll das heißen?«, fragte Jakob.

»Das soll heißen, dass wir nur eine Möglichkeit haben«, sagte Abba. »Wir können uns vornehmen, dass wir auf gar keinen Fall, komme, was da wolle, den Weg nehmen, den die anderen nahmen.«

»Du weißt doch gar nicht, ob das alles stimmt«, sagte Jakob. »Das sind doch nur Vermutungen. Du weißt nichts hundertprozentig.«

»Das ist richtig«, sagte Abba. »Hundertprozentig sicher weiß ich gar nichts. Niemand wird je irgendetwas hundertprozentig wissen. Nein, das stimmt nicht ganz. Einer schon. Wenn sie kommen und den letzten Juden in Europa nach Ponar führen – der wird es dann hundertprozentig wissen.«

* * *

Abba verließ das Kloster. Er sagte der Mutter Oberin, er könne sich nicht mehr länger verkriechen, während die Juden Wilnas zugrunde gingen. Als Anführer hätte er die Pflicht, die Leiden seines Volkes zu teilen. Die Mutter Oberin sagte, sie wolle Abba begleiten. »Ihr führt einen heiligen Kampf«, sagte sie. »Ich will im Ghetto an deiner Seite kämpfen. Ihr seid ein edles Volk. Obwohl du Marxist bist und keinen Glauben hast, bist du Gott näher als ich.«

Eine Woche lang schlief die Mutter Oberin im Ghetto und teilte das Elend der Bewohner. Aber nachdem Abba mit ein paar Zionisten gesprochen hatte, die für die Polizei arbeiteten, bat er sie schließlich zu gehen. Wenn sie im Ghetto blieb, brachte sie die gesamte jüdische Gemeinde in Gefahr. »Wenn man Sie hier findet, werden sie uns alle umbringen«, erklärte Abba. »Außerdem sind Sie uns draußen eine viel größere Hilfe. Wir sind hier von der Außenwelt abgeschnitten, sodass jede Verbindung nach draußen von größter Wichtigkeit ist.«

Auch Vitka kehrte ins Ghetto zurück. Sie zog wieder zu Abba und Ruzka in das alte Zimmer in der Straschun-Straße 15. In Stadtplänen, die Wilna während des Kriegs zeigen, steht unter diesem Haus zu lesen: »Hauptquartier des Untergrunds«. Aber eigentlich war es nur die baufällige Wohnung, in der Abba, Ruzka und Vitka sich ein Bett teilten. Die Beziehung der jungen Leute zueinander erregte einiges Aufsehen und Gerede. Wenn die Leute sie Arm in Arm durch die Straßen gehen sahen, sagten sie schmunzelnd, zumal sie ja so wenig Unterhaltung hatten: »Da geht Abba mit seinen zwei Frauen.« Ihre Romanze entwickelte sich zu einer dieser großen Lieben, wie sie während des Kriegs entstehen – tagsüber kämpfte jeder für sich, nachts fand man sich wieder zusammen. Ein Mann, der damals der Bewegung beigetreten war, spricht noch immer von seiner ersten Begegnung mit Abba: »Vitka brachte mich in die Wohnung«, berichtete er. »Ich kam in ein winziges Zimmer mit einer Matratze auf dem Boden und fragte, wer von ihnen hier schlafe. Abba antwortete: »Wir alle drei. Ich schlafe in der Mitte.«

* * *

Am 31. Dezember 1941 berief Abba eine öffentliche Versammlung ein. An diesem Morgen war Ruzka durch die Ghetto-Straßen gegangen und hatte junge Leute angesprochen, die sie für hart genug einschätzte, die entsetzliche Nachricht zu ertragen. Sie forderte sie auf, zur Mitgliederversammlung zu kommen, und versprach ihnen ein sensationelles Ereignis. »Seid kurz vor Mitternacht da«, sagte sie. Abba hatte den Termin der Versammlung absichtlich in die Silvesternacht gelegt, wenn Glockengeläute das neue Jahr einleiten würde und die Deutschen ihre Siege feiern würden. Die Soldaten würden viel zu betrunken sein, um irgendetwas zu bemerken. Das Treffen sollte im Erdgeschoss des Ratsgebäudes stattfinden. Vitka hatte Gens erzählt, die Gruppe bräuchte einen Saal, um Silvester darin zu feiern. Hätte sie ihm die Wahrheit gesagt, nämlich, dass das Treffen ein Aufruf zur Revolte sein würde, hätte er es nicht erlaubt. Gens war nach wie vor der Auffassung, man müsse mit den Deutschen kollaborieren. Abba wollte die jungen Leute aufrütteln, ihnen klarmachen, wie gefährlich es war, den Unterdrückern zu vertrauen. »Die Jugend, die nach den jüngsten Aktionen der Deutschen verunsichert und eingeschüchtert ist, muss ihr Selbstvertrauen wiederfinden«, sagte er. »Man muss einerseits ihren Patriotismus stärken, andererseits ihren Hass auf den Feind schüren.«

Es schneite den ganzen Nachmittag, bis spät in die Nacht hinein. Die Flocken wirbelten durch die Luft. Auf den Straßen lag tiefer Schnee. Im Schnee sah der Wachturm aus wie eine Ruine. Auf den Dachfirsten hockten die Raben mit ihrem blauschwarzen Gefieder und starrten aus glänzenden Augen hinunter auf die Straßen, nach Leichen Ausschau haltend. Junge Leute in geflickten Mänteln stapften durch den Schnee. Im Flur vor dem Versammlungssaal klopften sie sich den Schnee von Schuhen und Schultern, der auf den Holzdielen zu kleinen Pfützen schmolz. Der Saal füllte sich mit Menschen und ihrem in der Kälte dampfenden Atem. Er war von Kerzenlicht erhellt. Wenn jemand zur Tür hereinkam, fingen die Kerzen an zu flackern und es tanzten die Schatten. Einige der jungen

Männer und Frauen saßen auf Stühlen, andere lehnten an der Wand. Insgesamt waren hundertfünfzig Leute gekommen. Überall ratlose, verlorene oder fragende Gesichter. Keiner redete, keiner lachte. Sie warteten. Eine Saalwand berührte den Ghettozaun. Drüben feierten die Deutschen. Die jungen Leute hörten gedämpftes Lachen, Musik und Gläserklirren. Hin und wieder ließ sie ein Aufschrei oder schallendes Gelächter zusammenzucken.

Ein paar Minuten vor Mitternacht kam Abba herein. Die Dielen knarzten unter seinen Stiefeln. Man flüsterte. Viele hatten schon von Abba gehört, aber nur wenige kannten sein Gesicht. Schon allein die Tatsache, ihn hier zu sehen – ein Zionistenführer, der sich nicht nach Palästina oder Russland abgesetzt hatte, der hier in Wilna war und mit ihnen litt –, brachte einen gewissen Grad an Trost. In seinem Arbeitshemd und mit dem unrasierten Gesicht wirkte er sehr hart. Er stand vor ihnen wie ein Seher, seine dunklen Augen schienen voller Visionen. Seine Stimme war tief und fest. »Jüdische Jugend – glaubt nicht denen, die euch täuschen. Von den achtzigtausend Juden Wilnas sind nur noch siebzehntausend übrig. Unsere Eltern und Geschwister wurden vor unseren Augen abgeschlachtet.

Wo sind die vielen hundert Männer, die unlängst verschleppt wurden? Wo sind die nackten Frauen und Kinder, die man in der Nacht der großen Provokation von hier fortbrachte? Wo sind die Juden, die am Tag des Versöhnungsfestes verhaftet wurden? Keiner von denen, die man durch das Ghettotor hinausführte, ist wieder zurückgekehrt. Die Wege der Gestapo führen alle nach Ponar, und Ponar bedeutet Tod.

Zerschlagt eure Illusionen. Ponar ist kein Durchgangslager. Jeder dort wird umgebracht. Hitler hat die Absicht, alle Juden in Europa zu vernichten, und die Juden Litauens machen den Anfang.

Lasst uns nicht zur Schlachtbank gehen wie die Schafe. Wir sind nicht stark, aber für unsere Schlächter kann es nur eine Antwort geben: Selbstverteidigung.«

Nach kurzer Pause fuhr er fort.

»Es ist besser, als freier Mensch im Kampf zu sterben, als durch die Gnade seines Mörders weiterzuleben. Wir werden kämpfen bis zum letzten Atemzug.«

Abba trat einen Schritt zurück. Er blickte in den Saal. Wie auf Kommando sprangen die jungen Leute auf. Manche weinten. Entschlossene Gesichter. Tanzende Schatten. Deutsches Geschrei drang gedämpft bis in den Saal. Die Soldaten grölten das Horst-Wessel-Lied, die Nazi-Hymne, die die Zeit beschwört, da »jüdisches Blut vom Messer rinnt«. Im Versammlungssaal wurde es still. Da begann einer der Juden zu singen. Andere stimmten ein. Ein altes zionistisches Lied. Bald sangen alle, und ihre Gesichter glänzten von Schweiß. *Verzweifle nicht, ertrage die Pein. Solange noch die Hoffnung glüht, ist noch nicht alles verloren.* Und Wörter und Melodien beider Lieder flossen ineinander, verschmolzen zu einer Melodie, einem Text, der einen Weg in die Zukunft wies.

* * *

Eines Tages, als Abba in seinem Zimmer saß, kam ein junger Mann zur Tür herein, nickte ihm zu und reichte ihm einen Brief. Ein Monat war seit dem Treffen in der Silvesternacht vergangen. Viele der jungen Menschen im Ghetto hatten Abbas Aufruf gehört und sich seiner Sache verschrieben, aber sie hatten nur wenige Waffen, und es war sehr schwierig, einen sicheren Ort zu finden, um Rekruten auszubilden. Noch war Abba nur ein unbedeutender Rebellenführer, der versuchte seine Gefolgsmänner auszurüsten. Er riss den Umschlag auf. Da stand: »Wir müssen uns treffen, Wittenberg.« Eine Botschaft von Isaak Wittenberg?

Undenkbar. Wittenberg war eine geheimnisvolle Schatten-
gestalt, ein Kommunist mit engen Verbindungen nach
Moskau. Er lebte im Untergrund. Nur wenige wussten, wie
er aussah, wie alt er war und woher er kam.

Vor dem Krieg hatte Wittenberg die Zionisten als seine
Feinde angesehen. Für Kommunisten, selbst wenn sie wie
Wittenberg Juden waren, waren die Zionisten Reaktionäre.
Gegner, die versuchten, die Leute vom rechten Pfad abzu-
bringen. Aber pragmatisch gesehen, konnte eine Allianz
mit den Zionisten dem gemeinsamen Kampf gegen die Faschisten nur nützen. Außerdem war Wittenberg schlau – er
wusste, dass die Deutschen ihn nicht nur aus dem Weg haben wollten, weil er Kommunist war, sondern vor allem,
weil er Jude war. Wittenberg hatte auch mit der Betar Kontakt aufgenommen, dem rechten Flügel der Zionisten. Er
wollte eine gemeinsame Front bilden, mit einem Judenheer
die Deutschen sabotieren.

Die jüdischen Anführer trafen sich am 21. Januar 1942
im Ghetto. Der Betarführer Josef Glassman nahm ebenfalls an diesem Treffen teil, ein gut aussehender junger
Mann mit einem römischen Profil und geheimnisvollen
dunklen Augen. Nachdem die Deutschen in Polen eingefallen waren, landete Glassman in einem Arbeitslager. Er
entkam und schlug sich nach Wilna durch. Im Ghetto ließ
er sich in der jüdischen Polizei verpflichten, wo er Informationen bekam und Gens im Auge behalten konnte, den
er für sehr gefährlich hielt. Glassman kam aus einer soli-
den, erfolgsorientierten Mittelstandsfamilie. Er war einer
dieser jungen Menschen, die scheinbar sind wie alle anderen, bis es Probleme gibt. Er war ein sehr leidenschaft-
licher Mensch. Einmal rief er in einem Saal voller Menschen aus: »Ergebt euch nicht eurem Schicksal, sagt nicht
Ja zu eurer Vernichtung.«

Abba hatte eine besondere Art, sich die Menschen anzusehen, ihre Gesichtszüge zu studieren und Eindrücke zu sammeln – es war die Angewohnheit eines Künstlers. Wittenberg überraschte ihn, weil er nicht wie ein Revolutionär aussah, sondern wie ein breitgesichtiger, stiernackiger Bauer. Wittenberg wurde 1902 in Wilna geboren. Als junger Mann arbeitete er in einer Schuhfabrik und stieg zum Gewerkschaftsvorsitzenden auf. Dann trat er der kommunistischen Partei bei. Er war vierzig Jahre alt, fünfzehn Jahre älter als Abba, und seine Erfahrung machte ihn zum Anführer. Seine Stimme war kaum lauter als ein Flüstern, aber er besaß die ausgeglichene Ruhe eines Veteranen. Er wusste, wie man auf der Flucht überlebte. Mit der Zeit sahen Abba, Ruzka und Vitka in ihm so etwas wie einen Vater, auf den selbst im aussichtslosesten Moment noch Verlass war.

Die drei Anführer – Wittenberg, Kovner, Glassman – hatten vieles gemein. Jeder von ihnen war ein Jude, der die jüdische Religion aufgegeben, Gott gegen ein modernes Glaubenssystem eingetauscht hatte. Dennoch klammerten sie sich an den Kern dieser Religion: die Hoffnung auf eine bessere Welt, auf ein Land der Verheißung. Anders ausgedrückt: Sie hüteten die Verheißung und tauschten den Urheber dieser Verheißung, den Messias, gegen Marx oder Herzl aus. In einem Punkt jedoch gingen ihre Meinungen auseinander, nämlich, wie dieses gelobte Land aussehen sollte. Für Wittenberg war es ein kommunistisches Paradies für Arbeiter aus aller Welt, die dort ihren Fähigkeiten und Bedürfnissen gemäß heimisch würden. Für Kovner und Glassman war es das alte Israel, das neu erstand im Gewand einer modernen Demokratie. Die Männer kamen überein, diese unterschiedlichen Ansichten, solange der Krieg andauern würde, beiseite zu legen und erst danach wieder aufzunehmen. Im Ghetto würden sie nicht als Zionisten oder Kommunisten kämpfen, sondern als Juden. »Hitler hat endlich ein Volk aus uns gemacht«, sagte Abba.

Gemeinsam bildeten diese Anführer eine neue Gruppe, die von Wittenberg angeführt wurde, die FPO (Farejnikte Partizaner Organizazia). Kovner und Glassman wurden seine Oberleutnants. Jeder von ihnen legte sich einen Decknamen zu. Wittenberg würde als »Der Löwe« bekannt werden, Glassman als »Abraham« und Kovner als »Uri« – zu Ehren eines bedeutenden Historikers der jüdischen Gemeinde Wilnas. Die FPO würde sich Waffen und Truppenausbilder beschaffen, die deutsche Kriegsmaschinerie sabotieren und die Revolte in andere Ghettos tragen. Kuriere brachten Abbas Aufruf schon bald in die Städte Białystok und Warschau. Und als die Deutschen kamen, um sämtliche Juden aus dem Wilnaer Ghetto zu beseitigen, rief die FPO die Menschen zu den Waffen.

Am Ende der Besprechung nahm Wittenberg eine Flasche Wodka heraus und füllte mehrere Gläser. »Lasst uns einen Trinkspruch ausbringen auf unser neues Unternehmen«, sagte er und hob sein Glas: »Auf dass wir irgendwann in Freiheit miteinander trinken mögen.«

Abba kippte den Wodka auf einen Schluck hinunter.

»Woher nehmen wir unser erstes Gewehr?«, fragte Glassman.

Abba griff in seinen Mantel, holte eine deutsche Pistole heraus und legte sie krachend auf den Tisch.

»Woher hast du die?«, fragte Wittenberg.

»Ein Freund hat sie für mich gestohlen«, sagte Abba. »Es gibt hier eine Menge Waffen. Wir brauchen sie nur den Deutschen abzunehmen.«

* * *

Eines Morgens, im Winter 1942, drei Wochen nach dem ersten Treffen der FPO, parkte ein Lastwagen vor dem

Ghettotor. Auf der Rückseite stand das Firmenzeichen der Wilnaer Wasserwerke. Ein Mann in Arbeitskleidung stieg aus. Er trug einen Schutzhelm. Schnellen, entschlossenen Schrittes überquerte er die Straße. Vor einem Kanaldeckel in der Nähe des Ghettozauns machte er Halt, umstellte ihn mit Pylonen und sicherte den Bereich zusätzlich mit Absperrband. Zuletzt stellte er ein Schild auf mit der Aufschrift »Baustelle«. Dann ging er zum Wagen zurück und holte sich eine Taschenlampe, einen Schraubenschlüssel und ein Brecheisen. Diesmal folgten ihm ein paar Kollegen, auch sie in Arbeiterkluft, die eine offensichtlich schwere Holzkiste schleppten. Der litauische Soldat, der das Tor bewachte, sagte: »Was für eine Plackerei am frühen Morgen!«

»Wir haben ein sieben Meter langes Rohr zu verlegen«, sagte der Mann mit der Taschenlampe. Er stieg über das Absperrband und hob den Kanaldeckel. Der fiel scheppernd auf das Pflaster. Er hielt das Band beiseite, während seine Kollegen die Kiste in den Schacht hinunter bugsierten. Er knipste die Taschenlampe an und stieg den anderen hinterher. Die Absperrung wurde ganz selbstverständlich vom Verkehr ausgespart. Eine Stunde später tauchten die Männer schmutzig wieder aus dem Kanalschacht auf, packten Pylonen, Absperrband und Schild wieder ein und fuhren davon. Auf diese Weise erreichte die erste Ladung Gewehre das Wilnaer Ghetto.

Der Mann mit der Taschenlampe war ein Kommunist namens Schmuel Kaplinsky. Die Gewehre auf diesem Weg ins Ghetto zu schmuggeln war seine Idee gewesen. Er war gelernter Klempner und arbeitete für die städtischen Wasserwerke, daher auch die Arbeitsanzüge. Sein Gesicht erinnerte an eine Landkarte der Gegend um Wilna, mit Hügeln und Tälern, roten Linien für die Nebenstraßen und blauen Linien für die Hauptstraßen. Er war einfach, optimistisch und vertrauensselig. Wenn er in späteren Jahren vom Krieg erzählte, pflegte er immer wieder den Kopf zu schütteln und zu sagen: »Aber die Polen mochten mich. Ich war doch selber ein Pole.« Immer wieder erzählte er die Geschichte, als er einmal durch einen Fluss schwamm, in einen Strudel geriet und nach unten gerissen wurde. Ein polnischer Soldat zog ihn aus dem Wasser. »Er hat mir das Leben gerettet«, sagte Schmuel. »Wenn er mich hasste, warum rettete er mir dann das Leben?« Nicht einmal an den schwärzesten Tagen wollte er seinen hartnäckigen Glauben an das Gute im Menschen aufgeben. Wenn die Polen wüssten, in welcher Lage er sich befand, dann würden sie kommen und ihn retten.

Ein paar Tage nachdem er ins Ghetto hatte umziehen müssen, streifte er durch einen Keller, drei Stockwerke unter der Straße, und stieß auf einen alten Abfluss. Er entfernte das Gitter und kletterte hinein. Eisensprossen führten in einen engen, stinkenden Abwasserkanal hinunter. Er kroch auf allen Vieren durch das schmutzige Wasser. Es war nur eine kurze Strecke bis zum Abflusskanal, durch den er die Waffen hereingebracht hatte. In den folgenden sechs Wochen war er pausenlos damit beschäftigt, Karten der Kanalisation anzufertigen. Im Frühling, als der Schnee in den Bergen schmolz, war sie ein schneller, klarer unterirdischer Fluss. Nach einem Regenguss war sie ein elender Sumpf. Um ihn zu durchqueren, musste ein Mann seinen Kopf weit in den Nacken legen, um die wenigen Zentimeter Luft entlang der Decke einzusaugen. Ein paar Kanäle waren nur schulterbreit, und die Körpermasse eines einzigen Mannes bedeutete schon einen gefährlichen Anstieg des Wasserpegels.

In diesen ersten Monaten sandte Schmuel oft jüdische Ghetto-Soldaten auf lange, schmutzige Erkundungsgänge in die Kanalisation, damit sie den genauen Ort jedes Kanaldeckels und jedes Abflussrohrs bestimmten. Sie gingen meilenweit durch hallende Schächte voller triefender Schatten, Schweigen und Dunkelheit. Einige verirrten sich, zumal jeder schwarze Schacht in einen anderen schwarzen Schacht mündete, und verloren am Ende den Verstand. Sie verhungerten, verschwanden spurlos oder ertranken. Kam jemand nicht zurück, machte Schmuel sich auf die Suche nach ihm. Eine Leiche konnte einen Abfluss blockieren und einen Rückstau verursachen. Und wenn Angestellte der Stadt sie fanden, ging den Deutschen am Ende noch ein Licht auf, zu welchen Zwecken man die Gänge gebrauchte. Für die Untergrundkämpfer war die Kanalisation zu einer zweiten Welt geworden. Ein Geflecht von geheimen Kammern und Korridoren, mit dessen Hilfe ein Jude sich aus dem Ghetto und sicher durch die Stadt bewegen konnte.

Schmuel fand die Leichen, die in Überlaufbecken und Rohren festhingen, aufgequollen und blau angelaufen, von Ratten angenagt, mit angstgeweiteten Augen. Er schleppte sie dann für gewöhnlich durch die Schächte, die Leiter hinauf und durch den Abflusskanal in den Innenhof eines Hauses, das Mitglieder des jüdischen Untergrunds bewohnten. Dann verständigte er den Totengräber. Wenige Stunden später wurde von einer Werkstatt außerhalb des Ghettos ein Sarg geliefert. Schmuel entfernte den Deckel, zog die Nägel aus dem falschen Boden, der in den Sarg eingebaut war, und hob ihn vorsichtig auf. Gewehre und Patronen lagen darunter. Er nahm alles heraus und legte statt dessen Geld hinein – Überreste von Familienvermögen, Bargeld aus Schwarzmarktgeschäften –, nagelte den Boden wieder zu und legte die Leiche darauf. Bevor der Totengräber den Sarg außerhalb des Ghettos in die Erde legte, nahm er sich das Geld heraus. Auf diese Weise dienten Untergrundkämpfer sogar noch im Tod der guten Sache.

Eines Nachmittags schritt eine unscheinbare junge Frau durch das Ghettotor. Sie trug einen schäbigen Mantel und den Judenstern – eine arme Jüdin, die aus der lärmenden, stinkenden Fabrik kam und auf dem Heimweg war. Sie klingelte an Abbas Wohnung. Er kam zur Tür, lächelte und runzelte die Stirn. »Mutter Oberin«, sagte er. »Was machen Sie denn hier? Es ist gefährlich.«

Sie griff in ihre Hose und holte drei Eierhandgranaten heraus. »Ich habe gehört, dass ihr kämpfen wollt«, erwiderte sie. »Ich will euch helfen.« Abba nahm die Granaten.

»Man muss den Sicherungsstift mit einem Ruck nach unten ziehen«, fuhr sie fort. »Dann hat man zehn Sekunden Zeit, bevor das Ding einem den Arm abreißt.«

Waffen kamen oft von unverhoffter Stelle – von einem polnischen Kaufmann, der einen jüdischen Zwangsarbeiter besonders schätzte, von den Einzelteilen, die aus einer deutschen Eisenwarenhandlung stammten, oder sogar vom Gürtel eines dösenden litauischen Wachsoldaten. Nacht für Nacht sandte Abba jüdische Partisanen in die Stadt, um Geschäfte zu tätigen, Leute zu bestechen und Ausrüstung zu kaufen. Im Winter erwischten die Deutschen im Güterbahnhof einen Jungen, der versuchte, in einen mit Maschinengewehren beladenen Waggon einzubrechen. Der Junge war Zalman Tiktin und erst sechzehn. Man brachte ihn ins Hauptquartier der Gestapo, wo ihn Murer und ein Sadist namens Hans Kittel verhörten. Als sie ihn fragten, für wen er die Waffen hatte stehlen wollen, sagte Tiktin: »Für euch, denn ihr habt meine Eltern umgebracht.«

Abba bezog seine Informationen von jüdischen Agenten, die als vermeintliche Nichtjuden außerhalb des Ghettos lebten und arbeiteten. Einer dieser Agenten war ein junger Mann mit Namen Lebke, der am Stadtrand wohnte. Für die Deutschen war er der Inbegriff des Ariers. Er war blond und blauäugig, hatte einen breitbeinigen Gang und eine gewölbte Brust. Er arbeitete in einer Munitionsfabrik, wo er Bomben verpackte, eine nervenaufreibende Tätigkeit. Er machte freiwillig Überstunden, weil er, wie er sagte, Geld für seine Familie brauchte. Den anderen Arbeitern erzählte er, dass sein Vater sich in russischer Gefangenschaft befinde. Spätnachts schmuggelte er dann jeweils eine Waffe heraus und gab sie an einen Kurier weiter. Dieser brachte sie dem Totengräber, und der trug sie schließlich ins Ghetto. 1942 explodierte ein Detonator in Lebkes Händen. Er verlor vier Finger an der rechten und drei an der linken Hand. Man rief einen Arzt in die Fabrik, der die Wunden versorgte. Lebke erhielt einen Monat lang leichtere Arbeit. Rückblickend sagte er: »Die Deutschen haben wirklich gut für mich gesorgt.«

★ ★ ★

Abba hatte über mehrere Wochen mit der FPO zusammengearbeitet, Waffen gesammelt, Rekruten ausgebildet und sich für den Kampf gerüstet. Seine Kundschafter waren im gesamten Ghetto verteilt und trugen ihm jede noch so kleine Veränderung zu. Abba wollte alles wissen. Eines Tages schritt ein deutscher Offizier in einem langen grauen Mantel und kniehohen Stiefeln durch das Ghettotor. Deutsche hatten normalerweise keinen Zutritt zum Ghetto, nicht einmal hochrangige Offiziere. Das war Teil des Plans: Man wollte die Juden isolieren, sie als gefährlich, krank, nicht menschlich abstempeln; auf dem Schild am Ghettotor stand: »Seuchengefahr! Betreten verboten!« Als der Offizier die Straße entlangging, liefen die Leute zusammen und die Kinder duckten sich in Verstecke. Sein Gesicht war hart, kantig und verbissen. Er packte einen jungen Mann am Kragen. »Bring mich zu Abba Kovner«, fuhr er ihn an.

Der junge Mann führte den Soldaten vor Abbas Haus. »Warten Sie hier«, sagte er.

Als Abba hörte, dass ein deutscher Offizier ihn zu sprechen wünschte, wurde ihm heiß. Vitka schlug ihm vor, aus dem Fenster zu steigen und über die Dächer in den freien Teil der Stadt zu flüchten.

»Ich muss wissen, was er von mir will«, sagte Abba.

In seiner schäbigen Hose und dem zerschlissenen Hemd trat er vor die Tür.

»Was wollen Sie?«

»Sind Sie Abba Kovner?«

»Ja.«

»Ich bin Anton Schmidt«, sagte der Offizier, »von der verfluchten deutschen Wehrmacht.«

Schmidt war zweiundvierzig Jahre alt. Er war in Österreich geboren und als der Krieg ausbrach für Deutschland ins Feld gezogen. Inzwischen war er Oberfeldwebel. 1942 kommandierte er eine Truppe, die versprengte Soldaten einsammeln und zu ihren Einheiten zurückbringen sollte. Ihm standen Männer und Lastwagen zur Verfügung. Sein Kommando war in mehreren Gebäuden in Bahnhofsnähe untergebracht. Dort gab es ein Radio, ein Telefon und einen Schreibtisch. An der Wand hing eine Karte, auf der Stecknadeln die Positionen der deutschen Armee kennzeichneten, die zu dieser Zeit Europa vom Atlantik bis zur Wolga unter ihrer Kontrolle hatte. Schmidt hatte den Vormarsch nach Osten miterlebt und war zutiefst schockiert von den Metzeleien und vom Vorgehen gegen die Juden. Er redete mit verschiedenen Leuten und drang endlich zum Untergrund vor, wo ihm einer der Rebellen nahe legte, sich an Kovner zu wenden.

Schmidt dachte an eine Massenflucht der Juden, wollte sie in Fischerbooten über die Ostsee in das sichere Schweden bringen. Genau wie Abba hatte auch er die Vision einer besseren Welt. Die beiden Männer – der eine ein jüdischer Partisan, der andere ein deutscher Offizier – beschlossen, sich zusammenzutun.

Immer wenn Schmidt von einem Vorhaben der SS erfuhr, Juden aus dem Ghetto zu verschleppen, warnte er die Untergrundführer und brachte jüdische Rebellen in seinen Lastwagen über die Grenze nach Weißrussland. Ein paar Tage später, wenn die Lage sich beruhigt hatte, holte er sie wieder zurück. Weitere Juden versteckten sich im Keller seines Büros. Eines Nachmittags sagte er: »Ich weiß, welche Personen hinter alldem stecken, einer von ihnen heißt Adolf Eichmann.« Er riet Abba, sich die Namen der Verbrecher gut zu merken, denn eines Tages werde der Krieg zu Ende sein, dann komme die Zeit der Rache. Er verteilte deutsche Uniformen und Transitpapiere an die Mitglieder des Untergrunds. In diesen Monaten rettete er vielen Partisanen das Leben. Als man ihn auf das Risiko hinwies, das er einging, erwiderte Schmidt: »Keine Sorge, die kriegen mich nicht lebend.«

Schmidt verschwand im Februar 1942. Später erfuhr Abba, dass die Gestapo ihn verhaftet und gefoltert hatte. Er hatte nichts verraten. Am Ende war er an die Wand gestellt und erschossen worden. Das Hemd, das er zuletzt getragen hatte, brachte man seiner Frau. Es wies siebenundzwanzig Einschusslöcher auf. Nach dem Krieg, als man die Listen der Gestapo beschlagnahmte, übergab man ihr einen Brief, den ihr Mann wenige Minuten vor seinem Tod geschrieben hatte. »Jeder muss einmal sterben«, schrieb Schmidt. »Man kann als Henker sterben oder als ein Mann, der seine Aufgabe darin sah, anderen zu helfen. Ich habe mich für letzteres entschieden.«

Abba hatte mehr verloren als einen Lastwagen und ein Versteck. Schmidt hatte ihm Grund zur Hoffnung gegeben, Grund, die Menschen als Individuen zu sehen, die sich entweder für das Gute oder das Böse entscheiden konnten. »Ich bin Anton Schmidt«, hatte er gesagt, »von der verfluchten deutschen Wehrmacht.«

* * *

An manchen Nachmittagen ging Ruzka in die kleine Bibliothek im Ghetto und verlor sich ein paar Stunden im traurigen Modergeruch alter Bücher. Sie hatte das Gefühl, als ginge sie durch die Überreste der geplünderten Bibliothek Alexandrias, als wühle sie in den Hinterlassenschaften einer verlorenen Generation. Es gab Unterhaltungsromane und Stadtgeschichten, Aufsätze über den Deutsch-Französischen Krieg und den Ersten Weltkrieg, zionistische Bücher, Romane von Cervantes und Dickens, mehrere Bände des Talmud sowie einige Bibelauslegungen, dazu die Auslegungen der Auslegungen, eine endlose Haarspalterei zwischen Gelehrten der Diaspora. Eines Tages, im Frühling 1942, fand Ruzka ein Pamphlet. In dieser Schrift wurde auf Finnisch zur Revolte aufgerufen. Sie enthielt eine Einführung in Guerillataktik. Mit Hilfe eines Wörterbuchs übersetzte Ruzka das Pamphlet sorgfältig ins Polnische und brachte es zu Abba, der nach dieser Anleitung ebenso preisgünstige wie wirkungsvolle Bomben baute.

Damals bestand der Untergrund aus etwa hundert Mitgliedern – junge Männer und Frauen, die den Kampf noch vor sich hatten. Abba legte großen Wert darauf, dass seine Kämpfer eine solide Ausbildung erhielten, um gegen die enorme Übermacht gewappnet zu sein, die sie erwartete. Mehrmals pro Woche traf er sich jeweils mit einer Gruppe von acht oder zehn Leuten, um ihnen jede neue Waffe im Arsenal genauestens zu erklären. Er zeigte ihnen auch, wie man Handgranaten baute: Man schraubte die metallene Fassung einer Glühbirne auf, füllte sie mit Benzin und schraubte sie wieder zu; dann schleuderte man die Birne

von sich, der Glühfaden entzündete das Benzin und –
bumm! Oder: Man schüttete Nägel in ein leeres Rohr, füllte Schießpulver dazu, führte eine Lunte ein, zündete sie,
warf das Rohr und – peng! Überall Nägel! Die Kämpfer
lernten auch schießen. Ausbilder war Schmuel Kaplinsky,
der in der polnischen Armee gedient hatte. Die künftigen
Kämpfer teilten sich einen kleinen Revolver, der wie eine
Ikone von Hand zu Hand ging. Drei Stockwerke unter der
Straße zielten sie auf eine mit Lehm gedämmte Keller-
mauer. Es gab eine blaue Flamme und einen ohrenbetäu-
benden Knall. Anschließend holte man die Kugel aus dem
Schlamm, in der Hoffnung, sie noch einmal benutzen zu
können.

Die womöglich wichtigste Aufgabe hatte man Ruzka
übertragen. Sie sollte täglich neue Mitglieder rekrutieren.
Einige der jungen Leute wurden ihr empfohlen, andere
entdeckte sie selbst. Bei diesen Juden – kaum einer älter als
zwanzig –, die ohne Familie und ohne Hoffnung ihr Dasein
fristeten, fand sie ein offenes Ohr. Sie hatten keine Schule,
keine Arbeit und keine Synagoge. Da es keine Zukunft für
sie gab, lebten sie einzig in der Gegenwart. Wenn sie Jahre
später jemand fragte, wie sie überlebt hatten, antworteten
viele: »Ruzka« beziehungsweise »die kleine Ruzka« oder »die
kleine Schwester«. Sie erinnern sich, wie dieses zierliche
Mädchen mit der sanften Stimme durch das Ghetto streifte, junge Leute in ihren Wohnungen besuchte oder auf der
Straße anredete, während sie für irgendeine Gelegenheits-
arbeit Schlange standen. Mit einem Einfühlungsvermögen,
das jeden sofort für sie einnahm, fragte sie sie nach ihren
persönlichen Verhältnissen. Zeigte dann jemand auch nur
einen Funken Trotz, kam Ruzka auf den Untergrund zu
sprechen. Wollte der Betreffende sich beteiligen, wurde ihm
gründlich auf den Zahn gefühlt, zuerst von Abba, dann von
Isaak Wittenberg und Josef Glassman: In einem von Ker-

zenlicht erhellten Keller saßen die Anführer der FPO an einem Tisch. Vor ihnen lagen eine Bibel und eine Pistole. Hatte der Rekrut die Prüfung bestanden, musste er oder sie eine Hand auf die Bibel, die andere auf die Pistole legen und einen Eid leisten.

Eines Tages sprach Ruzka Rachel Glicksman an, ein Mädchen, das zusammen mit Mutter und Schwester im Ghetto lebte. Rachel war in Wilna aufgewachsen und einer zionistischen Jugendbewegung beigetreten. In der Schule hatte sie Abba als charismatischen älteren Jungen kennen gelernt. Sie wollte sich am Widerstand beteiligen. Bevor Ruzka sie den Anführern vorstellte, sagte sie zu Rachel: »Was sie dich auch fragen, zeige dich entschlossen. Sie sollen wissen, dass du zu allem bereit bist. Schließlich wollen sie sehen, ob sie dir trauen können, ob dir wirklich etwas an unserer Sache liegt.«

Die Anführer stellten Rachel Dutzende von Fragen. Woher kommst du? Woran glaubst du? Was liest du? Warum willst du kämpfen? Am Ende des Verhörs verfinsterte sich Wittenbergs Miene, seine Züge verhärteten sich im rauchigen Licht, und er fragte: »Bist du bereit, deine Mutter im Stich zu lassen?«

»Wie meinen Sie das?«, fragte Rachel.

»Würdest du«, fragte er sie noch einmal, »falls nötig, deine Mutter ihrem Schicksal überlassen?«

Warum hatte ihr Ruzka nichts davon gesagt? Sie sollte ihre Mutter im Stich lassen? Ruzka hatte nur von Kampf und Ehre gesprochen. Sie konnte doch ihre Mutter nicht einfach im Stich lassen! Ihr Vater war fort, sie war die Älteste. Sie war schließlich nicht allein auf der Welt. Sie hatte Verantwortung.

»Nein, das könnte ich nicht«, antwortete Rachel.

Damit wurde sie abgelehnt.

* * *

Im Frühling 1942 veranstaltete Ruzka einen Seder. Der Tisch war festlich gedeckt mit zusammengewürfeltem Geschirr. Eines der Mädchen hatte Wiesenblumen ins Ghetto geschmuggelt. Sie sahen sehr schön aus auf dem Tisch. Ein Junge hatte Rote Bete mitgebracht. So feierten die Freunde mit einem Salat aus Rote Bete und dickem Rote-Bete-Saft, der ihre Münder färbte. Der Jüngste unter ihnen – er war erst vierzehn – las die Vier Fragen vor, die die Bedeutung des Passahfestes erklärten.

»Warum unterscheidet sich diese Nacht von allen anderen Nächten?«

»Ja, weshalb nur?«, fragte Ruzka sich insgeheim. »Ist sie anders, weil wir hier im Ghetto sind? Weil so viele schreckliche Dinge geschehen sind? Wegen Ponar?«

Sie sah zu Vitka hinüber. Ihre Finger waren lang und schlank, und alles, was sie berührten, schien zu funkeln. Sie sah Abba an, der am Tischende saß. Mit fünfundzwanzig war er der Älteste im Raum. Er hatte sich die Ärmel hochgekrempelt, sodass man die Adern sah, die sich über seinen Unterarm zogen. »Nein«, dachte sie, »wir sind anders. Wenn wir fallen, dann mit der Waffe in der Hand. Wir werden als freie Männer und Frauen fallen.«

* * *

Eines Abends im Juli, fünf Monate nachdem sich die Untergrundarmee formiert hatte, verließ Vitka bei Sonnenuntergang das Ghetto, riss sich den Judenstern vom Mantel und spazierte durch die freie Stadt. Es war ein ruhiger Sommerabend, und die Straßen waren voller Menschen. Wilna war eingehüllt in den stechenden Rauch aus den Fabrikschloten. Kirchenglocken läuteten in der feuchten Luft. Vitka leitete eine Patrouille, bestehend aus zwei Jungen und einem Mädchen, Untergrundkämpfer, die unter ihren Jacken Handgranaten und Pistolen versteckt hielten. Vitka hatte eine Bombe bei sich, die Abba gebaut hatte. Einer der Jungen trug den Zünder. Vitka sollte die kleine Schar unauffällig durch die Stadt führen und blickte deshalb mit ihren flinken braunen Augen prüfend in die Gesichter der Passanten. Sie ging im Geiste ihre Mission noch einmal durch, die der erste Akt jüdischer Sabotage im besetzten Europa werden sollte. Abba hatte sie für diese Aufgabe ausgewählt und sie ihr eines Nachts in der Straschun-Straße in allen Einzelheiten erläutert.

»Du sollst als Erste gehen«, sagte er. »Es ist deine Mission.«

Ruzka war im Zimmer. Bestimmt war ihr klar, was das bedeutete: Damit bestand kein Zweifel mehr, dass Vitka Abbas Freundin war. Im europäischen Untergrund war es Sitte, dass der Kommandant seine Auserwählte mit dem gefährlichsten Auftrag betraute. Damit sagte er den anderen: »Ich bin der härteste Bursche hier und habe das härteste Mädchen.«

Vitka sollte einen deutschen Zug in die Luft sprengen, der nach Osten fuhr und Soldaten und Vorräte an die russische Front transportierte. Zwei Wochen lang hatte sie täglich nachmittags das Ghetto verlassen, um dann die ganze Nacht an den Schienen entlangzugehen, die zehn Kilometer südlich von Wilna durch den Wald führten. Sie suchte nach einer geeigneten Stelle, um den Sprengstoff anzubringen – möglichst weit entfernt vom Ghetto und von den Waldlagern, in denen man Juden als Zwangsarbeiter einsetzte. Die Deutschen begegneten jeder aufrührerischen Tat mit Kollektivstrafen: Für jeden toten Deutschen mussten hundert Juden ihr Leben lassen. Die Untergrundführer wollten den Deutschen keinen Anlass geben, die Explosion den Juden in die Schuhe schieben zu können. Aber wohin sie auch ging, überall traf Vitka auf Juden – sie legten

Sümpfe trocken, brachen Steine oder bauten Straßen. Und wo keine waren, stand ein Gehöft, wo Hundegebell sie verraten konnte.

Eines Nachts streifte sie am Waldrand entlang, als sie sich plötzlich beobachtet fühlte. Schnell fuhr sie herum. Ein Wolf stand zwischen den Bäumen und starrte sie an. Er hatte blaugraues Fell und gelbe Augen. Er knurrte, und Vitka sah seine spitzen Zähne, seinen gekrümmten Rücken und die rosa Zunge. Hinter ihm war das Schwarz des Waldes. Langsam, Schritt für Schritt, ging sie rückwärts – bis sie forsche Stimmen und ein Dutzend Schüsse hörte. Sie sah deutsche Soldaten, die jenseits eines Feldes bäuchlings auf der Erde lagen oder geduckt dastanden und Gewehre und Pistolen ausprobierten. Wieder ertönten Schüsse, und im Gewehrfeuer konnte sie die blassen, kantigen Gesichter der Soldaten sehen.

Jemand schrie. Die Soldaten hörten auf zu schießen. Vitka hörte Schritte auf dem trockenen Boden. Ein Soldat kam auf sie zu gerannt, erreichte sie schwer atmend und mit rotem Kopf.

»Hast du denn die Schilder nicht gesehen?«, fragte er.

»Was für Schilder?«, fragte sie zurück.

»Das ist ein Schießplatz«, antwortete er. »Den darf man nicht betreten.«

Immer wenn Vitka in eine gefährliche Lage geriet, wenn ein falsches Wort ihren Tod bedeutet hätte, wurde sie von einer eisigen Ruhe erfasst. Später erzählte sie, ihr sei zumute gewesen, als hätte sie ihren Körper verlassen. Zwar sei sie sich der Gefahr bewusst gewesen, habe aber zugleich das Gefühl gehabt, als könne sie ihr nichts anhaben, als schwebe sie über der Szene und sei damit unerreichbar. Sie war imstande, Situationen dieser Art präzise auszuloten, dem Feind genau das zu erzählen, was die Situation für ihn einsehbar machte. »Tut mir Leid«, sagte sie. »Ich war spazieren und habe mich verlaufen. Ich komme aus Wilna. Bitte helfen Sie mir.«

Der Soldat sah keine Spionin mehr vor sich, sondern eine bedürftige Frau. Sie appellierte nicht etwa an seine Vernunft oder sein Mitleid. Sie appellierte an seine Eitelkeit.

»Aber ja«, sagte er und nahm Vitka bei der Hand. Er begleitete sie zur Straße und winkte einem Bauern, der gerade mit seinem Karren vorbeifuhr. »Das Mädchen hier hat sich verlaufen«, sagte der Deutsche. »Zeig ihm den Weg nach Wilna.«

Als der Deutsche wieder in den Wald zurückgegangen war, sagte der Bauer: »Mach, dass du wieder ins Ghetto kommst, Jüdin.«

Ein paar Nächte später fand Vitka die geeignete Stelle für die Sprengung. Sie war zwanzig Kilometer von der Stadt entfernt, eine Brücke, die die Schienen über eine Schlucht trug. Als Vitka die jüdischen Rebellen zu der Stelle führte, wanderte ihr Geist zurück in die Vergangenheit, zu Mutter und Vater und zu dem Weg, den sie zurückgelegt hatte. Sie dachte an ihr Heimatdorf, an die ruhigen Straßen bei Sonnenuntergang, an die Lichter in den Fenstern und an den Rauch, der aus den Kaminen in den eisigen Winterhimmel stieg. Kurz vor Mitternacht kamen sie an die Brücke. Kein Mond schien und der Himmel war voller Sterne. Während die Kämpfer unter den Bäumen in Deckung blieben, kletterte Vitka auf die Gleise. Von Schwelle zu Schwelle steigend, wagte sie sich hinaus auf die Brücke. Unter ihr tat sich die finstere Schlucht auf. Sie setzte sich auf die Schienen und holte ein mit Pulver gefülltes Rohr aus der Tasche. Sie arbeitete schweigend. Hin und wieder blickte sie hinüber zu den Bäumen. Sie befestigte das Rohr an einer Schiene. Von fern sah es aus wie ein Stück der Gleise. Sie legte eine Lunte und befestigte sie am Zünder, den sie auf die

Schienen legte. Sobald der Zug über den Zünder fuhr, würde die Bombe hochgehen.

Vitka versteckte sich mit den übrigen Kämpfern im Wald. Jeder der jungen Leute hatte ein Gewehr und ein paar Handgranaten bei sich. »Ich höre etwas«, flüsterte einer von ihnen.

Vitka sah die Zugscheinwerfer durch die Baumstämme huschen. Die Dampflok stieß Rauch in die Luft. Die Fenster waren gelb. Der Zug wurde immer größer. »Jetzt ist er über den Zünder gefahren«, dachte sie. Im selben Moment krachte es und gleich darauf leuchtete eine Stichflamme auf. Dreck wirbelte durch die Luft. Einen Augenblick lang wurde es taghell im Wald. Vitka sah den grasigen Waldboden und die Schatten der Bäume und die Gesichter ihrer Kameraden. Es regnete Trümmer. Der Zug bewegte sich im Zeitlupentempo. Die Lok stürzte in die Schlucht. Die Waggons kippten rauchend um. Vitka rannte am Wrack entlang und bewarf es mit ihren selbst gebauten Granaten – mit Schrauben und Bolzen gefüllte Blechdosen.

Deutsche Soldaten kletterten aus dem Zug und begannen ihre Pistolen abzufeuern. Sie verfolgten die Partisanen nicht in den Wald. Einer der Deutschen stellte ein Maschinengewehr auf und schoss im Halbkreis in die Bäume. Vitka führte ihre Truppe zu einem Sumpf, der einige hundert Meter vom Wrack entfernt war. Eine Kämpferin war getötet worden. Vitka begrub sie im Wald. Die Patrouille machte sich noch vor Sonnenaufgang auf den Rückweg.

Die Anführer der FPO warteten in einem der Ghettokeller auf die Heimkehrer. Vitka erzählte ihnen von der Sprengung und der Schießerei, bei der ein Mädchen ums Leben gekommen war. Es war das erste Mal, dass Vitka Wittenberg und Glassman persönlich gegenüberstand. Wittenberg beeindruckte sie, er war stark und einfach. »Du bist sehr tapfer«, sagte er zu ihr.

Ruzka umarmte Vitka und sagte: »Das hast du fabelhaft gemacht.«

Abbas Schmunzeln sagte alles.

Wittenberg hatte eine Flasche Wodka. »Das müssen wir feiern«, sagte er.

Er nahm einen Schluck und reichte die Flasche an Glassman weiter, der ebenfalls einen Schluck nahm und sie an Vitka weiterreichte. »Ich trinke nicht«, sagte sie.

Wittenberg zuckte die Schultern und reichte die Flasche Abba.

Sie fingen an zu singen. Auch wenn in den nächsten Monaten viele Kämpfer solche Missionen übernahmen, Züge und Lastwagen in die Luft sprengten, so war Vitkas Auftrag der erste Sabotageakt dieser Art im gesamten besetzten Europa – das erfuhren sie von Wittenberg, der Berichte des russischen Nachrichtendienstes gelesen hatte. Die Kämpfer sangen den ganzen Vormittag, und die Leute auf der Straße, die ihr betrunkenes Lachen hörten, mochten sich fragen, was es im Ghetto wohl zu feiern gab.

Ein paar Tage später las Abba die Geschichte in einer Zeitung des Untergrunds. Darin stand, dass polnische Partisanen einen deutschen Eisenbahntransport in die Luft gesprengt hätten. Über zweihundert deutsche Soldaten seien dabei ums Leben gekommen. Die SS sei daraufhin in die nächstgelegene polnische Ortschaft marschiert und habe sechzig Bauern erschossen. »Ich empfand keinerlei Schuld«, sagte Vitka später. »Schließlich habe nicht ich diese Leute getötet – die Deutschen haben das getan. Im Krieg vergisst man leicht, wer wer ist.«

* * *

Dann kamen die blauen Sommertage. Ein eigenartiger, gespenstischer Friede herrschte im Ghetto. Im vorigen Winter waren die Deutschen in Russland stecken geblieben. Da sie aus diesem Grund dringend Arbeitskräfte brauchten, fanden sie es verschwenderisch, die Juden einfach zu erschießen. Lieber sollten diese sich für sie zu Tode schuften. Juden nähten Mäntel, bauten Bomben, legten Straßen an oder hoben Entwässerungsgräben aus. Für den Augenblick hörten die Aktionen auf. Jakob Gens, der Leiter der jüdischen Polizei, nahm dies zur Kenntnis und brachte seine Strategie mit einer einzigen Phrase auf den Punkt: »Arbeiten und leben.« Wenn die Juden überleben wollten, sagte er, dann müssten sie sich den Deutschen unentbehrlich machen. »Wir müssen unter Beweis stellen, dass wir entgegen der landläufigen Meinung, wir taugten zu keinerlei Handwerk, äußerst tüchtig und schlichtweg unersetzlich sind«, schrieb er. »Arbeit für die Wehrmacht ist das Gebot der Stunde.«

In diesen Monaten bildete sich im Ghetto eine regelrechte Gesellschaft, eine eigenständige kleine Welt, in der man sich gegenseitig bekriegte, in den Rücken fiel und hereinlegte, aber auch eine Welt des Mitleids, der Freundlichkeit, Würde und Liebe. Es gab Aristokraten und Bürger, Reiche und Habenichtse. Der reichste Mann im Ghetto war Weisskopf, ein Schneider, der zweihundert Arbeiter beschäftigte. Seine Kontakte zur deutschen Armee brachten ihm Decken und Brennholz. Arme Juden nannten ihn den »Ghettokönig«. Zu den Neureichen gehörten die rußigen Kaminkehrer. Sie arbeiteten in luftiger Höhe auf den Dachfirsten. Von dort aus konnten sie mit Hilfe der Nichtjuden, die gegen Bezahlung Körbe durch die Fenster nach oben reichten, Lebensmittel ins Ghetto schmuggeln; von den Dächern aus blickten sie in die Freiheit, sahen Wilna im Morgennebel, die Windungen des Flusses, die Straßen und Parkanlagen sowie die Wälder in der Ferne. Dort, so hieß es, habe sich ein Rebellenheer gebildet, das für die jungen Leute eine neue, alternative Lebensweise darstellte.

Gens nannte diese kurze Zeit der Ruhe »Die kultivierten Tage«. Er initiierte kulturelle Veranstaltungen. Einmal in der Woche traf sich »Der Club« bei ihm zu Hause, ein gelehrter Zirkel, in dem über bedeutende Themen der Vergangenheit gesprochen wurde. Auf der ersten Veranstaltung, die er mit »Eine Nation, ein Volk« betitelte, diskutierten Spezialisten bis drei Uhr früh. Es erschien der *Ghetto-Anzeiger*, eine Zeitung, die mit Murers Erlaubnis gedruckt wurde. Darin standen Artikel, Kommentare, Rezensionen und Namenlisten. Gabic Sedlis, der Dokumente für den Untergrund fälschte, stellte seine Aquarelle aus. Abraham Sutskover, ebenfalls im Untergrund, las sein Gedicht. Ein Orchester spielte Beethovens *Leonore 3*, Chopins *Klavierkonzert in e-Moll* und Tschaikowskis *Fünfte Sinfonie*. Ein Turnverein bot Gymnastik, Rhythmik, Laufen, Springen und Boxen an. Als die Bibliothek ihr einhunderttausendstes Buch verlieh, veranstaltete sie ein Fest. In der Eingangshalle war ein maßstabgetreues Modell von Wilna ausgestellt, das ein hungernder jüdischer Architekt aus dem Gedächtnis gebaut hatte. Es zeigte jeden Winkel der Stadt. Die Leute scharten sich um das Modell, bestaunten die Hügel und Flüsse, die Muster einer verlorenen Welt.

Eine Theatergruppe wurde gegründet. Auf einem Schild über der Bühne stand zu lesen: »Von Mauern umgeben und dennoch jung.« Einige der Schauspieler waren vor dem Krieg sehr bekannt gewesen. Die Truppe führte mehrere Stücke auf, unter anderem »Der ewige Jude« von David Pinski und eine Musikkomödie. Die Zuschauer trugen ihre besten Kleider, und zwischen den Akten rauchten die Männer Zigarettenstummel. In der ersten Reihe saß Jakob Gens. Er winkte und lächelte. In seinem Überschwang ließen sich die oberflächlichen Belange eines Kommunalpolitikers erahnen, für den die Menschen nur in Form von Zahlen existierten. »Wir können nur dann viele retten, wenn wir wenige opfern«, pflegte er zu sagen. Hin und wieder brachte Murer Deutsche mit ins Theater, mit denen er dann trinkend und lachend am Saalende stand.

Am Eröffnungsabend mischten sich Mitglieder des Untergrunds in die Menge und verteilten Flugblätter, auf denen zu lesen stand: »Theateraufführungen sollten nicht auf Friedhöfen stattfinden.« Abba sagte, dass Theater und Konzerte in den Juden falsche Illusionen weckten, da sie ihnen Stabilität vorgaukelten. Anders ausgedrückt, im Ghetto unterstützte die Kultur die Belange der Deutschen. Die Menschen dürften niemals vergessen, wo sie sich befanden und was ihnen bevorstand.

In einem Aufruf schrieb Abba:

»Im Angesicht des morgigen Tags, der uns den Schrecken von Deportation und Mord bringen wird, ist es an der Zeit, die Illusionen zu begraben. Aus dem Ghetto gibt es kein Entrinnen, es sei denn durch den Tod. Illusionen erschüttern doch nur unsere Einheit im Angesicht des Todes. Vor unseren Augen haben sie unsere Mütter, unsere Väter und Geschwister fortgeführt – nun ist es genug!
Kameraden!
– Lasst nicht zu, dass der Feind über euch spottet!
– Wenn ein Deutscher über einen Juden spottet – stimmt nicht ein in seinen Spott!
– Versucht euren Mördern nicht zu schmeicheln!
– Denunziert die Speichellecker!
– Denunziert die Mädchen, die mit Gestapo-Männern flirten!
– Arbeitet langsam, übereilt nichts!
– Zeigt Solidarität! Wenn einen von euch das Unglück trifft, dann seid nicht selbstsüchtig, helft ihm! Seid einig in der Arbeit wie im Unglück!

– Jüdische Gestapo-Spitzel gehen durch unsere Straßen. Wenn ihr so einen erwischt, dann schlagt ihn tot!«

Gens antwortete im *Ghetto-Anzeiger*. »Wir wollten den Menschen eine Möglichkeit geben, sich für wenige Stunden aus dem Ghetto zu befreien, und das ist uns auch gelungen«, schrieb er. »Wir leben in finsteren, schweren Zeiten. Unsere Körper sind hier, in diesem Ghetto eingesperrt, aber unsere Gedanken sind frei. Auf Friedhöfen dürften keine Konzerte stattfinden, hieß es. Das ist wahr, aber unser ganzes Leben ist zum Friedhof geworden. Unsere Hände dürfen nicht ruhen. Wir müssen körperlich und seelisch stark bleiben.«

* * *

Die sogenannten kultivierten Tage dauerten bis in den Winter. Der Untergrund führte seinen Kampf gegen die Deutschen außerhalb des Ghettos weiter und beschwor weiterhin die Juden im Ghetto, aber ohne viel Erfolg. Für die Juden im Ghetto hatte sich die Logik des Untergrunds als falsch erwiesen. Schließlich hatte das Töten ein Ende, und im Ghetto war immer noch Leben.

Im Februar 1943 kehrte ein junger Jude namens Isaak Kowalski aus dem Wald zurück, wo er einen Auftrag zu erledigen hatte – einer von ungefähr einem Dutzend, die der jüdische Untergrund bereits erfolgreich ausgeführt hatte. Er ging bei Sonnenaufgang über die gefrorenen Straßen. Niemand war auf den Brücken. In der Nähe des Ghettos stieß er auf eine Gruppe deutscher Soldaten mit schwarzen Armbinden. Im Ghetto erfuhr er, dass die Deutschen trauerten. Nach fünfmonatiger Belagerung und nachdem über eine Million Soldaten gefallen waren, hatte die deutsche Armee in Stalingrad kapituliert. Man erzählte sich Geschichten von erbitterten Kämpfen, von Deutschen, die in ein paar verschütteten Straßen die Stellung hielten, von Soldaten, die in blutige Lumpen gehüllt erfroren waren. Der Untergrund nahm die Geschichten mit Erleichterung auf. Das Maß war voll. Jetzt war es nur noch eine Frage der Zeit. Ein Jahr? Zwei Jahre? Wenn die Juden bis dahin durchhalten konnten, würden sie von der russischen Armee gerettet werden. Im Gestapo-Hauptquartier waren die Fahnen auf halbmast gesetzt.

Jakob Gens in seinem Büro im Ratsgebäude hatte ähnliche Gedanken. Er studierte Landkarten und zählte die Tage. Die Russen konnten Litauen in einem Jahr erreichen. Mehr denn je war er von seiner Politik der Kooperation überzeugt. Dies war nicht der Augenblick, sich von der Weltuntergangsstimmung des Untergrunds anstecken zu lassen. Alle Juden, die die Rückkehr der Russen erleben würden, hätten es geschafft. »Erst wenn wir das Ghetto verlassen haben, können wir all dies beweinen«, schrieb er. »Im Augenblick müssen wir stark sein. Diejenigen, die an Gott glauben, sollten beten: Der Allmächtige wird uns helfen. Diejenigen, die nicht glauben, sollten sich sagen, dass Gemeinschaftssinn und Patriotismus uns helfen werden, all dies zu ertragen, und sollten nach dem Ghetto der großen Zukunft des jüdischen Volkes zuliebe menschlich bleiben.«

* * *

In einem Keller des Ghettos hörte Abba Radio. Man hatte das Gerät auf dem Schwarzmarkt erworben und aus dem freien Teil der Stadt hereingeschmuggelt. Die Deutschen hatten den Juden den Besitz von Radios und Telefonen und allem, was ihre Isolation durchbrechen könnte, verboten. Nacht für Nacht saß Abba stundenlang mit glühender Zigarette vor dem Empfänger und suchte nach einer Stimme, einer Melodie oder einem Lebenszeichen von draußen. Die

Ansager sprachen englisch oder französisch oder russisch oder deutsch, das frenetische Stimmengewirr einer Kriegsnacht, von Soldaten auf den Straßen, von verdunkelten Städten, von Schützengräben und kreischenden Luftangriffen; die Stimme Winston Churchills wurde laut – »Jeder denkt, dass das Krokodil, wenn er es füttert, ihn als Letzten frisst ...« – und verhallte wieder. Manchmal fing Abba auch Musik ein, von der BBC gesendet, Gershwin oder Coward oder Porter. Und im Schein der Frequenzbereichskala mehrere Meter unter der Straße tanzte er mit Vitka und Ruzka. Sie hatten wenig zu essen im Ghetto und waren von Hunger geschwächt, aber in solchen Momenten, wenn das Radio knisterte wie Feuer im Kamin, empfand Vitka eine süße, ungetrübte Freude. An einem solchen Ort glücklich zu sein verursachte ihr Schuldgefühle und ließ sie an die Heiligkeit des Lebens glauben.

Abba hörte oft SWIT, einen Rundfunksender des Untergrunds, von dem man ursprünglich dachte, er sei irgendwo in Polen versteckt. Die Moderatoren von SWIT schilderten den wirklichen Krieg, den die Deutschen in ihren Zeitungen aussparten. Die Gestapo suchte nach dem Sender und plünderte dabei Keller und folterte Verdächtige. In Wirklichkeit hatte SWIT, wie sich später herausstellte, sein Studio in London. Wenn Abba alle Berichte im Radio gehört hatte, pflegte er einen Rundbrief zu schreiben und an die Mitglieder des Untergrunds zu verteilen. Am 19. April 1943 wurde das reguläre SWIT-Programm unterbrochen, und eine Stimme rief: »Hallo, hallo! Das Warschauer Ghetto befindet sich im Aufstand.« Abba hörte zitternd, wie der Sprecher von einer jüdischen Revolte sprach, von Schießereien, Molotowcocktails, gleißend hellen Stichflammen und toten Deutschen. Die Revolte hatte am 19. April begonnen und würde siebenundzwanzig Tage dauern. In seinem Tagebuch schrieb Joseph Goebbels: »Bemerkenswert sind nur außerordentlich scharfe Kämpfe in Warschau zwischen unserer Polizei, zum Teil sogar unserer Wehrmacht, und den rebellierenden Juden. Die Juden haben es doch tatsächlich fertiggebracht, das Ghetto in Verteidigungszustand zu setzen.

Es spielen sich dort sehr harte Kämpfe ab, die sogar dazu führen, dass die jüdische Oberleitung täglich Heeresberichte herausgibt.«

Abba war der Erste gewesen, der die Warschauer Juden zum Aufstand gedrängt hatte. Ein Jahr zuvor hatte er ein Mädchen in die Stadt geschickt, das sich mit den dortigen Zionisten traf. Es erzählte den Warschauer Juden von Ponar und der Untergrundbewegung, die sich in Wilna zusammengefunden hatte, und verlas die Rede, die Abba am Silvesterabend gehalten hatte:

»Es ist besser, als freier Mensch im Kampf zu sterben, als durch die Gnade seines Mörders weiterzuleben. Wir werden kämpfen bis zum letzten Atemzug.«

In Wilna löste die Nachricht vom Aufstand bei den Partisanen große Begeisterung aus, und sie gingen mit leuchtenden Augen umher.

★ ★ ★

Im Sommer 1943 wurde Jakob Gens zum Leiter des Wilnaer Ghettos ernannt – eine Position, die er inoffiziell ohnehin bereits innegehabt hatte. Der Bankier Fried, der widerwillig den Vorsitz des Judenrats übernommen hatte, war beiseite gedrängt worden. Murer behauptete, Fried habe Lebensmittel ins Ghetto geschmuggelt, und enthob ihn seines Amtes. Er sollte in einem Vernichtungslager enden. Isaak Rudashevski, ein zwölfjähriger Junge, schrieb über die Reaktion der Menschen in sein Tagebuch: »Murer stattete Fried einen Besuch ab und fand bei ihm vier Kilo Süßigkeiten. Das gesamte Ghetto ist wütend auf den alten Despoten, der auf seinem Bürostuhl thronte und Süßigkeiten naschte!«

Gens leitete das Ghetto streng nach Vorschrift. Er duldete keinerlei Ungehorsam. »Die Basis unserer Existenz ist Arbeit, Disziplin und Ordnung«, erklärte er. »Wir können keine Leute unter uns dulden, die sich vor der Arbeit drücken, aufmüpfig werden oder gegen Regeln verstoßen.« Ließ ein Jude sich etwas zuschulden kommen, sperrte man ihn in das von Gens geleitete Gefängnis. Nach einigen Tagen musste der Betreffende dann vor das Ghetto-Gericht treten, dem Gens als Richter vorsaß. Eines Nachmittags im Juni standen sechs Juden, die man wegen Mordes verurteilt hatte, auf dem Hinrichtungsplatz im Ghetto. Mehrere hundert Menschen waren gekommen, um dem Hängen beizuwohnen. Der Schatten des Galgens fiel auf die Menge. Die Verurteilten trugen schmutzige Arbeitskleidung. Jeder von ihnen hatte einen dicken Strick um den Hals liegen. Gens kletterte auf den Galgen. »Sechzehntausend von den fünfundsiebzigtausend Wilnaer Juden haben überlebt«, sagte er. »Diese sechzehntausend müssen brav, ehrlich und fleißig sein. Wer diesen Vorgaben nicht gerecht wird, den trifft das gleiche Schicksal wie diese Männer. Wir werden sie eigenhändig eliminieren. Heute verhängen wir die Todesstrafe über sechs Mörder, Juden, die Juden umgebracht haben.«

Eines Tages, gegen Ende des Sommers, erhielt der Untergrund einen Hinweis von einem jüdischen Polizisten. Die Deutschen würden demnächst die jüdische Ortschaft Oszmiana liquidieren, ein Provinzstädtchen, nur einige Kilometer von Wilna entfernt. Abba beauftragte ein Mädchen namens Lisa, die Juden in Oszmiana zu warnen. Sie ging durch den Wald in das Städtchen, wo sie Leute auf der Straße ansprach. Sie sagte ihnen, dass die Deutschen Oszmiana vernichten wollten, dass sie die Juden auf Züge verladen und in den Tod schicken würden. Sie forderte die Leute auf, mit ihr in den Wald zu fliehen. Nur wenige kamen mit ihr. Von Gewissensbissen geplagt – sie hatte versagt – ging Lisa noch einmal zurück, um die Verantwortlichen der Stadt zu warnen. Sie redete noch immer auf sie ein, als die Soldaten die Straßen stürmten. Keiner sah Lisa jemals wieder. Die Rebellenführer in Wilna lobten ihren Mut. Sie hatte ihr Leben geopfert, um andere zu retten. Von nun an, wenn die Untergrundführer ihre Leute zu den Waffen riefen, wenn sie ihnen sagen wollten: »Es ist so weit! Holt eure Gewehre und Granaten, rüstet euch für den letzten Kampf!«, bedienten sie sich der Worte: »Lisa ruft! Sie ruft euch zum Aufstand, zur Rebellion, zum Kampf! Lisa ruft euch in den Tod!«

In Oszmiana halfen Mitglieder der jüdischen Polizei Wilnas den deutschen und litauischen Soldaten und erhielten eigens zu diesem Zweck spezielle Uniformen. Die Anwesenheit der Juden wiegte die Bevölkerung Oszmianas in Sicherheit und brachte sie dazu, den Beteuerungen der Deutschen zu glauben: »Der Zug wird euch in eine neue Heimat bringen, wo ihr bessere Arbeit findet.«

»Eines Tages bekam die jüdische Polizei richtige Uniformen«, schrieb Isaak Rudashevski in sein Tagebuch. »Lederjacken, Stiefel und grüne Dienstmützen mit dem Davidstern auf dem Schirm. Angeblich tragen sie diese Uniformen deshalb, weil dreißig von den Polizisten in den Nachbarort reiten und dort alle Leute umbringen müssen. Auf diese Weise schlägt die Gestapo zwei Fliegen mit einer Klappe: Zum einen tun sie ihre blutige Pflicht, zum anderen zeigen sie der Außenwelt, dass Juden in Uniform ihre eigenen Glaubensbrüder aus den Häusern treiben, dass sie Bescheinigungen austeilen und mit dem Knüppel Ordnung schaffen.«

Falls in Jakob Gens jemals Zweifel aufkamen, falls er nur für einen einzigen Augenblick der grausigen Wahrheit ins Gesicht sah, nämlich dass er nicht den Juden, sondern der deutschen SS half, dann gab er es nicht zu, zumindest nicht vor der Öffentlichkeit. Solche Gedanken wären viel zu schrecklich gewesen. Solche Gedanken hätten seine Führerschaft als Verbrechen abgestempelt. Er war kein schlechter Mensch. Er war ein Mensch, der eine schlechte Entscheidung getroffen hatte, und diese schlechte Entscheidung zog weitere schlechte Entscheidungen nach sich, bis er so weit vom Weg abgekommen war, dass er nicht mehr zurückfand. Er war immer noch der Überzeugung, dass die Deutschen aus Eigennutz handelten. Und es konnte nun einmal nicht in ihrem Interesse liegen, eine ausgezeichnete Arbeitskraft umzubringen. Gens hatte nicht den Holocaust als Bezugspunkt und wusste daher auch nicht, dass in diesen Tagen das Undenkbare Gestalt annahm. Wir blicken von der anderen Seite einer tiefen Kluft auf ihn, sehen ihn wie auf einem nachträglichen Foto, auf dem alles vermeidbar scheint, auf dem die Vergangenheit nur ein Ziel hat – Ponar. Er war ein aufgeklärter Europäer, dessen beste Eigenschaften gegen ihn verwendet wurden. Er begriff das Wesen seiner Zeit nicht.

* * *

In Wilna hatte jedes jüdische Kind Eltern oder Geschwister oder Cousins verloren. Das Leben war nichts als eine Aufeinanderfolge von Schreckenserlebnissen. Es gab keine Ferien und keine Schule. Hin und wieder versuchte ein Erwachsener die Kinder zu beschäftigen und ihre Tage zu strukturieren. Bei einer dieser Gelegenheiten veranstalteten die Kinder zum Schein eine Gerichtsverhandlung, spielten Richter, Geschworene, Verteidiger und Ankläger. Das Gericht wurde in einem Keller abgehalten. Erwachsene lehnten an den Wänden und hörten zu. Angeklagt war König Herodes, der letzte Herrscher des alten Israel, dessen Herrschaft zur Zerstörung des Zweiten Tempels führte. Die Verurteilung des Herodes war eine Möglichkeit – die einzige, die sich bot –, Gens zu verurteilen, dem es prächtig zu gehen schien, während die übrigen Bewohner des Ghettos litten. Man beschuldigte Herodes, Verbrechen am jüdischen Volk begangen zu haben. Sein Verteidiger, ein Junge in fließender Robe, stand verächtlich dabei. Der Staatsanwalt, Isaak Rudashevski, trat vor die Geschworenen. »Ich habe Herodes des doppelten Spiels bezichtigt, weil er die Rolle des römischen Spitzels spielt und Menschen ermordet«, schrieb er in sein Tagebuch. »Die Verteidigung zählte Herodes' positive Taten auf und erklärte, dass die Zeiten stürmisch seien und dass viele seiner Taten dem jüdischen Volk zugute kämen.« Die Geschworenen befanden ihn für schuldig, dann schalteten sich die Erwachsenen in die Diskussion ein. Sie dauerte die ganze Nacht an. Es wurde geschrien und gedroht. Als die Sonne aufging, sagte einer der Männer: »Wenn Herodes den Aufstand unterstützt hätte, hätte er die Katastrophe nur noch schneller herbeigeführt.«

★ ★ ★

Eines Morgens, im April 1943, verteilten litauische Soldaten eine Bekanntmachung im Wilnaer Ghetto. Wer wolle, könne ins Kovnoer Ghetto überführt werden, wo viele von ihnen Verwandte hätten. In Kovno, hieß es, würden sie Arbeit und Essen bekommen. Dreihundertsechzig Juden meldeten sich freiwillig. Jüdische Polizisten mussten sie zum Zug bringen und nach Kovno begleiten. Die Polizei, deren Anwesenheit beruhigend wirkte, brachte die Juden zum Umschlagplatz jenseits des Ghettotors, wo ein Güterzug für sie bereitstand. Die Polizei half den Juden in die Waggons und verriegelte dann die Türen. Die Polizisten saßen zusammen mit Gens in einem Personenabteil.

Nach einer Weile ertönte ein Pfiff, der Zug setzte sich mit einem Ruck in Bewegung, und die Straßen jenseits der Fenster begannen nach hinten wegzugleiten. Außerhalb der Stadt steigerte die Lok ihre Geschwindigkeit. Der Zug schien eine ungewöhnliche Strecke zu nehmen. Gens fragte einen Bahnbeamten, auf welchem Weg sie denn nach Kovno fuhren.

»Nicht Kovno«, antwortete der. »Wir fahren nach Ponar.«

Gens sprach mit einem litauischen Soldaten. Man benachrichtigte Murer. Der Zug hielt an einem kleinen Bahnhof außerhalb der Stadt. Man brachte Gens und seine Polizei zurück ins Ghetto. Die übrigen Juden wurden ihrem Schicksal überlassen. Der Zug stand die ganze Nacht auf dem Bahnhof und fuhr erst am Morgen weiter nach Ponar. Als die Türen aufgingen, erkannten die Juden, dass sie nicht in Kovno waren. Gens und die jüdische Polizei waren nirgends zu sehen. Panik griff um sich. Die Juden griffen die Deutschen und die Litauer an. Einige Soldaten wurden erstochen. Die Deutschen feuerten mit Maschinengewehren in die Menge. Bald war der Waldboden mit Leichen übersät.

Am nächsten Morgen ging ein SS-Offizier, Martin Weiß, ins Wilnaer Ghetto und befahl fünfundzwanzig jüdischen Polizisten, ihn nach Ponar zu begleiten und die Leichen zu begraben. In Ponar führte Weiß die jüdische Polizei über sanfte, moosbewachsene, mit Unkraut überwucherte Hügel und erzählte, was auf diesem Schlachtfeld geschehen war. »Hier drunter liegen die toten Sowjetgefangenen«, sagte er. »Da sind die Toten aus der zweiten Aktion, und hier liegen die Toten aus der Aktion Gelbe Scheine.« Die Polizisten waren die ersten Juden, die Ponar offiziell zu Gesicht bekamen. Sie schafften die Toten aus dem Wald und warfen sie in Gruben. Deutsche fotografierten die Juden bei der Arbeit. Die Deutschen verloren den Krieg im Osten. Statt den Juden die Rettung zu bringen, wie Gens geglaubt hatte, läuteten die deutschen Niederlagen den letzten Akt ein. Die sogenannten kultivierten Tage waren endgültig vorbei.

* * *

Einige Monate nach der Liquidierung Oszmianas erhielt Gens den Befehl, den Deutschen bei der Zerstörung einer weiteren jüdischen Ortschaft zu helfen. Er sandte seine Polizisten in die Stadt, die den Menschen versichern mussten, dass ihnen kein Leid geschehen würde. Josef Glassman weigerte sich. Glassman war Doppelagent, Polizist wie Untergrundführer. Dennoch setzte er seine Polizistenstellung aufs Spiel, weil er es ablehnte, als Jude an einem Massaker der Deutschen teilzunehmen. Er wurde verhaftet. Gens beschloss, Glassman in ein Arbeitslager zu schicken, wo er helfen sollte, Sümpfe trockenzulegen. Einige Nächte später wurde Glassman, die Hände auf den Rücken gebunden, aus dem Ratsgebäude geführt. Er musste einen Lastwagen besteigen und wurde in Richtung Ghettotor gefahren. Ein litauischer Soldat und ein jüdischer Polizist bewachten ihn. Zwei deutsche Soldaten sollten ihn jenseits des Tores in Empfang nehmen.

Als der Wagen die Straße entlang rumpelte, fuhr sich ein Junge, der in einer Einfahrt lehnte, mit einem Kamm durchs Haar. Einen Augenblick später – der Wagen war noch ein paar Dutzend Schritte vom Tor entfernt – verstellten Mitglieder des Untergrunds die Straße. Ruzka, die außer Sichtweite stand, kommandierte jede Bewegung: Man umstellte den Wagen, verteilte Fausthiebe, Schreie erfüllten die Luft. Ein siebzehnjähriges Mädchen namens Cesia grub ihre Finger in den Hals des litauischen Soldaten und zerrte ihn zu Boden. Es war wie eine Offenbarung. Zuvor hatte sie immer gedacht, dass ihre Schläge von den Soldaten abprallen würden, dass sie ihnen nichts würde anhaben können, wie in gewissen Alpträumen. »Als ich ihn auf der Straße liegen sah, konnte ich einfach nicht glauben, dass ich das getan hatte«, erzählte sie später. Nachdem man ihn befreit hatte, brachte man Glassman eiligst in einen Keller, wo er sich versteckt halten sollte, bis man eine Entscheidung getroffen hatte. Es war das erste Mal, dass die Ghettobewohner den jüdischen Untergrund im Einsatz erlebt hatten.

Einige Stunden später ließ Gens Wittenberg und Kovner zu sich rufen. In seinem Stuhl mit der steifen Rückenlehne wirkte Gens wie eine Statue mit dem Gesicht eines römischen Senators und traurigen, asiatischen Augen. Das Gesicht der letzten Generation, gezeichnet von Geschäften und Kompromissen, hinter dessen kultiviertem Lack sich die hartnäckige Weigerung verbarg, die Wahrheit anzuerkennen. Gens wusste Bescheid über den jüdischen Untergrund. Er stimmte in vielerlei Hinsicht mit seinen Mitgliedern überein. »Wir alle wollen möglichst viele Juden retten«, sagte er. »Ihr wollt kämpfen, und ich kann das gut verstehen. Aber im Augenblick ist uns am besten geholfen, wenn wir uns den Deutschen unentbehrlich machen. Wenn wir aufbegehren, geben wir den Deutschen nur umso mehr Grund, uns zu töten. Wisst ihr, warum sie Oszmiana liquidiert haben? Weil sich dort Partisanen versteckt hielten.«

Er wisse, sagte er, dass der Untergrund hinter Glassmans Befreiung stecke. Er, Gens, habe veranlasst, dass Glassman in ein Arbeitslager gebracht werde. Wenn die Deutschen zu der Überzeugung gelangten, dass Gens nicht imstande sei, diesen Juden auszuliefern, würde man ihn seines Amtes entheben. Das Ghetto würde das zu spüren bekommen, sagte er. Womöglich würde es sogar liquidiert werden.

Wittenberg und Gens waren Zeitgenossen. Sie waren ungefähr im selben Alter und hatten denselben kulturellen Hintergrund. Beide kamen aus einem assimilierten Elternhaus, das im gewalttätigen Litauen der Vorkriegszeit untergegangen war. Wittenberg hatte sich völlig anders entschieden. Gens hatte sich in das System eingefügt, hatte seine Sprache und seine Herkunft für ein Leben in Cafés und Baracken eingetauscht. Er war ebenso Europäer wie Jude. Sein Leben spielte sich innerhalb der Gesellschaft ab, die ihn zerstörte. Wittenberg hatte den anderen Weg gewählt, den außerhalb des Systems, der in den Untergrund führte. Ein ernster Mann in einem ernsten Kampf. Er glaubte an das Vorwärtsstreben der Zeit. Wie Gens handelte er für die Nachwelt, versuchte sich bei der kleinsten Entscheidung vorzustellen, wie sie am Ende des Jahrhunderts aufgenommen werden würde.

Abba Kovner bat Gens, er möge doch bitte einsehen, was er da vom Untergrund verlange. Glassman war einer ihrer Anführer. Sie konnten doch nicht einen ihrer Anführer ausliefern! Schließlich mussten sie trotz allem wenigstens noch ein wenig Einfluss auf ihr Schicksal haben.

Gens gab ihnen ein Versprechen: Wenn sie ihm Glassman überlassen würden, werde er dafür sorgen, dass man ihn in ein nahe gelegenes Arbeitslager schicken und binnen zwei Wochen wieder freilassen werde.

Wittenberg und Kovner waren einverstanden.

Gens hielt Wort. Nach zwei Wochen war Glassman wieder im Ghetto. Vielleicht waren es solche scheinbaren Erfolge, die Gens zu der Überzeugung gelangen ließen, dass die Zukunft der Juden in seiner Hand lag.

* * *

Am 7. Juli 1943 wurde in Wilna ein achtzehnjähriger Kommunist verhaftet. Sein Name war Saul Kozlowski. Man brachte ihn ins Gestapo-Hauptquartier, das sich in der Vilnius-Straße befand, einer wunderschönen, von Bäumen gesäumten Allee mit exklusiven Lokalen, teuren Läden und Damen in seidenen Kleidern. Man führte ihn in einen Kellerraum mit Tischen und Telefonen, einer Landkarte und einem Porträt von Hitler. Die Sekretärinnen unterschieden sich nicht von ihren Kolleginnen in Immobilienbüros oder Versicherungsunternehmen. Im Hinterzimmer befand sich ein fensterloser Raum mit Tischen und Gurten und Tabletts voller Messer. Nach dem Krieg würde dieses Büro in den Besitz des KGB übergehen, wie ein altes Restaurant, das einen neuen Geschäftsführer bekommt. Kozlowski wurde auf einen der Tische geschnallt und gefoltert. Die Gestapo wollte die Identität eines bestimmten Kommunisten wissen, bekannt unter dem Namen »Der Löwe«, ein Mitglied des Untergrunds. Nach mehreren Stunden gab Kozlowski auf. Er sagte, dass »Der Löwe« ein Deckname sei für Isaak Wittenberg, einen Ghettojuden. Als die Deutschen sich zur Beratung zurückzogen, nahm sich Kozlowski ein Messer und schnitt sich damit die Kehle durch.

Tags darauf stattete die Gestapo Gens einen Besuch ab. Um Mitternacht rief Gens Wittenberg, Glassman und Kovner zu sich ins Büro – sie wussten noch nichts von Kozlowskis Verhaftung. Gens redete mit ihnen über den Krieg, als wolle er ihnen eine Gute-Nacht-Geschichte erzählen. Die Juden hätten die spanische Inquisition und die Kosakenhorden überlebt, sagte er, sie würden auch noch dies hier überleben. Während Gens noch redete, schritt ein jüdischer Polizist auf das Ghettotor zu. Er hieß Salek Dessler und war Gens' Polizeichef. Dessler war noch viel verhasster als sein Chef, der wenigstens noch seinen Prinzipien folgte, wenn es auch die falschen waren. Dessler handelte aus purem Egoismus. Er strebte nach gesellschaftlicher Anerkennung, nach Privilegien und Macht.

Seine Augen blickten kalt und abweisend. Ein Späher des Untergrunds behielt Desslers Schatten im Auge, sah ihn sich dem Tor nähern und mit zwei weiteren Schatten zurückkommen. Sie gehörten zu zwei SS-Männern. Der Späher sah die Doppelblitze auf ihren Krägen. Er rannte durchs Ghetto, eilte in die Schlafzimmer und Verstecke der Kämpfer, schüttelte sie wach und flüsterte: »Lisa ruft.«

Als die SS-Offiziere in Gens' Büro kamen, hörte dieser auf zu reden. Er nickte zu Wittenberg hinüber. Die Deutschen befahlen Wittenberg aufzustehen. Sie legten ihm Ketten um Handgelenke und Knöchel und führten ihn aus dem Büro. Abba schaute Gens an. »Du hast uns verraten«, sagte er.

»Sie wollten ihn nicht, weil er dem Untergrund angehört«, rechtfertigte sich Gens. »Sie wollten ihn, weil er Kommunist ist. Wenn ich ihn nicht ausgeliefert hätte, dann hätten die Deutschen das Ghetto zerstört.«

»Du hast uns unter einem Vorwand hierher gelockt«, sagte Abba.

»Wärt ihr denn gekommen, wenn ich euch alles gesagt hätte?«

»Nein.«

»Und was wäre dann passiert?«

Gens legte seine Füße in den glänzenden Stiefeln auf den Tisch. »Ich will es euch sagen. Die Deutschen hätten das Ghetto liquidiert. Tausende von Juden wären gestorben. Und wofür? Weil sie für ihr Leben kämpften? Weil sie für die Juden kämpften? Nein. Sie wären gestorben, um das Leben eines einzigen Kommunisten zu verlängern.«

Wittenberg wurde zum Ghettotor geführt, wo ein Auto auf ihn wartete. Seine Schritte waren eingeschränkt, die Ketten schleiften über den Boden. Links und rechts von ihm gingen deutsche Soldaten. Als sie an einer Seitenstraße vorbeikamen, sprang ein Jude aus der Dunkelheit. Es war Schmuel Kaplinsky, der Kommunist, der die Abwasserkanäle aufgezeichnet hatte. Er packte einen der SS-Offiziere am Kragen und versetzte ihm blitzschnell zwei Schläge. Als der andere Soldat nach seiner Pistole griff, wurde er von hinten zusammengeschlagen. Von weitem klang dieser Überfall so harmlos wie Blätterrauschen. Ein paar Augenblicke später, als die jüdische Polizei ankam, waren die Deutschen verdutzt und benommen. Wittenberg war verschwunden.

Mit Hilfe einer Metallsäge entfernte Schmuel in einer Kellerwerkstatt Wittenbergs Ketten. Bald kamen mehrere Partisanen dazu: Vitka und Ruzka, Kovner und Glassman. Die Kämpfer beschlossen, Wittenberg zu verstecken und den Untergrund in Alarmbereitschaft zu versetzen. Wenn die Deutschen das Ghetto stürmten, würden die Rebellen kämpfen und die Leute dazu bringen, es ihnen gleichzutun.

Vitka sollte Wittenberg verstecken und niemandem, nicht einmal Abba, verraten, wo er war. Auf diese Weise konnte Abba, selbst wenn man ihn fangen und foltern sollte, nichts verraten. Um Wittenberg durch die Straßen zu schleusen, die sich langsam mit jüdischer Polizei füllten, steckte Vitka ihn in die Kleider einer Bäuerin, band ihm ein Kopftuch um, zog seine Augen mit einem Lidstift nach und schminkte ihm die Lippen. Seine Schultern sahen breit aus in dem Kleid und sein Gesicht schwer und voller Falten, demjenigen einer alten jiddischen Balabusta nicht unähnlich. Vitka hastete mit Wittenberg durch Ansammlungen von Männern und Frauen, die sich mit überschlagenden Stimmen über Wittenbergs Flucht unterhielten. Es war ein Uhr nachts. Keiner scherte sich um die Ausgangssperre.

* * *

Am Morgen umstellten deutsche Soldaten das Ghetto. Die Kaminkehrer konnten sie von den Dachfirsten aus sehen: Infanterie mit Maschinengewehren, Lastwagen und Feldgeschützen, Soldaten auf Panzern. Abba traf Gens im Erdgeschoss des Ratsgebäudes. Gens war sehr wütend. »Murer hat uns nur ein paar Stunden gegeben«, sagte er. »Wenn wir ihm Wittenberg nicht ausliefern, wird er das Ghetto liquidieren.«

»Und wie kommst du darauf, dass er das Ghetto nicht auf jeden Fall liquidiert?«, fragte Abba.

»Deine Mutter lebt im Ghetto«, erwiderte Gens.

»Und was ist mit meiner Mutter?«

»Willst du, dass sie stirbt? Denn genau das wird passieren. Sie wird sterben. Für Wittenberg. Diese Soldaten da draußen – das ist kein Scherz.«

»Und was soll ich deiner Meinung nach tun?«, fragte Abba.

»Die wollen nur Wittenberg. Liefere Wittenberg aus, und der Spuk ist vorbei.«

»Das kann ich nicht«, sagte Abba. »Und sonst?«

»Sonst *gibt* es nichts.«

»Ich werde statt seiner zur Gestapo gehen«, sagte Abba. »Führe mich hin.«

»Dich wollen sie aber nicht.«

»Sag ihnen, dass ich Wittenberg bin.«

»Die haben doch einen Informanten, du Narr. Die wissen genau, wie Wittenberg aussieht. Denkst du, darauf wäre ich nicht schon selbst gekommen?«

Es war das erste Mal, dass Abba sah, wie Gens die Nerven verlor. Er schwitzte und sein Körper sah ganz eingefallen aus – alles Leben war aus ihm gewichen.

»Es tut mir Leid«, sagte Abba. »Ich kann ihnen Wittenberg nicht geben.«

* * *

In dieser Nacht rannten die jüdischen Polizisten durch die Straßen und riefen: »Das Ghetto ist in Gefahr. Alle Männer müssen sich sofort im Innenhof des Rathauses versammeln.« Die Leute folgten der Aufforderung, die Kleider zerlumpt, die Gesichter ausgemergelt. Es war eine merkwürdige Sommernacht. Der Himmel war voller Sternbilder, Planeten, Kometen und Sternschnuppen. Der Wind trug den Lärm von Panzern und deutschen Stimmen herüber. Die jüdische Polizei lehnte sich gegen die Mauer. Die angesehensten Männer des Ghettos waren gekommen, Rabbiner, Dichter, Politiker und Gelehrte. Seitlich standen ein paar Dutzend Männer in dunklen Anzügen, Männer mit pockennarbigen Gesichtern, breiten Schultern, großen Händen, zerschundenen Knöcheln. Es waren jüdische Gangster, die vor dem Krieg im Kriminellenmilieu Wilnas ihr Unwesen getrieben hatten. Gens verließ sich im Notfall auf sie. Im Ghetto nannte man sie »Schtarke«.

Gens trug seine Polizeiuniform. Seine Miene war versteinert, hart geworden durch die Entscheidungen, die er getroffen hatte. »Während einer Razzia hat die Gestapo in der Stadt einen polnischen Kommunisten namens Kozlowski erwischt«, rief er in die Menge. »Als man ihn verhörte, gestand Kozlowski, dass er Kontakt hatte zu einem Mann namens Wittenberg, einem Juden im Ghetto. Deshalb fordert die Gestapo die Auslieferung von Wittenberg innerhalb von zwei Stunden. Wenn wir ihn nicht ausliefern, werden deutsche Panzer und Flugzeuge das Ghetto unter Beschuss nehmen.«

»Was sollen wir also tun?«, fragte Gens in die Menge. »Sollen wir Wittenberg ausliefern und retten, was vom Wilnaer Ghetto noch übrig ist?«

Leute schrien: »Rettet das Ghetto! Gebt Wittenberg heraus!«

»Aber wir haben Wittenberg nicht«, fuhr Gens fort. »Wittenberg wird von ein paar Kindern versteckt, die sich Untergrund nennen und uns alle in Gefahr bringen. Wir haben Werkstätten aufgebaut, die für die Deutschen wirtschaftlich wichtig sind. Ihr habt die Chance erhalten, in Frieden zu leben und zu arbeiten – und die Arbeit ist unsere einzige Garantie, am Leben zu bleiben. Was diese so genannten Untergrundkämpfer anbelangt, so haben sie nicht nur keinen Anteil an all dem, was unser Leben ausmacht, sie versuchen auch noch uns von der Arbeit abzuhalten. Sie haben sich von der Gemeinschaft abgesondert und wollen uns zu Handlungen zwingen, die unser Ende bedeuten.«

Während Gens sprach, wurde seine Stimme lauter, es weiteten sich seine Augen, sein Atem ging schneller und eine Haarlocke rutschte ihm in die Stirn. »Wir müssen dieses Übel in unserer Mitte vernichten«, sagte er. »Wir dürfen kein Mitleid haben mit diesen Untergrundleuten, weil sie sich auch nicht um uns, unsere Frauen und Kinder scheren. Wir müssen sie unschädlich machen, denn unser Leben steht auf dem Spiel. Die Gestapo will nur einen Mann. Sobald wir ihn ausgeliefert haben, werden wir wieder Frieden haben. Tun wir es nicht, sind wir des Todes.«

Gens senkte die Stimme und sagte: »Dieser eine Mann oder das gesamte Ghetto?«

Einer sagte: »Rettet das Ghetto.«

Ein anderer sagte: »Fangt Wittenberg.«

»Das Ghetto lebt und gedeiht«, fuhr Gens fort. »Es gibt keinen Grund zur Sorge. Aber nur, wenn wir die Bedingung erfüllen: Wittenberg wird der Gestapo übergeben. Findet Wittenberg und wir sind gerettet. Das sind wir unseren Kindern und unseren Frauen schuldig.«

Gens blickte in die Menge. »Dieser Mann für das ganze Ghetto?«

Die Leute riefen wie aus einem Mund: »Fangt Wittenberg.«

»Wittenberg versteckt sich irgendwo«, sagte Gens. »Findet ihn!«

Jüdische Polizisten rannten vor der Menge her und schrien: »Findet Wittenberg. Rettet das Ghetto!«

* * *

Die Mitglieder des Untergrunds, die sich in ihrem Hauptquartier in der Straschun-Straße trafen, konnten die Menge im Innenhof des Rathauses lärmen hören. Ein paar Minuten später wurden sie von Rabbinern und anderen führenden Persönlichkeiten aufgesucht. Die alten Männer sagten den Rebellen, sie hätten kein Recht, ihr Heldentum über die Sicherheit der Juden zu stellen.

»Gebt Wittenberg heraus«, sagte ein alter Rabbi. »Rettet das Ghetto.«

Abba, der noch immer hoffte, er könnte die Leute zum Aufstand bewegen, fragte: »Was macht euch so sicher, dass wir das Ghetto tatsächlich retten, wenn wir Wittenberg ausliefern?«

Der Rabbi erwiderte, Abba solle Gens vertrauen, weil dieser schließlich nur im Interesse der Juden handle.

Die Rabbiner verabschiedeten sich. Während die Untergrundkämpfer noch beratschlagten, ging plötzlich eine Erschütterung durch das Gebäude, dann flog ein Stein durchs Fenster und noch einer und noch einer, bis der ganze Boden voller Steine lag. Die Rebellen hielten sich schützend die Hände über die Köpfe, einer von ihnen kroch zum Fenster und lugte hinaus. Auf der Straße stand eine Horde Krimineller, die drohend ihre Äxte schüttelten und riefen: »Gebt uns Wittenberg! Gebt uns Wittenberg oder kommt raus und kämpft.«

Etwa ein Dutzend Aufständische ging hinaus auf die

Straße. Sie kämpften im Licht der Morgendämmerung, während der Frühnebel sich in den Straßen ausbreitete. Er war seidig und ließ alles fremdartig und neu erscheinen, und die Kämpfer sahen nur Rohre und Fäuste und Gesichter aus dem Nebel hervortauchen. Neben Stiefeln und Schlagringen vernahmen sie auch das dumpfe Geräusch von Hieben. Es roch nach Blut und drei oder vier Kriminelle waren zu Boden gegangen und jemand lag keuchend auf der Straße. Die Angreifer griffen sich ihre Verwundeten und liefen davon, und die Aufständischen standen verloren und müde im Nebel und fragten sich, was wohl als Nächstes auf sie zukommen würde.

Die aufgebrachte Menge rannte johlend durch die Straßen: Alte Männer, junge Männer, alte Frauen, Kinder, Freunde, Cousins und Lehrer. Untergrundkämpfer wurden angeschrien und angegriffen: »Warum lasst ihr uns nicht leben? Warum müssen wir für euch sterben?« Die entfesselte Menge stürmte ächzende Holztreppen hinauf, durchwühlte Zimmer, riss falsche Wände und Gänge nieder, suchte jedes Rattenloch nach Wittenberg ab. Damit taten die Juden genau das, was die Deutschen getan hatten, als sie Juden brauchten, um ihre Quoten zu erfüllen – nur dass es sich diesmal um einen einzigen Mann handelte. Ruzka würde die Hysterie dieser Menschen nie mehr vergessen. In dieser Nacht lernte sie viel Neues über Niedertracht und Gewalt und Angst.

Am frühen Morgen stürmte der Mob die Dachkammer, in der Wittenberg sich versteckt hielt. Er rannte durch die Hintertür hinaus und hinunter auf die Straße. Es folgte eine wilde Hetzjagd durch die Hinterhöfe des Ghettos. Als Wittenberg um eine Ecke rannte, traf er auf jüdische Polizisten. Sie gingen langsam auf ihn zu, zogen Schritt für Schritt die Falle zu. Die Sonne war aufgegangen und spiegelte sich in ihren Stiefeln. Sie trugen Knüppel bei sich.

Wittenberg zog seine Pistole und schoss über ihre Köpfe hinweg. Dann rettete er sich in eine Seitenstraße. Der Mob war ihm dicht auf den Fersen. Jemand zog ihn in einen Keller hinunter. Es war Vitka, die ihn mit ruhigen Augen ansah. Sie sagte: »Ich habe ein Versteck für dich gefunden.«

Abba versuchte die Menschen auf der Straße zu beruhigen, manchmal abseits, in einem stillen Winkel, manchmal mitten in der Menge, sodass er schreien musste, um sich Gehör zu verschaffen.

Gebt uns Wittenberg.

»Das ist doch die Strategie der Deutschen«, sagte Abba. »Sie wollen, dass wir uns gegenseitig bekriegen. Auf diese Weise nehmen wir ihnen die Arbeit ab.«

Gebt uns Wittenberg.

»Und was wird, wenn wir ihnen Wittenberg geben?«, sagte Abba. »Was haben wir davon? Noch eine Woche länger hier im Ghetto? Seht ihr das denn nicht? Egal, was wir tun, sterben werden wir auf jeden Fall. Also lasst uns wenigstens kämpfend sterben. Wenn wir kämpfen, sterben wir mit Würde.«

In den Augen dieser Leute war Abba ein Fanatiker. Sie beschimpften und bespuckten ihn. Er lief in eine leere Straße entlang des Ghettozauns. Jenseits des Zauns waren die Deutschen. Wenn die Soldaten das Ghetto stürmten, würde Abba erst gegen die Juden antreten müssen, bevor er mit den Deutschen kämpfen konnte. Anders ausgedrückt, er würde erst Juden töten müssen, bevor er Deutsche töten konnte. Er hatte sich geschworen, niemals den Nazis die Arbeit abzunehmen, niemals Juden zu töten. Er hatte mit einem spontanen Aufstand gerechnet, einem Kampf bis zum letzten Atemzug. Aber die Juden waren nicht auf seiner Seite. Was konnte er tun? Konnte er ein Volk in einen Krieg führen, den auszufechten es sich weigerte? Abba fand Vitka und sagte: »Führe mich zu Wittenberg.«

* * *

Isaak Wittenberg gehörte zu jener großen Generation von Bauernkriegern, die im ausgehenden neunzehnten Jahrhundert im Osten entstand und längst ausgestorben ist, einer Generation von leidenschaftlichen Revolutionären, die blind an das Vorwärtsstreben der Geschichte glaubten, an das, was Physiker unter dem Pfeil der Zeit verstehen, und mit unbeugsamem Willen und dem tiefen Glauben an das Unvermeidliche kämpften. Er war der festen Überzeugung, dass er zur rechten Zeit für die rechte Sache kämpfte, als Teil eines größeren Ganzen, für das er jedes Opfer zu bringen bereit war. Wenn es ihm gelang, das Richtige zu tun, dann musste seine Geschichte automatisch ein Teil der großen Geschichte werden. Er saß mit seiner Freundin – sie war etwa zwanzig Jahre alt – in einem Kellerraum und hörte sich Abbas Schilderung der Vorgänge im Ghetto an. Glassman war auch da, außerdem Ruzka und Vitka und die anderen Anführer des Untergrunds.

»Die Leute wollen nicht kämpfen«, sagte Glassman.

»Aber das Ghetto wird so oder so zerstört werden«, sagte Wittenberg. »Die Gestapo wird zuerst die Rädelsführer des Widerstands beseitigen und danach alle Übrigen.«

»Das da draußen sind Juden«, sagte Abba. »Wir müssten zuerst gegen sie kämpfen, bevor wir gegen den Feind antreten können.«

Nach einer Pause sagte er: »Gib uns den Befehl, und wir kämpfen.«

Wittenberg blickte von einem zum anderen: Glassman, Ruzka, Vitka. Er fasste einen Entschluss: »Wir töten keine Juden.«

Wittenberg fragte Abba, ob Gens mit sich verhandeln

ließ. Gens sollte der Gestapo erzählen, dass er geflüchtet war. Das gab ihm Zeit, den Wald zu erreichen. Andernfalls blieb ihm nur, sich umzubringen. Dann konnte Gens den Deutschen seine Leiche überlassen. Lebend würde die Gestapo ihn jedenfalls nicht bekommen.

Gens sagte Nein, die Gestapo würde ihm die Geschichte mit der Flucht nicht abnehmen, und eine Leiche würde sie auch nicht akzeptieren. Sie wollten Wittenberg schließlich verhören.

* * *

Wittenberg schlüpfte in einen alten Soldatenmantel und steckte die Pistole ein. Sie war schwer und beulte seine Hose aus. Seine Freundin saß hinter ihm auf dem Bett und weinte. Geschmeidig schritt er durch den Raum. Für Abba, Vitka und Ruzka war es ein unvergesslicher Moment, der Moment eines schrecklichen Opfers. Wenn sie sich an diese Nacht erinnerten, kam ihnen unweigerlich der Gedanke, wie es anders hätte sein können. Was wäre gewesen, wenn Abba die Leute überzeugt hätte? Wenn er eine Krise heraufbeschworen hätte? Und sie dachten an die Gedichte, die man darüber geschrieben, die Geschichten, die man erzählt hätte. Wenn mehr Juden Widerstand geleistet hätten, wenn jeder deutsche Lastwagen von einer Bombe oder einer Kugel oder einem Stein getroffen worden wäre …

»Was soll ich tun?«, fragte Wittenberg.

»Das musst du entscheiden«, sagte Abba.

Wittenberg wandte sich an seine Kameraden.

»Was meint ihr?«, fragte er.

Ein Mädchen namens Sonia sagte: »Du musst dich stellen.«

Wittenberg blickte zur Decke hinauf und schlug die Hände vors Gesicht. Dann holte er tief Luft, ergriff Abbas Arm und sagte: »Geh zu Gens und erkläre ihm, dass ich mich stellen werde, dass er mich persönlich der Gestapo übergeben kann. Dann sehen die Deutschen, dass Gens die Zusammenarbeit mit ihnen sucht.«

Wittenberg holte seinen Revolver heraus, wog ihn einen Moment lang in der Hand und gab ihn dann Abba. »Jetzt bist du der Anführer«, sagte er.

Wittenbergs Freundin schrie auf: »Ihr seid schlimmer als die Deutschen. Ihr bringt ihn um.«

Als Wittenberg sich stellte, sagte Gens zu ihm: »Wenn du das erste Verhör durchstehst, lasse ich meine Kontakte spielen und versuche dich frei zu bekommen.« Dann gab er Wittenberg eine Kapsel mit Blausäure. »Versteck sie im Ohr«, sagte er. »Für den Fall, dass es unerträglich wird.«

Wittenberg ging durch die Straßen. Es wurde langsam dunkel. Die Leute standen vor den Häusern. Ihre Wut hatte sich gelegt, es herrschte Katerstimmung, die Leidenschaft der letzten Nacht war nur noch eine blasse Erinnerung. Als Wittenberg durch das Ghettotor ging, blickte er geradewegs nach vorn, ein Opferlamm, das alle Schuld und Sünde der Menschen auf sich genommen hatte; man warf ihn den wilden Tieren vor. Am nächsten Morgen fand man Wittenberg tot in seiner Zelle. Er hatte die Kapsel mit Blausäure geschluckt.

Abba verständigte den Untergrund:

Aufgrund der tragischen Lage, in der wir uns befinden, hat unser Kommandant Wittenberg sich mit seinem und unserem Einverständnis der Gestapo gestellt. Wahrscheinlich wird die Nachwelt uns dies zum Vorwurf machen. Wahrscheinlich wird lange Zeit niemand genau wissen, in welcher Zwickmühle wir waren und dass unser Handeln der großen Verantwortung entsprang, die wir für das Ghetto und seine

Bewohner empfinden, gegen die wir nicht zu kämpfen wagten. Der Schock innerhalb unserer Organisation ist groß. Wittenbergs Name wird eng mit dem Leben unseres Volkes verbunden sein, und uns bleibt er ein Sinnbild für Tapferkeit und Heldenmut. Die erste Kampftruppe, die in die Wälder geht, wird nach ihm benannt werden. Wir werden das Andenken unseres Kommandanten im Kampf gegen den Feind in Ehren halten.

★ ★ ★

Abba hatte eine natürliche Gabe, die Fähigkeit, vorauszu-ahnen, was als Nächstes kommen würde, welche Schritte es zu unternehmen galt. Er wusste, dass es keinen Sinn hat-te, noch länger im Ghetto zu bleiben. Er konnte es förm-lich spüren. Er hatte an die Menschen appelliert, und die Menschen hatten seinen Aufruf in den Wind geschlagen. Dennoch beschloss er, im Ghetto die Liquidierung abzu-warten, von der er sicher war, dass sie kommen würde. Er hoffte, dass sich die Juden, wenn sie tatsächlich mit Last-wagen und Güterwaggons konfrontiert sein würden, doch noch zum Aufstand bewegen ließen. Eine Revolte der Ju-den war sein Traum und sein Lebensinhalt gewesen, und noch war er nicht bereit, ihn aufzugeben. Andererseits wusste er auch, dass es höchste Zeit war, die ersten Kämp-fer in den Wald zu schicken. Er sagte seinen Leuten: »Wir haben gesehen, wie es um die Juden steht, jetzt müssen wir das Ghetto verlassen.« Die Truppe sollte im Wald einen jüdischen Stützpunkt errichten und für die Rebellen, die ihnen folgen würden, den Weg ebnen. Genau genommen teilte Abba seine Streitkräfte auf. Abba, Vitka und Ruzka und weitere hundert Kämpfer würden im Ghetto bleiben. Alle übrigen – ungefähr zweihundert Leute – würden in den Wald fliehen.

Die erste Truppe erhielt – Wittenberg zu Ehren – den Namen Löwe. Sie bestand aus einundzwanzig Mitgliedern des Untergrunds, die Gens mitsamt seiner Polizei gründlich satt hatten, und aus wilden Burschen, die, frei und ungebunden, es nicht mehr erwarten konnten, endlich in den Wäldern zu leben und zu kämpfen. Diese Gruppe – ihr gehörte auch Abbas schüchterner dunkeläugiger kleiner Bruder Michael an – wurde von Josef Glassman angeführt. Die Kämpfer sollten nach Narocz gehen, einem Waldgebiet achtzig Kilometer nördlich von Wilna, wo sie einen sowjetischen Soldaten namens Markow treffen würden, der einen Trupp Partisanen befehligte. Markow hatte dem jüdischen Untergrund in mehreren Briefen dringend geraten, sich seinem Kampf anzuschließen.

Am Freitag, dem 27. Juli 1943, verließ die Truppe Löwe in Holzarbeiterkluft das Ghetto. Unter ihren Mänteln hatten sie Gewehre und Handgranaten versteckt. Es war ein staubiger Nachmittag, der Staub umfing die Sonne, der Wind wirbelte ihn auf und blies den Leuten die Hüte vom Kopf. Sie folgten dem Flusslauf durch die grüne, hügelige Landschaft. Die Sonne versank und die Sterne blinkten auf. Sie erreichten eine Brücke, wo die Felder begannen. Der Fluss war schnell und klar, und sie konnten im kalten Wasser die Fische dahinhuschen sehen. Einer nach dem anderen überquerten sie die Brücke. Der Weg führte ins Dickicht. Plötzlich ein Knacken und Stiefel im Gebüsch und ein deutscher Ausruf, und da sprangen auch schon deutsche Soldaten hinter den Bäumen hervor und fingen an zu schießen. Kugeln kappten Zweige, als die Juden das Feuer erwiderten, bevor sie sich im Wald verteilten. Neun Rebellen starben. In den Taschen der Leichen fanden die Deutschen Ausweise mit Namen und Adressen.

Tags darauf verhaftete man die Angehörigen, Nachbarn und Freunde dieser Männer und brachte sie – zweiunddreißig Personen – nach Ponar. Die Deutschen ließen Folgendes über Kollektivstrafen verlauten:

> Die Angehörigen derer, die sich im Wald verschanzen, werden hingerichtet. Falls man diese nicht findet, werden ihre Zimmergenossen hingerichtet; findet man auch diese nicht, werden sämtliche Bewohner des Hauses hingerichtet.

Gens antwortete im *Ghetto-Anzeiger*. »Diese Opfer waren unnötig«, schrieb er. »Den Tod dieser Menschen haben jene zu verantworten, die durch ihr gewissenloses Verhalten zuließen, dass Unschuldige für ein Verbrechen büßten, das sie nicht begangen haben.«

Abba schickte weiterhin Soldaten in den Wald. Er glaubte, dass dies ihre einzige Überlebenschance war. Aber jetzt schickte er kleinere Einheiten, bestehend aus acht oder zehn Kämpfern, die bei Sonnenuntergang der Reihe nach das Ghetto verließen, wobei jeder seinen Vordermann im Auge behielt. Sie gingen eine kurvenreiche Gasse hinauf zum alten Judenfriedhof. Mittlerweile war es kalt geworden, und der Abendnebel kroch über die Grabsteine. Einer der Rebellen hob die Hände an den Mund, formte sie zum Trichter und äußerte einen schrillen, tierhaften Schrei. Und dann warteten sie. Ein blondes Mädchen kam durch den Dunst auf sie zu. Es war Vitka, die bereits vor Stunden von Abba losgeschickt worden war. Niemand kannte die Stadt so gut wie sie, niemand hatte so viel Mut. Sie führte die Kämpfer zu einem frischen Grab. Unter einer Schicht Erde fanden sie Gewehre und Handgranaten. Vitka küsste jeden Kämpfer und beschrieb ihnen den Weg zu einem Bauernhof, von dem aus sie ein Kundschafter in den Wald zum Lager der Partisanen führen würde.

* * *

Der Weg nach Narocz war weit. Die Kämpfer marschierten die ganze Nacht über Wiesen, stahlen Fleisch und Kartoffeln aus den umliegenden Bauerngehöften und schliefen unter Bäumen. Nach sieben Tagen erreichten sie die kathedralenartige Kühle des tiefen Waldes. An die Baumstämme hatte man Schilder genagelt: »Vorsicht! Partisanen!« Als die Kämpfer den Stützpunkt erreichten, mussten sie vor Markow, dem russischen Kommandanten, antreten. Er forderte sie auf, ihre Waffen denjenigen zu überlassen, die, wie er sagte, besser damit umzugehen wüssten. Die Juden sollten der Basis als Schneider, Schuster und Köche dienen.

»Deshalb sind wir nicht gekommen«, sagte Glassman. »Wir sind hier, um gegen die Deutschen zu kämpfen.«

»Gegen die Deutschen kann man auf vielerlei Art kämpfen«, entgegnete Markow.

Ende August brausten Stukas über die Bäume hinweg. Über die Waldwege rumpelten Panzer. Dreißigtausend deutsche Soldaten stürmten das Unterholz, versuchten Partisanen aufzuscheuchen. Russische, litauische und polnische Partisanen flüchteten in die Wälder nördlich von Wilna. Ihre jüdischen Kameraden ließen sie zurück, sagten ihnen nicht einmal, in welche Richtung sie gehen sollten. Die Sowjets hatten Angst, man könne die Juden verfolgen. Ihrer Waffen beraubt, versuchten einige Juden Markow hinterherzueilen; seine Soldaten feuerten über ihre Köpfe hinweg. Zweihundert Juden hatte man in Narocz zurückgelassen; siebzig überlebten den Angriff. Die hungrigen, verzweifelten Überlebenden zerfielen in kleine Gruppen und versuchten, die deutschen Linien zu durchbrechen.

Eine Gruppe, zu der auch Josef Glassman und Michael

Kovner gehörten, stahl Nahrung und Gewehre von Partisanen und machte sich über die Felder davon. Am 8. Oktober überquerten sie einen Streifen Ackerland und wurden von polnischen Bauern angegriffen. Die Deutschen hatten ihnen für jeden toten Juden ein Kilo Zucker versprochen. Es war Herbst, und der Weizen war schon geschnitten worden – die Felder boten keine Deckung. Die Bauern feuerten hinter Felsen hervor. Glassman forderte seine Leute auf, über das Feld zu rennen und zwischen den Bäumen Schutz zu suchen. Nur einer von ihnen, ein Mädchen, schaffte es, sich in Sicherheit zu bringen, und erzählte Abba, was geschehen war. Wann immer Abba von nun an einen Bauern erwischte, der einen seiner Kämpfer verraten oder getötet hatte, erschoss er den Mann und hinterließ einen Zettel, auf dem stand: »Getötet wegen Verrats an einem Juden.«

★ ★ ★

Im August 1943 erhielt Jakob Gens von den Deutschen den Auftrag, er solle ihnen dreitausend Juden für diverse Arbeitslager in Estland zur Verfügung stellen. Gens riet den Leuten im Ghetto dringend, sich freiwillig zu melden. Er behauptete, diese Umsiedlung würde für sie ein besseres Leben bedeuten. Obwohl sich tatsächlich einige meldeten, konnte Gens die Quote nicht erfüllen, die man ihm gestellt hatte. Eines Morgens, als Hunderte von Juden zur Arbeit zum nahe gelegenen Flugplatz kamen, wurden sie von estländischen Soldaten umzingelt und gezwungen, in Züge zu steigen. Gens erhielt die Erlaubnis, zum Umschlagbahnhof zu gehen, wo die Juden seinen Namen riefen und ihre Hände aus den Türschlitzen der Güterwaggons steckten. Er berührte ihre Hände und gab den Leuten Wasser. Er versicherte ihnen, dass alles in Ordnung sei. Als die Quote erfüllt war, verlangten die Deutschen weitere fünftausend Juden, wonach nur noch fünftausend Menschen im Ghetto verblieben wären. Hunderte versteckten sich. Gens konnte die Quote nicht erfüllen.

Am Mittwochmorgen, dem 1. September 1943, marschierten deutsche Soldaten durchs Ghettotor, um zweitausend Juden für ihre Arbeitslager zusammenzutreiben. Mit aufgepflanzten Bajonetten stürmten sie durch die Rudnitskaja-Straße und das Elend schmutziger Gassen. Die Sonne stieg über die Dächer. Es war fünf Uhr morgens. Die Straßen waren ruhig, die Menschen in ihren Schlupflöchern. Soldaten traten Mauern ein und schleiften Juden heraus. Ein Kundschafter des Untergrunds rannte über Innenhöfe, kletterte durch Fenster in Wohnungen, rüttelte Menschen wach und flüsterte: »Lisa ruft.« Junge Männer und Frauen sprangen aus den Betten und rannten hinaus auf die Straße. Der Untergrund bestand aus zwei Kampfbataillons. Wenn ein Soldat den Befehl erhielt – Lisa ruft –, hatte er sich unverzüglich zum Treffpunkt seines Bataillons zu begeben.

Das Zweite Bataillon traf sich in der Gospitalnaja-Straße 6, in der Nähe des Krankenhauses. Es waren etwa hundert junge Leute, allesamt gespannt und aufgeregt. *Endlich!* Vitka gehörte zu diesem Bataillon und auch Lebke, der blonde Jude, der seine Finger wegen eines fehlerhaften Zünders verloren hatte. Sie standen auf einem leeren Platz und warteten auf die Waffen, die ein Kurier ihnen von einem Versteck aus bringen würde. Zwei, drei, fünf Minuten verstrichen. Vitka sah einen jüdischen Polizisten, der mit einem deutschen Offizier redete. Und bevor es wusste, wie ihm geschah, war das Zweite Bataillon von feindlichen Soldaten eingekreist. Ein Spion hatte Gens den Treffpunkt verraten; wenn Gens die Rebellen ans Messer lieferte, konnte er die Quote erfüllen und zugleich einen offenen Konflikt verhindern. Mehr als alles andere fürchtete Gens den Ausbruch von Gewalt. Sobald der jüdische Untergrund auf deutsche Soldaten zu schießen begann, war er, Gens, seine Stellung los.

Der Kommandant des Bataillons blies zum Angriff. Die Rebellen bahnten sich schlagend und tretend einen Weg durch feindliche Reihen. Manchmal wehrte sich ein tollkühner Jude gegen vier oder fünf Soldaten. Andere wurden zusammengeschlagen. Lebke schaffte es, über die Straße auf einen Innenhof zu gelangen. Am Boden liegend sah er, wie Mitglieder seiner Truppe die Hände hoben. Er sah die breiten Rücken estländischer Soldaten. Er sah Juden, die auf das Tor zugingen. Lebke dachte an seine Eltern und Großeltern, an Lebende und Tote, an seine Kameraden. Er gehörte zu ihnen. Was seinen Freunden geschah, sollte auch ihm geschehen. Er ging mit erhobenen Händen aus dem Hof. Ein Soldat rief etwas.

Lebke sagte: »Ich ergebe mich.«

Der Soldat schlug ihm ins Gesicht. Lebke blickte lächelnd zu ihm auf.

* * *

Das Erste Bataillon sammelte sich in der Straschun-Straße 6. Ein Kurier verteilte Gewehre und Granaten. Abba trat vor sie hin: »Unser Ziel ist es nicht, um jeden Preis das Ghetto zu verteidigen«, sagte er, »wir wollen uns selbst verteidigen.«
Als Abba sprach, kam Vitka um die Ecke gelaufen.

»Warum bist du nicht bei deinem Bataillon?«, fragte Abba.

Sie erzählte ihm, was geschehen war.

Er fragte sie, wie sie entkommen war.

Sie sagte ihm, sie sei einfach weggegangen, sorglos, beschwingt, als werde sie irgendwo erwartet. Niemand habe sie aufgehalten.

Abba blickte auf seine Soldaten – sie warteten auf sein

Kommando. Er erzählte ihnen, was passiert war. Und bevor sie Zeit hatten nachzudenken, gab er ihnen seine Befehle.

»Wir haben Gewehre«, sagte er. »Wir sind kampfbereit.«

Abba teilte seine Soldaten in drei Einheiten auf. Die Vorhut bezog im dritten Stock der Straschun-Straße 6 Stellung. Sie wurde von Yeichel Scheinbaum angeführt, einem unruhigen Kämpfer, der seine eigene Rebellengruppe gegründet hatte und sie »Yeichel Scheinbaums Kampftrupp« nannte. Ruzka war Yeichels Stellvertreterin. Abbas Einheit, zu der auch Vitka gehörte, verschanzte sich in der Straschun-Straße 15. Das dritte Bataillon lag im Haus gegenüber auf der Lauer. Sobald die Rebellen Stellung bezogen hatten, würden sie warten, bis der Feind in der Straschun-Straße auftauchte. Sobald die Deutschen die Vorhut passierten, würden die Juden das Feuer eröffnen. Auf diese Weise würden die Deutschen ins Kreuzfeuer geraten, man würde sie von vorne, von hinten und von der Seite aus unter Beschuss nehmen.

Abba hatte seine Wohnung in einen regelrechten Bunker verwandelt. Exemplare des Talmud und des Midrasch verbarrikadierten die Fenster, die einzigen Bücher, die dick genug waren, um Kugeln abzufangen. Die Bände hielten die Sonne ab und warfen Schattenflecke. An den Wänden stapelten sich Steine und Flaschen mit Schwefelsäure. Die jungen Männer prüften ihre Waffen und die Mädchen kochten Wasser, um es siedend heiß den Deutschen auf die Köpfe zu schütten. Das war der Augenblick, auf den die Rebellen gewartet hatten – das blaue Zimmer am Ende des Kriegs. Abba hatte eine Schreibmaschine in seiner Wohnung, ein schäbiges Gerät, das er auf dem Schwarzmarkt erstanden hatte. An diesem Nachmittag verfasste er einen Rundbrief, von dem Abschriften an sämtliche Juden im Ghetto verteilt wurden.

»Juden! Greift zu den Waffen. Die deutschen und est-ländischen Henker stehen vor dem Tor. Sie sind ge-kommen, uns zu ermorden! In kurzer Zeit werden sie uns gruppenweise durch das Tor führen. Genauso ha-ben sie unsere Geschwister, unsere Mütter, Väter und Kinder weggeführt. Genauso wurden Zigtausende in den Tod geführt! Aber wir werden nicht gehen! Wir werden ihnen nicht die Kehlen hinhalten, damit sie sie durchschneiden können! Juden! Greift zu den Waffen! Glaubt den Beteuerungen eurer Mörder nicht! Glaubt nicht, was die Verräter euch sagen. Wer aus dem Tor geht, der geht nur an einen Ort – nach Ponar. Und Po-nar bedeutet Tod. Juden! Wir haben nichts zu verlie-ren, der Tod erwischt uns sowieso. Das Beil des Hen-kers wird jeden von uns treffen. Flucht und Feigheit werden euer Leben nicht retten. Nur wer kämpft, kann sein Leben und seine Ehre bewahren. Brüder. Es ist besser, wir fallen im Kampf, als dass man uns wie Schafe zur Schlachtbank führt. Darum hört: Es gibt einen organisierten jüdischen Widerstand im Ghetto, der sich erheben wird. Unterstützt den Aufstand. Ver-kriecht euch nicht feige in euren Verstecken. Sonst en-det ihr wie Ratten in der Hand der Mörder. Geht hi-naus auf die Straße. Wer keine Waffe hat, der nehme eine Axt; und wer keine Axt besitzt, der nehme ein Rohr oder einen Stock. Für unsere Väter! Für unsere ermordeten Kinder! Rächt euch für Ponar, erschlagt die Mörder! Erschlagt die Hunde! Juden! Wir haben nichts zu verlieren! Tod den Mördern.«

Dann wartete er. Auf die Menschen, auf die Massen. Aber nichts tat sich. Wenn er sein Ohr ans Fenster legte, hörte er nur die Stille, die hin und wieder von einem Schuss zerris-sen wurde. Die Massen fanden den Weg nicht in die Straschun-Straße. Ebenso wenig wie die feindlichen Soldaten. Der Morgen verging, dann der Nachmittag, dann begannen die Abendschatten an den Gebäuden emporzukriechen. Gens hatte sein Bestes getan, die Soldaten von der Straschun-Straße fern zu halten, hatte behauptet, die Straße sei unbewohnt. Er wusste, dass der Untergrund in der Straschun-Straße auf der Lauer lag, und versuchte den Konflikt abzuwenden, der, wie er glaubte, das Ghetto vernichten würde.

Wenige Minuten nach Sonnenuntergang – es gab immer noch genügend Licht, um darin zu lesen – marschierte ein Trupp deutscher Soldaten auf den Hinterhalt der Aufständischen zu. Yeichel Scheinbaum konnte die Männer von seinem Fenster aus sehen, etwa zwanzig Soldaten in grauen Uniformen. Sie waren in der Oschmianskaja-Straße, die in die Straschun-Straße einmündete. Während die Deutschen an den Häusern vorbeimarschierten, schlugen sie ihre Gewehrkolben gegen die schmalen Fassaden und riefen: »Kommt raus, oder wir sprengen euch in die Luft.«

»Niemand schießt, bevor der Feind nicht in der Falle sitzt«, sagte Scheinbaum.

Damit man ihn von der Straße aus nicht sehen konnte, drückte sich Scheinbaum an die Wand neben dem Fenster. Die anderen Rebellen spähten durch Schießscharten oder luden ihre Gewehre. Scheinbaum sah aus dem Fenster. Er konnte die feindlichen Soldaten sehen, die sich mit der Ungezwungenheit derer bewegten, die schießen können, ohne Gegenfeuer befürchten zu müssen. Er zog sich zurück, holte Atem, lugte aus dem Fenster. Er konnte die Stiefel der Soldaten sehen, ihre Gesichter. Er trat zurück. Als er erneut hinausblickte, standen die Feinde vor einem der benachbarten Häuser. Sie blickten zu den Fenstern hinauf und schrien: »Kommt raus, oder wir sprengen euch in die Luft!«

Ein Deutscher trug eine schwarze Kiste in das Haus. Er

hatte einen Schnauzbart und wirkte älter als die übrigen Soldaten. Einen Augenblick später kam er wieder heraus. Er rief den Soldaten etwas zu, und diese gingen in Deckung. Ein paar flüchteten in Toreinfahrten, andere warfen sich zu Boden. Ruzka sah, wie einer der Soldaten das Gesicht verzog, dann hörte sie ein Klicken und einen Knall. Aus dem Gebäude schlugen Flammen, es regnete Schutt und Asche auf die Straße. Scheinbaum spähte aus dem Fenster. Das Nachbarhaus war fort, in den Trümmern lagen Leichen, Deutsche standen auf der Ruine, einer von ihnen drehte sich um und sah Scheinbaum, und einen kurzen Moment lang trafen sich ihre Blicke, dann gab Scheinbaum den Befehl zu feuern, und die Juden an den Fenstern fingen an zu schießen. Die Gegner schossen zurück und löcherten die Bücher in den Fenstern mit Kugeln. Dann wurde es still. Scheinbaum sah wieder hinaus. Ein einzelner Schuss fiel. Scheinbaum sackte zusammen. Er hatte ein Loch im Hals. Ruzka übernahm das Kommando.

Ruzka blickte aus dem Fenster, sah, wie der schnauzbärtige Deutsche mit der Kiste in ihr Haus ging, und gab den Befehl zum Rückzug. Die Rebellen hetzten die Treppe hinunter und sprangen durch ein Fenster in den Innenhof. Ruzka verstauchte sich den Knöchel. Während sie sich aufrappelte, fiel ihr die Tasche mit der Munition ein. Sie kletterte ins Haus zurück und hetzte die Treppe hinauf. Ihr Knöchel tat weh. Sie konnte die Tasche nicht finden. Der Deutsche mit dem Schnauzbart rannte aus dem Gebäude. Die Soldaten gingen in Deckung. Ruzka fand die Tasche und stürzte die Treppe hinunter. Als sie die unterste Stufe erreicht hatte, hörte sie ein Klicken und warf sich aus dem Fenster. Noch während sie in der Luft war, spürte sie die Explosion, die ihrem Körper einen heftigen Stoß versetzte, dann zog Vitka sie in die Straschun-Straße 15.

Als Yeichel Scheinbaum auf die Deutschen schoss, verlor Gens vollends die Beherrschung. Er redete auf die Deutschen ein, versprach ihnen, dass er die Quote erfüllen würde, wenn sie das Ghetto verließen. Die Deutschen – vielleicht weil sie aus dem Aufstand im Warschauer Ghetto gelernt hatten – wollten nicht nach Regeln kämpfen, die Partisanen aufgestellt hatten. Es würde bald dunkel sein, und die Soldaten würden sich im Labyrinth der Ghettostraßen verlaufen. Nachdem sie das Haus gesprengt hatten, zogen die feindlichen Soldaten ab.

Jahrelang warfen ehemalige Kämpfer Ruzka diesen Ausgang vor, nämlich dass dieser Kampf kein richtiger Aufstand geworden war. Sie behaupteten, Ruzka sei zu zögerlich gewesen, sie hätte statt des Rückzugs den Angriff befehlen müssen. Wenn sie angegriffen hätte, sagen manche, dann hätte es der deutsche Bombenleger niemals geschafft, das Gebäude zu betreten. Andere wiederum sagten, dass Scheinbaum den Plan vermasselt habe, indem er seinen Leuten befahl, mit dem Schießen zu warten, bis die Deutschen in der Falle waren, und dann den eigenen Befehl missachtete. Natürlich treffen solche Auseinandersetzungen nicht den Punkt. Zunächst einmal war der Versuch, das Ghetto zum Aufstand zu bewegen, misslungen. Als Scheinbaum das Feuer eröffnete, war längst klar, dass es keinen Aufstand geben würde.

Der *Ghetto-Anzeiger* berichtete einige Tage später: »Zu unserer Freude konnten Gens, der Leiter des Ghettos, und Polizeichef Dessler die Vertreter der deutschen Verwaltung dazu bewegen, ihre Truppen aus dem Ghetto abzuziehen und der jüdischen Polizei die Aufgabe zu übertragen, Arbeitskräfte für Estland zu verpflichten.«

Als die Deutschen den Rückzug antraten, ging Abba hinaus und trottete fluchend durch die Straßen. Es lag nicht so sehr daran, dass er keine Deutschen getötet hatte – obwohl er das sehr gern getan hätte –, als an der Reaktion der Leute im Ghetto, die seinem Aufruf nicht gefolgt waren. Er fühlte sich übergangen und abgeschnitten, ein sehr schmerzliches Gefühl. Für Abba war der Krieg eine Prüfung, bei der viele Juden versagten. Es waren nicht selten die geachtetsten Bürger, religiöse oder politische Führer, die am wenigsten Ehrgefühl an den Tag legten. »Wer sah Wilna so wie wir«, schrieb Abba, »mit Tausenden, die sich für die Konzentrationslager entschieden, an den Barrikaden vorbeigingen und uns mitleidig ansahen.«

Ruzka war am Boden zerstört. Monatelang hatte sie nur für die eine Sache gelebt, den jüdischen Aufstand, und nun war diese eine Chance vertan. »All unsere Pläne, Erwartungen, Gebete, alles ging in Rauch auf«, schrieb sie.

Vitka sah die Dinge anders. »Es war das einzige Mal, dass ich mir Abba und Ruzka, die mich durch den Krieg bugsiert hatten, insgeheim ansah und dachte: ›Sie schaffen es nicht. Sie liegen bereits im Sterben‹«, sagte sie. »Sie hatten den Blick derer, die aufgegeben hatten. Und da sagte ausgerechnet ich, die ich mich immer für die Schwächste gehalten hatte, zu ihnen: ›Die Sache darf so nicht enden. Wir haben nicht nur für eine Schlacht gelebt, sondern für einen Krieg. Ihr müsst weitermachen.‹ Sie waren an einem Tiefpunkt angelangt, vielleicht am tiefsten überhaupt, aber am Ende haben sie ihn überwunden und sich wieder an die Arbeit gemacht. Ich war so glücklich, dass ich weinte. Abba weinte auch. Ruzka weinte nicht. Sie ließ nichts nach außen dringen. Auf diese Weise blieb sie am Leben. Sie weinte nie. Abba befahl den Rebellen, in den Wald zu fliehen, und zwar in kleinen Gruppen. Wir würden ihnen die Flucht ermöglichen und dann als Letzte das Ghetto verlassen.«

* * *

Gens verpflichtete zweihundert neue jüdische Polizisten; eine Hilfstruppe. Diese Leute sollten die Juden zusammentreiben, die Gens den Deutschen versprochen hatte. Kaum zehntausend Menschen lebten noch im Ghetto, mehr war von dieser Gemeinde, die noch ein Jahr zuvor achtzigtausend Menschen gezählt hatte, nicht übrig geblieben. Die Hilfstruppe arbeitete mit Versprechen und Drohungen, schrie ins Gewühl der Menge. Zu Juden, deren Angehörige bereits umgesiedelt worden waren, sagte die Polizei: »Arbeite doch für die Deutschen. Ein Jude, der Arbeit hat, ist ein Jude mit Zukunft.« Schlugen derlei Argumente fehl, schleifte die Polizei die Juden ganz einfach aus ihren Verstecken und brachte sie zum Tor. »Wenn die Zeit der Befreiung gekommen ist und das Ghetto überlebt hat, selbst wenn nur noch wenige darin leben, werde ich wissen, dass ich meine Pflicht erfüllt habe«, sagte Gens. »Dann kann ich ruhigen Herzens und reinen Gewissens verkünden, dass ich mein Bestes getan habe für die Zukunft meines Volkes.«

Gens brauchte noch zweihundert Juden, um die Quote zu erfüllen. Das Ghetto glich einem leergefischten See. Gens fand eine Lösung. Er sandte seine Hilfstruppe zum Tor. Angeblich sollten sie dort jemand treffen, der ihnen die restlichen Juden herbeischaffen konnte. Als die Hilfspolizisten mit ihren Knüppeln und grünen Uniformen und Dienstmützen dort ankamen, sahen sie sich von deutschen Soldaten umstellt. Nachdem sie die erste Verwirrung überwunden hatten, begriffen sie schnell, wie Gens' Lösung aussah: Man würde ganz einfach die Hilfspolizei nach Estland verfrachten und mit ihr die Quote erfüllen. Ein paar Polizisten rissen sich in panischer Angst von den Soldaten los und rannten in Richtung Ghetto davon. Da stellten sich ihnen die jüdischen Banditen in den Weg, diese kaltblütigen Männer, die Gens im Notfall zu Hilfe rief. Mit Knüppeln und Rohren und unter lautem Gefluche trieben sie die Hilfspolizisten zum Ghettotor hinaus.

Gens gab eine Erklärung ab:

Der Arbeitertransport nach Estland ist voll. Ich fordere hiermit alle Einwohner des Ghettos auf, ruhig in ihre Wohnungen zurückzukehren, Ordnung zu bewahren und meine Anweisungen zu befolgen.
Warnung!
Wer des Diebstahls überführt wird, wird mit dem Tode bestraft.

* * *

Ein paar Tage später schritt Jakob Gens in seiner Polizeiuniform durch das Ghettotor. Am Morgen hatte ein deutscher Kontaktmann zu ihm gesagt: »Die Gestapo wird Sie verhaften. Gehen Sie unverzüglich in den Wald.« Gens jedoch sagte, dass sein Verschwinden dem Ghetto schaden würde. Obwohl nun sein eigenes Leben auf dem Spiel stand, hielt er an seinem Glauben an das Gute fest. Er war eine Art Monomane, einzig auf die Erhaltung des Ghettos fixiert, das für ihn das jüdische Volk war.

Gens wurde am Nachmittag verhaftet. »Wenn ich bis um acht Uhr abends nicht zu Hause bin«, sagte er zu seinem Bruder, »dann kannst du davon ausgehen, dass ich nicht zurückkomme.« Er sagte nichts, als man ihn durch die Straßen führte. Sein Leutnant Dessler war an seiner Seite. Gens wurde von deutschen Soldaten bewacht. Vor der Invasion der Deutschen war Wilna seine Stadt gewesen. Er kannte ihre Straßen, ihre Schlupfwinkel, ihre verblassten Räume. Jetzt war er ein Fremder, das Ghetto lag hinter ihm. Um die Ghettobewohner zu retten, hatte er Alte und Kranke ausgeliefert, Dörfer zerstört, Hunderte in den Tod gehen lassen. In besseren Zeiten wäre er vielleicht ein Ehrenmann gewesen. In besseren Zeiten wäre er vielleicht ein Held gewesen.

Die Gestapo schickte Dessler ins Ghetto zurück.

Ein Deutscher sagte zu Gens: »Im Ghetto gibt es ein Partisanennest. Als Leiter des Ghettos hätten Sie die Leute ausliefern müssen. Aus diesem Grund verhafte ich Sie.«

Man brachte Gens in ein Gefängnis in der Rosa-Straße. Im Hintergrund, jenseits einer Reihe von Zellen, befand sich eine offene Tür. Gens ging hinaus in den Hof. Man hatte ein Loch gegraben. Er stellte sich vor das Loch. Man verband ihm die Augen und schoss. Einige Tage später nahm Dessler, der zum Leiter des Judenrats ernannt worden war, seine Familie und flüchtete aus dem Ghetto.

★ ★ ★

Am 23. September 1943 wurden alle Juden im Ghetto aufgefordert, sich im Hof des Rathauses einzufinden. Der Himmel war bedeckt. Schwarze Vögel durchquerten die Luft. Ein Offizier der Gestapo, Hans Kittel, baute sich vor der Menge auf. In barschem Deutsch verlas er ein Dokument, das in der bürokratischen Sprache von Scheidungsurkunden und Steuerreformen verfasst war. »Im Namen des Reichskommissars gebe ich hiermit bekannt, dass das seit zwei Jahren bestehende Wilnaer Ghetto unverzüglich zu räumen ist. Die Bewohner des Ghettos werden noch heute nach Estland und Lettland umgesiedelt. Der Bevölkerung wird zu ihrem eigenen Besten dringend angeraten, dem Befehl zügig nachzukommen, bis zwölf Uhr mittags ihre Habe zusammenzupacken und das Ghetto auf geordnete Weise zu verlassen.«

Wenige Straßen weiter war Abba gerade dabei, die Flucht seiner Leute vorzubereiten. Die meisten Untergrundkämpfer hatten das Ghetto bereits verlassen. Die

Glücklichen hatten den Wald erreicht, die weniger Glücklichen waren auf den Feldern oder den Straßen Wilnas gestorben. Mehrere Tage zuvor hatte Abba von einem sowjetischen Partisanen namens Yurgis eine Nachricht erhalten, ein paar hingekritzelte Sätze auf einem Fetzen Papier. Yurgis schrieb, dass sich in Narocz eine Tragödie abgespielt hätte, dass die Deutschen in den Wald eingedrungen und viele der jüdischen Partisanen verschollen seien, dass Abba seine Leute nach Rudnicki bringen solle, einem Waldgebiet zwanzig Kilometer südlich von Wilna, wo Yurgis das Kommando habe. Für Abba bedeutete der Gang nach Rudnicki, dass er die Verbindung zu den Kämpfern verlieren würde, die er nach Narocz geschickt hatte, dass er seine ohnehin bereits zersplitterten Truppen noch mehr zersplittern und sich zudem auf unbekanntes Gebiet wagen würde. Es bedeutete aber auch einen weit kürzeren Fußmarsch – zwanzig statt achtzig Kilometer.

Abba schickte zwei Kundschafterinnen nach Rudnicki, damit sie den Weg aufzeichneten. Anschließend sollten die Mädchen zurückkommen und die Rebellen in den Wald führen. Eine Woche später, als der Räumungsbefehl schon aushing, waren die beiden Mädchen noch immer nicht zurückgekehrt. Deutsche und estnische Truppen hatten das Ghetto umstellt. Abba konnte die Lastwagen jenseits des Tors hören. Er hatte Angst, womöglich zu lange gewartet, seine Soldaten in eine Falle geführt zu haben. Ein oder zwei Rebellen konnten sich an den feindlichen Linien vorbeischleichen. Aber dreißig bewaffnete Juden?

Nachdem dieser Weg blockiert war, begann Abba nach Alternativen zu suchen – geschlossene Lastwagen oder gestohlene Autos oder Tarnungen. Am Ende fiel ihm die Kanalisation ein. Er ließ Schmuel Kaplinsky holen, der eine Karte der Kanalisation gezeichnet hatte. Schmuel war nicht sicher, ob die Gänge groß genug waren, um so viele Leute aufzunehmen. Außerdem fiel ihm keine Stelle ein, wo die Rebellen wieder an die Oberfläche gelangen konnten.

»Zeichne uns einen Plan«, sagte Abba.

Stunden später kam Schmuel voller Dreck aus den Kanälen. Die Leute auf der Straße mussten ihn für einen Besucher aus der Unterwelt halten. Er ging in die Straschun-Straße 15, wo Abba, eine Zigarette in der Hand, aus dem Fenster sah. Juden schleppten schwere Taschen durch die schmutzigen Straßen zum Ghettotor.

»Es ist schrecklich da unten«, sagte Schmuel.

»Können wir es schaffen?«

»Einfach wird es nicht«, sagte Schmuel. »Der Schacht, durch den wir gehen müssen, ist an manchen Stellen sehr schmal, wir können nur hoffen, dass das Wasser nicht steigt und wir ertrinken. Für unsere Angehörigen und Freunde reicht der Platz nicht aus; es ist kaum genug Platz da für uns.«

»Wo steigen wir wieder nach oben?«

»Hinter dem Gebäude des Sicherheitsdienstes«, sagte Schmuel. »Das ist die einzige Möglichkeit. Ein ruhiger Hinterhof.«

Abba drückte seine Zigarette aus. »Ich weiß nicht recht, ob mir das gefällt.«

»Die Idee ist perfekt«, sagte Schmuel. »Direkt vor ihrer Nase suchen uns die Deutschen nie.«

Abba sagte Vitka, sie solle am nächsten Morgen im Hinterhof des Sicherheitsdienstes warten. Sie nahm Abschied und ging hinaus auf die Straße, wo die Juden sich unter dichten, schnell ziehenden Wolken sammelten. Es fing an zu regnen. Während sie sich durch ein Loch im Ghettozaun zwängte, zog Vitka sich den Stern vom Revers und band sich ein Kopftuch um. Sie sollte ein Versteck finden, wo die Rebellen auf die beiden Kundschafterinnen warten konnten. Schritt für Schritt glitt Vitka mehr in ihre Rolle, veränderte ihren Gang, ihr Gesicht, ihr Lächeln, bis sie ein Bauernmädchen unter vielen war.

* * *

Abba besuchte seine Mutter in ihrer ärmlichen kleinen Ghetto-Wohnung. Er sagte ihr, dass er flüchten würde, dass nur Widerstandskämpfer durch die Kanalisation geschleust werden konnten, eine Entscheidung, die Tausende zu den Güterzügen verurteilte. Es würde ein anstrengender Marsch werden, erklärte er. In der Kanalisation hätten nur Leute mit Gewehren und guter körperlicher Verfassung eine Überlebenschance. Abbas Mutter hörte ihm aufmerksam zu. Wie sie aussah, bleibt ein Geheimnis. Kein Bild, kein Foto von ihr blieb erhalten. In den kommenden Jahren war Abbas einziges Andenken an sie ein Bild, das er im Gedächtnis behielt, ein Bild, das sich je nach Stimmung und Tageszeit veränderte. Manchmal sah er sie als junge Mutter in den friedlichen Tagen vor dem Krieg, ein anderes Mal als die ausgemergelte Frau im Ghetto, und dann wieder sah er sie überhaupt nicht. In solchen Augenblicken befürchtete er, er habe das Bild so sehr strapaziert, dass es verblasst war. Aber dann trat sie ihm wieder in den Sinn, und zwar genauso, wie sie an diesem letzten Tag gewesen war, als sie erkannte, dass er sie zurücklassen würde. Mit einer Stimme, die kaum zu hören war, sagte sie: »Was wird aus mir?«

* * *

Am Nachmittag begannen die Deutschen, Juden aus dem Ghetto zu führen. Die Wangen bleich, die Körper abgemagert, die Beine spindeldürr, die Mienen ausdruckslos, stolperten sie schweigend, mit starrem Blick durch die Gassen. Die Kolonne wälzte sich durch eine von Soldaten gesäumte Straße. Am hinteren Ende der Reihe tuschelte man über einen anderen Weg aus dem Ghetto. Mehrere Menschen

140

drückten sich in leere Seitenstraßen, schlichen zu einem kleinen Haus und stiegen über eine Treppe in einen Keller hinunter, in dem jüdische Kämpfer ihre Gewehre reinigten. Abba stand vor dem Einstieg in die Kanalisation. Im Gürtel seiner Hose steckte Isaak Wittenbergs Revolver. Wieder und wieder erklärte er angstvollen Juden, dass sie den Partisanen nicht in die Kanäle folgen konnten. Nur ausgebildete Soldaten konnten dieser Anstrengung standhalten. Wenn jemand aufbegehrte, legte er die Hand auf die Pistole. Einmal kam Rachel Glicksman, das Mädchen, das vom Untergrund abgelehnt worden war, weil es gesagt hatte, es könne seine Mutter nicht im Stich lassen. Nachdem Rachel ihre Mutter nun doch verlassen hatte, drängte sie Abba, für sie und ihre Schwester eine Ausnahme zu machen.

»Die Kanalisation ist geschlossen«, sagte Abba. »Aber ihr könnt über die Dächer gehen. Das ist möglich. Vitka hat es schon oft gemacht. Wenn ihr es schafft, trefft uns im Hinterhof der Gestapo.«

Kurze Zeit später kam ein junges Mädchen in den Keller. Es hatte blondes Haar mit dunklen Ansätzen und zitterte vor Angst, und als sie Abba sah, weiteten sich ihre Augen, und sie lächelte. Sie war durch den Regen gelaufen, und ihre nassen Kleider klebten an ihrem Körper. Abba erkannte sie nicht sofort. Dann sah er, dass es Vitka war.

»Was tust du denn hier?«, fragte er.

Sie erzählte ihm, sie sei am Stadtrand auf einem Hügel gesessen und habe beobachtet, wie die Deutschen die Juden zusammengetrieben und ihre Häuser in die Luft gesprengt hatten. »Ich dachte, es sei das Ende«, erklärte sie. »Da wollte ich nicht allein sein. Ich habe drei Stunden gebraucht, um an den Deutschen vorbeizukommen.«

»Du wirst noch alles kaputtmachen«, sagte Abba. »Willst du das? Du solltest uns abholen und in unser Versteck führen. Wer wird das jetzt tun?«

»Daran habe ich gar nicht mehr gedacht«, sagte sie. »Ich musste immer nur daran denken, dass alles aus ist.«

»Du bist ein schlimmes Risiko eingegangen«, sagte Abba. »Ein sinnloses Risiko. Jetzt musst du ein drittes Mal an den Feinden vorbei in die Stadt gehen. Du musst auf uns warten, wenn wir aus der Kanalisation kommen. Verstehst du das? Sonst kommen wir in Teufels Küche.«

»Ich wollte dich nur noch einmal sehen«, sagte Vitka.

»Nun, jetzt bist du hier und hast mich gesehen, und jetzt geh wieder.«

★ ★ ★

Die Bücherei war bereits ein Stück Vergangenheit, eine Ruine. Regale waren umgestoßen worden, Bücher lagen auf dem Boden verstreut. Ruzka durchstöberte dieses Durcheinander nach Schriften, die unbedingt vor der Vernichtung bewahrt werden mussten. Von fern konnte sie hören, wie man Juden aus dem Ghetto führte. Hin und wieder steckte sie ein Buch in eine ihrer Taschen. Seit Hunderten von Jahren war Wilna die literarische Heimat der jüdischen Diaspora gewesen, der Schriftsteller, die die Geschichte der Juden im Exil niederschrieben, die in Dutzenden von Büchern dokumentierten, wie Wilna in seiner grünen Talsenke wuchs und gedieh; die die Angriffe der Schweden und der Polen überlebten, die mitansehen mussten, wie Kosakenhorden und Schwarze Hundertschaften über die Felder preschten, Synagogen niederbrannten und Juden aus der Stadt vertrieben; die Aufstieg und Fall der russischen Zaren miterlebten: Zar Nikolaus I. zum Beispiel pflegte zwölfjährige Juden für dreißig Jahre in der russischen Armee zu verpflichten, während Zar Alexander die Juden zum christlichen Glauben bekehren wollte.

Wilna war die Wiege des jiddischen Theaters, dieses herrlichen Schauspiels voll derber Komik und schlichter Wahrheit; es war auch die Wiege des modernen Hebräisch, einer Sprache, die über tausend Jahre lang nur in der Bibel gelebt hatte, dann aber von den Synagogen hinaus auf die Straße gelangt war. Es war die Heimat von Gelehrten- und Talmudschulen, politischen Führern und Strolchen, Gehröcken und Bärten, eleganten Anzügen und Bauerntrachten, Einspännern und Sportwagen, von Musikern und Mystikern und Banditen. Kurzum, Wilna war ein Kosmos gewesen. Als Abba älter wurde, war er oft beunruhigt, wie man junge Leute, Juden wie Nichtjuden, über den Holocaust aufklärte. Er fand, dass ihr Augenmerk viel zu sehr auf die Metzeleien, die Gaskammern und Todeslager gelenkt wurde, als wäre diese schaurige Landschaft im Nichts und Nirgendwo entstanden. Er war der Ansicht, dass die nachfolgenden Generationen auch etwas über jene – bisweilen sogar glanzvollen – Zeiten lernen sollten, die dem Massaker vorausgegangen waren. »Wie sollen die jungen Leute wissen, was wir verloren haben«, pflegte er zu sagen, »wenn sie gar nicht wissen, was wir hatten.«

Ruzka sammelte Landkarten, Geburtsurkunden, Todesanzeigen und Abschriften von Abbas Kundgebungen im Ghetto. In Zukunft würden derlei Dokumente ebenso selten und bedeutungsvoll sein wie ein Gefäß aus Troja oder eine Schriftrolle aus dem alten Ägypten. Ruzka verließ die Bücherei. Sie trug die Taschen die Straßen entlang und nahm sie mit in den Keller, wo Abba auf sie wartete. Die anderen Rebellen hatte Schmuel Kaplinsky jeweils in Zweiergruppen bereits in die Kanalisation hinuntergeführt. Abba und Ruzka würden die Letzten sein, denen helfen, die sich in den Gängen verlaufen hatten.

Ruzka gab eine ihrer Taschen Abba, schulterte die andere, ließ ihren Blick noch einmal durch den Keller schweifen und kletterte in den Abflussschacht.

★ ★ ★

Wilnas Juden gingen von einer Straße in die nächste, folgten einer Strecke, die von deutschen Sicherheitsbeamten gesäumt war. Die Fenster in der Stadt waren angelaufen. Regentropfen hingen in den Blättern der Bäume. Der Wind, der schon den ganzen Nachmittag geblasen hatte, schien mit der Zeit immer stürmischer zu werden. Er fuhr unter die Mäntel, als die Juden den Rosa-Platz erreichten mit seinen Laternen und Sträuchern und Schaufenstern, deren Läden wegen des Regens geschlossen waren. Man trennte die jüdischen Männer von ihren Frauen und Kindern. Wer sich widersetzte, weil er bei seiner Familie bleiben wollte, wurde geschlagen. Die Frauen und Kinder wurden auf den Hinterhof eines Klosters gebracht, wo sie die ganze Nacht im Regen standen.

★ ★ ★

Einer der Rebellen in der Kanalisation trug eine Grubenlampe, und Ruzka folgte dem flackernden Licht. Der Regen rauschte durch die Gänge. Ruzka tastete sich manchmal in gebückter Haltung, dann wieder auf allen Vieren kriechend durch die Schächte. Manchmal stand ihr das Abwasser bis zum Kinn, dann musste sie den Hals strecken, um nach Luft zu schnappen. Unter der Altstadt waren die Kanäle aus Stein gebaut. Ruzka stieß sich die Rippen blau. Zur Abendessenszeit, als die Leute kochten, ihre Waschbecken benutzten und ihre Toiletten spülten, hörte man überall das Wasser rauschen, und Ruzka fühlte sich, als wäre sie in den Blutkreislauf eines riesigen Tieres geraten.

Immer wenn die Lampe um eine Ecke verschwand, herrschte ungebrochene Dunkelheit. In solchen Momenten musste sich Ruzka den Weg mit den Händen ertasten. Oft hörte sie ein Stöhnen oder Schluchzen oder eine

Stimme, die den eigenen Namen sagte. Jeder Laut zerfiel in Echos.

Wenn sie zurückblieb, wurden ihre Hände taub. Dann berührte Abba sie und flüsterte: »Du schaffst es, Ruzka.« Als sie auf die anderen stieß, standen diese wie auf einem Abstellgleis, konnten nicht weiter: »Jemand ist ohnmächtig geworden und blockiert den Kanal.« In solchen Momenten waren die Rebellen einander so nah, dass sie sich wie ein Wesen fühlten, dessen Körper ein Schauer erfasst. Einige dieser jungen Leute waren einmal herausgeputzte Dandys gewesen, mit grellbunten Kleidern, blitzendem Lächeln. Jetzt krochen sie auf ihren Bäuchen durch Rattendreck und Abwasser aus der Stadt, mit dem Abfall der Stadt, als der Abschaum der Stadt.

»Was ist denn da vorne los?«, flüsterte Ruzka.

»Der Junge ist immer noch ohnmächtig. Vielleicht ist er tot.«

Ruzka wusste nicht, ob sie schon seit Stunden in der Kanalisation war oder erst ein paar Minuten. Es gab Momente, da dachte sie, sie würde die Welt über ihr nie mehr wieder sehen. Dann hörte sie Stimmen. Die Mauern verengten sich. Es ging aufwärts, und ihre Beine drohten zu versagen. Schmuel Kaplinsky stand an eine Steinmauer gelehnt, das Gesicht schmutzig, die Brille verschmiert. Mittags war er in die Kanalisation gestiegen; jetzt war es sieben Uhr abends. Da der Tunnel eine 180-Grad-Wendung vollzog und wieder zurücklief, brachte er die Flüchtlinge nur drei Kilometer jenseits des Ghettozauns wieder ans Tageslicht. Schmuel packte Ruzka am Arm und zog sie hoch. Sie blickte durch ein Gitter in einen Hinterhof. Sie sah Gras und sog die frische Luft ein, die nach Sommerregen roch, hörte die Stadt und hatte das Gefühl, aus dem Grab zu steigen.

Ruzka überquerte den Hof und traf Vitka, die mit anderen Mitgliedern des Untergrunds wartete. Einen Augenblick später tauchte Abba aus der Kanalisation auf, die Jacke zerrissen und schmutzig. Jahre später fragte man Vitka, wie die Kämpfer ausgesehen hätten, nachdem sie in der Kanalisation gewesen waren. Mit dem ihr eigenen Hang zur Untertreibung sagte sie: »Wie sie aussahen? Nicht gut.«

★ ★ ★

Die Kämpfer warteten zwischen den Bäumen hinter dem Gebäude des Sicherheitsdienstes in der Subocz-Straße, einst Rückzugsort des großen russischen Dichters Puschkin. Abba teilte seine Kämpfer in zwei Gruppen auf. Jede bestand aus etwa fünfzehn Männern und Frauen. Dann führte er seine Gruppe durch eine Hintertür in das Gebäude des Sicherheitsdienstes und über eine kaum begangene Hintertreppe hinunter in den Keller. Durch die Wände hörte man gedämpft deutsche Stimmen. Die Juden machten es sich bequem. Sie würden den Keller erst verlassen, wenn sie den Befehl zum Aufbruch erhielten. Abba kannte den Weg nach Rudnicki nicht und wartete noch immer auf die Rückkehr der Kundschafterinnen, die von Kurieren zum neuen Versteck geführt werden sollten.

Die andere Gruppe ging zur Pelzfabrik Kalis, in der weiterhin Juden als Zwangsarbeiter beschäftigt waren. Vitka hatte für die Rebellen ein Versteck auf dem Fabrikgelände ausfindig gemacht. Auf der Straße gingen die Kämpfer pärchenweise, jeweils ein Junge und ein Mädchen, Jungverliebte auf einem Spaziergang. Jedes Pärchen folgte dem vorausgehenden im Abstand von etwa hundert Metern. Sollte also eines der Pärchen erwischt werden, hätte das vorausgehende oder nachfolgende Paar immer noch die Möglichkeit, schnell zu flüchten. Zwei Paare wurden in dieser Nacht vom Sicherheitsdienst geschnappt. Als die Deutschen nach den Papieren fragten, griffen die Juden nach ihren Waffen. Ein Deutscher kam dabei ums Leben. Die Juden wurden schnell erwischt. Einer von ihnen war Isaak Wittenbergs Sohn. Die Hände auf den Rücken gefesselt, wurden die gefangenen Partisanen zum Rosa-Platz geführt, wo die Juden des Ghettos im Regen ausharren mussten. Ein Deutscher sagte der Menge, dass man diese vier Juden mit Gewehren aufgegriffen habe. Die Rebellen wurden an den Laternenpfosten aufgehängt. Sie röchelten, ihre Arme hingen schlaff herunter und ihre Zungen quollen hervor. Sie trugen Schutzhelme und schwere Arbeitsjacken und waren über und über mit dem Schmutz aus der Kanalisation bedeckt. Eines der Mädchen hatte langes blondes Haar, und als sie zappelte, rutschte ihr der Helm vom Kopf, und das Haar fiel auf ihre Schultern herab.

An diesem Abend gingen die Rebellen nach Sonnenuntergang als Pärchen getarnt durch die Parks und über die Märkte der Stadt. Sie lachten und scherzten, aber hinter der fröhlichen Fassade hämmerte ihr Herz im panischen Rhythmus des Ghettos. Es fing an zu regnen, und in den Cafés wurde das Licht eingeschaltet. Sie fühlten sich, als wären sie die einzigen Juden auf der ganzen Welt, die letzten Exemplare einer Spezies. Einige Kämpfer trugen unter ihren Hemden Gewehre oder Pistolen, andere verbargen Rohre und Schrauben, Bestandteile einer großen Waffe, die sie vor ihrem Gang durch die Kanalisation zerlegt hatten.

Die Juden gingen an den baufälligen Häusern am Stadtrand vorbei und hinaus aufs Land. Es goss in Strömen. Vor ihnen lag eine Brücke, die meistens von feindlichen Soldaten bewacht wurde. Vitka sollte mit den Deutschen flirten, währenddessen würden die Juden die Soldaten von hinten angreifen. Doch als die Rebellen an die Brücke kamen, regnete es so heftig, dass zu ihrer großen Erleichterung keine Soldaten mehr da waren.

In einem Stall ein paar Kilometer außerhalb der Stadt suchten die Kämpfer Schutz vor dem Regen, rauchten und bauten das Maschinengewehr zusammen, das sie in seine Einzelteile zerlegt hatten. Der Regen hörte auf, und sie gingen über Wiesen und sanfte Hügel und sahen unterhalb Dörfer liegen, in Nacht getaucht. Am Morgen kroch ein feiner Nebel über den Boden, und als er in der Sonne verdunstet war, kamen grüne Wiesen zum Vorschein, die glänzten wie Illustrationen in einem alten Buch. Die Kämpfer stahlen Ziegen und Hühner, schnitten ihnen die Kehle durch und brieten sie über einem Feuer. Nachts schliefen sie in den Klee- und Maisfeldern.

Abba vermerkte jeden Ort, jeden Fluss auf der Karte. Am zweiten Tag erreichten sie ein Dorf, das aus kleinen Häusern bestand, aus deren Fenstern die Wäsche zum Trocknen hing. Auf der Straße waren Schafe.

»Das muss Tartaki sein«, sagte Abba.

Tartaki wurde im sechzehnten Jahrhundert von Tataren gegründet, die sich den Horden aus Asien angeschlossen hatten. Es war ein Relikt aus vergangener Zeit. Abba fragte einen jungen Tataren, ob er den Weg nach Rudnicki kenne. Der Junge, der entweder nicht merkte, dass sie Juden waren, oder dem es gleichgültig war, nickte und erbot sich, die Rebellen in den Wald zu führen.

Sie folgten ihm über Waldwege und durch Schluchten. Der Himmel war gewaltig. Einige Rebellen richteten ihre Gewehre auf den Horizont. Am Nachmittag des dritten Tages überquerten die Kämpfer eine Wiese, über der schwarze Vögel ihre Kreise zogen. Als sie näher kamen, sahen sie, dass die Vögel sich an etwas zu schaffen machten, was im Gras lag. Es war die Leiche eines Mädchens, eine der vermissten Kundschafterinnen. Ihre Augen waren herausgepickt und die Kehle durchgeschnitten. Vor ihnen tauchte der Weg in die Bäume ein.

Der Wald

Der Rudnicki-Wald liegt in einer Tiefebene im Süden Litauens, einem sumpfigen, mückengeplagten Landstrich, der für Einheimische am Ende der Welt liegt. Etwa zwanzig Kilometer südlich von Wilna gelegen wirkt dieses Gebiet mit seinem tief hängenden Himmel und den plötzlichen Unwettern wie ein Ödland. Bei schönem Wetter ist der Wald angenehm. Abba stand oft auf einem Hügel und blickte hinauf zu den schnell ziehenden Wolken, und unter ihm führten Wege zu den zerstörten Städten Europas. Er horchte stundenlang in das Summen des Waldes hinein, während ein träger Wind wehte und der Nachmittag vorüberglitt. Obwohl er erst seit drei Wochen im Wald war, hatte er schon das typische Gebaren eines Partisanenkämpfers. Seine Kleider waren zerlumpt, nur sein Gewehr war sorgsam gepflegt. Er ernährte sich aus dem Wald und versteckte sich in Sümpfen und Schluchten. Mit Vitka und Ruzka an seiner Seite und seinen Soldaten, die vor ihm Aufstellung nahmen, war Abba Teil der Wildnis.

Als die Juden Rudnicki erreichten, fanden sie den Weg zum Partisanenstützpunkt nicht. Sie folgten meilenweit einem Pfad, der sie über Baumwurzeln und Flüsse führte. Stellenweise war der Wald so dicht, dass das Sonnenlicht nicht durch die Zweige drang. Die Luft war feucht und roch erdig. Auf Schildern, die man an Baumstämme genagelt hatte, stand: »Vorsicht! Partisanen!« Der morastige Weg mündete in einen Sumpf. Darin waren Frösche, Schlangen und Ungeziefer. Auf der anderen Seite sah man den Rauch der Partisanenfeuer. Abba schickte Vitka aus, einen Weg um den Sumpf zu finden.

Sie war wie ein Entdecker, sie bahnte sich einen Weg durch das undurchdringliche Ufer, hieb sich durch Buschwerk und wilden Wein. Wenn sie dem Sumpf zu nahe kam, versanken ihre Stiefel. Mückenschwärme umschwirrten sie. Sie erkannte, dass das Partisanenlager sich auf einer Insel mitten im Sumpf befand, wodurch es schier unerreichbar war. Irgendwann wagte sie sich in den Morast, hoffte, dass er seicht genug war, um darin zu waten. Wenige Schritte vom Ufer war sie von Halmen umgeben, reichte ihr das Wasser bereits bis zu den Schultern. Nachdem sie acht Stunden lang gesucht hatte, fand Vitka eine Art Steg, Stämme, die quer über den Sumpf gelegt waren. Sie kehrte zu den jüdischen Kämpfern zurück, und sie gingen einzeln hinüber.

Am anderen Ufer folgten die Kämpfer einem Pfad zum Partisanenlager und wurden eingekreist. Ringsum standen Soldaten mit gezückten Waffen. Man gebot den Juden stehen zu bleiben. Für einen langen, gespannten Moment waren die beiden Gruppen in einer Pattsituation gefangen. Dann senkte einer der Soldaten das Gewehr und sagte lächelnd: »Es ist Abba.« Die anderen Soldaten jubelten und lachten. Es waren Überlebende von Narocz, die es geschafft hatten, sich aus der deutschen Falle zu befreien und nach Rudnicki zu fliehen. Vitka traute ihren Augen nicht – Juden aus Wilna, aber bereits Teil des Waldes, hager und gestählt.

Einer von ihnen sagte: »Wir werden euch ins Lager führen.« Abbas Soldaten, die müde waren und schmutzig, weil sie sich weder waschen noch rasieren konnten und zudem monatelang nicht mehr ordentlich gegessen hatten, marschierten in Paradeformation zum Stützpunkt, wo Partisanen um Lagerfeuer saßen, mit Wodkaflaschen in den Händen, aus denen sie hastige Schlucke nahmen. Einige von ihnen waren Russen, einige Bauern, die man direkt von der Feldarbeit geholt hatte. Ein Mann in einer litauischen Polizeiuniform führte die jüdischen Kämpfer auf eine Lichtung am Rand des Lagers.

»Ihr habt es in den Wald geschafft«, sagte er. »Aber ihr seid spät gekommen. Bis jetzt habt ihr mit dem Feind kollabo-

riert, die Arbeit der Deutschen erledigt. Jetzt geben wir
euch die Chance, euch von dieser Sünde reinzuwaschen.
Jetzt geben wir euch die Chance zu kämpfen.«

»Bekommen wir Waffen?«, fragte einer der Juden.

»Wir haben eine Menge Waffen«, antwortete der Litauer.
»Der Wald ist voll davon. Nur leider haben die Deutschen
sie.«

* * *

Die ersten Partisanen verschlug es 1942 in den Rudnicki-
Wald. Einige waren russische Soldaten, die hinter den
deutschen Linien in der Falle saßen, andere Kommunisten,
die vor den Belagerern aus den Dörfern und Städten Litauens bis nach Moskau geflüchtet waren, wo sie eine Brigade bildeten. Freiwillige dieser Brigade – der litauischen
Brigade – sprangen mit dem Fallschirm über dem Wald ab,
wo sie in Zivilkleidung, mit falschen Papieren, Falschgeld
und Sprengstoff versehen Anschläge auf die deutschen
Nachschubtruppen verübten, versprengte russische Soldaten bei sich aufnahmen und Partisanen rekrutierten. Sie
bauten ihren Stützpunkt in Rudnicki um die Überreste
dessen, was einst ein Jagdlager für die polnische Königsfa-
milie gewesen war.

Als Partisanen in den Wald kamen, schlugen sie zuerst
Wege ins Unterholz und bauten Baracken, einen Karten-
raum und einen Radioraum, wo Offiziere die ferne Stimme
Moskaus empfingen. Befehle wurden an den Feuern in der
Mitte des Lagers erteilt, die Tag und Nacht brannten. In
der Abenddämmerung zogen die Partisanen aus, um ihre
Aufträge auszuführen. In Nächten, wenn sie keine Mission
zu erfüllen hatten, tanzten sie, sangen und tranken Wein,
den sie in den umliegenden Gehöften gestohlen hatten. Jeder Bauer setzte seinen eigenen Wein an, sodass es passieren konnte, dass die Partisanen in einer Nacht betrunken

wurden und in der nächsten Wahnvorstellungen bekamen, zusammenbrachen oder starben.

Mit der Zeit entstand ein Verbindungsnetz zwischen den Stützpunkten im Wald, weswegen Rudnicki zum dunklen Fleck auf der deutschen Landkarte wurde, wo über tausend Partisanen lebten. Es gab zwei russische Lager, zwei litauische Lager und mehrere Außenposten der polnischen Armee, die ihre Befehle von der polnischen Exilregierung in London erhielten. Diese Partisanen wurden mittels Fallschirmabwürfen von Moskau aus versorgt, oder sie lebten vom umliegenden Land, bestahlen Bauern oder raubten die Leichen deutscher Soldaten aus. Jeder Partisan trug mindestens eine Waffe bei sich, manche von ihnen hatten sogar drei oder vier: zwei Pistolen, ein Gewehr, ein Maschinengewehr. Die erfolgreichsten Partisanen versteckten eine Menge Diebesgut unter ihren Mänteln – sie wirkten wohlgenährt und gesund. Ohne Gewehr war ein Partisan ein schutzloser Zivilist. Im Wald war es ein Hinrichtungsgrund, im Kampf seine Waffe zu verlieren. Morgens vor Sonnenaufgang füllte sich der Wald jenseits des Lagers mit dem Stakkato der Maschinengewehre, wenn Partisanen, die versagt hatten, abgeurteilt und hingerichtet wurden.

★ ★ ★

In ihrer ersten Nacht im Wald schliefen die jüdischen Soldaten in der Nähe der Feuer in der Lagermitte. Der Stützpunkt war ruhig, die Feuer brannten herunter, bis nur noch Glut übrig war. Die sowjetischen und litauischen Partisanen schliefen in ihren Baracken. Nur die Wachen waren aufgeblieben. In der Mitte des Lagers hielt ein Mann eine Bratpfanne über die Flammen, die sein Gesicht aufleuchten ließen. Ruzka ging zu ihm hinüber, um einen Blick in die Pfanne zu werfen, die mit Fett und wellig aufgeworfenen Fleischstücken gefüllt war. Vitka legte die Hand auf

Ruzkas Schulter. Die Mädchen setzten sich und sahen dem Mann zu, der sich einem heiligen Ritual zu widmen schien, Fleisch zubereitete, wie es schon seine Großeltern und Urgroßeltern in diesem Wald getan hatten. Er gab Ruzka ein Stück Fleisch. Sie sah es an und biss hinein.

»Essen hier alle so?«, fragte sie.

»Nicht alle«, sagte der Mann. »Manche haben kein Fleisch.«

»Man kann im Wald ganz gut leben«, fuhr er fort. »Man muss sich nur zu helfen wissen. Ihr kommt aus der Stadt, aber ihr werdet es schon noch lernen.«

»Wir sind nicht hier, um gut zu leben«, sagte Ruzka. »Wir sind hier, um zu kämpfen.«

Der Mann fing an zu lachen: »Was seid ihr jungen Mädchen doch naiv«, sagte er. »Allzeit bereit, euch umbringen zu lassen. Aber man sollte sein Leben nicht aufs Spiel setzen.«

Er schaute ins Feuer und sagte dann: »Überlebt und genießt das Leben.«

Ruzka und Vitka gingen zurück und legten sich zu ihren Kameraden auf den Boden. Vitka drehte sich auf die Seite und atmete kurz darauf in regelmäßigen Zügen. Ruzka konnte nicht schlafen. Sie musste an die Kämpfe denken, die sie ausfechten würde, an die Schusswechsel auf den Landstraßen. Womöglich würde sie diese Schlachten nicht gewinnen, aber wenigstens, so hoffte sie, einen Beweis hinterlassen, ein Stück versengte Erde, von dem die Leute sagen konnten: »Hier hat ein Kampf stattgefunden.« Eine Stunde vor der Morgendämmerung, als die Partisanen von ihren Missionen zurückkamen, schlief sie ein.

* * *

Am Morgen war der Himmel hoch und klar, es war ein frischer, kühler Tag Anfang Oktober. Abba und noch ein paar andere Anführer gingen zum Lager der Sowjets, um mit den Verantwortlichen zu sprechen. Als Abba zurückkam, verkündete er den jüdischen Kämpfern, dass man sie in vier Divisionen aufteilen würde, von denen jede einen eigenen Namen erhalten sollte. Heute klingen diese Namen wie Parodien auf das Zeitalter der Ideologien: »Tod dem Faschismus« mit Jakob Prenner als Anführer; »Kampf« mit Avrasha Rasel als Anführer; »Der Sieg ist unser«, angeführt von Schmuel Kaplinsky; und schließlich »Der Rächer« mit Abba Kovner als Anführer und Vitka und Ruzka als Kämpferinnen. Jede Division bestand aus fünfzig Kämpfern, alle zusammen bildeten die jüdische Brigade, deren Kommandant Abba Kovner war. Wenn sie Jahre später, in verschiedenen Ländern und gegen Ende ihres Lebens, auf Abba zu sprechen kommen, sagen ehemalige Partisanen noch immer voller Ehrfurcht »unser Kommandant«.

Die sowjetischen Kämpfer rieten Abba, für die jüdischen Mädchen, die nicht ihrem Bild eines Kriegers entsprachen, ein Familienlager zu bauen. Abba weigerte sich. Er sagte, er erkenne keinen wirklichen Unterschied zwischen Männern und Frauen. In diesen Zeiten, da es in Europa nur noch eine Hand voll Juden gebe und jeder Jude der Vernichtung anheim fallen solle, könne er sich die alten Vorurteile nicht mehr leisten. Wer imstande sei zu kämpfen, der werde auch kämpfen. Die Sowjets mochten vielleicht den Wert der jüdischen Mädchen nicht recht begreifen, aber Abba habe sich bereits im Ghetto von ihrer Kühnheit und ihrem Heldenmut überzeugen können. »Das jüdische Lager wird ein Soldatenlager sein«, sagte er. »Soldatengesetz und Soldatendisziplin werden dort für jeden gleichermaßen gelten.«

Abbas Einheit suchte sich einen geeigneten Standort für ein Lager. Nach kurzer Suche fanden auch sie eine Insel in einem Sumpf. Die Partisanenlager würden ein Archipel

bilden, dessen kleine Inseln ebenso weit verstreut wie aufeinander bezogen sein würden. An einigen Stellen auf der
Insel standen Bäume, außerdem wuchsen hier Gräser mit
purpurnen Blüten, die sich im Wind wiegten, und Büsche
mit Dornen und Kletten. Hie und da lichtete sich der Wald,
und die Sonne schien hell auf die Lichtungen. Die Kämpfer hoben Gräben aus von etwa einem Meter fünfzig Tiefe,
in denen sie Baracken und Unterstände bauten. Jede dieser Baracken bot hundert Kämpfern Platz, die nebeneinander auf einer hölzernen Plattform schliefen. Man ge-
langte hinein, indem man einen schlammigen Abhang
hinunterging und gebückt einen feuchten, erdigen Raum
betrat, in dem ein durchschnittlich großer Mann gerade
noch aufrecht stehen konnte. An einer Seite war eine Tür,
an der anderen ein Fenster, durch die nachts der Wind
fuhr. Es gab einen Holzofen, der aus einer stählernen Ton-
ne bestand und mit einem blechernen Abzugsrohr versehen war, das den Rauch durch das Dach nach draußen
führte. Das Dach war steil, damit Regen und Schnee ab-
fließen konnten. Von weitem sahen diese Unterstände, die
nur etwa einen halben Meter über den Boden ragten und
mit Dreck und Gras getarnt waren, aus wie stoppelige
Waldhügel.

In den folgenden Wochen brachte Vitka immer mehr
Juden ins Lager, dazu Partisaninnen aus der Pelzfabrik in
Wilna, die immer noch in Betrieb war. Vitka hielt es für die
oberste Pflicht der Partisanen, alle zu retten, die noch zu
retten waren. Im Herbst lebten bereits über dreihundert Juden im Wald. An feuchten Vormittagen pflückten sie Pilze
mit blassen Schwämmen und fleischigen Kappen. An
trockenen Nachmittagen zerstießen sie Blätter und rollten
sie in russisches Zeitungspapier. Die Zigaretten waren stark
und schmeckten bitter. Am Rand des Lagers hoben sie ein
Loch aus und füllten es mit Wasser. Dann warfen sie Stei-

ne hinein, die sie in den Lagerfeuern erhitzt hatten, und erhielten auf diese Weise ein sprudelnd heißes Bad. Da viele der Neuankömmlinge keine Waffen besaßen, entwickelte sich bald ein Kastensystem. Abba, der mit den übrigen Anführern, getrennt von den einfachen Soldaten, eine eigene Hütte bewohnte, in der er seine Gedichte schrieb, fand eine Lösung. Wer eine Mission zu erfüllen hatte oder Wache schieben musste, würde sich eine Waffe aus dem Arsenal nehmen. Später würde er die Waffe dann wieder zurücklegen. Auf diese Weise konnten sich Hunderte am Partisanenkrieg beteiligen, nach Abbas Ansicht die einzige Möglichkeit für einen Juden aus dem Ghetto, seine Selbstachtung zurückzugewinnen.

* * *

Eines Nachmittags kam ein sowjetischer Soldat ins jüdische Lager. Er war klein, hatte stämmige Schultern, einen breiten Brustkorb und einen buschigen Schnauzbart. Sein Gesicht war braun und wettergegerbt, und seine Zähne blitzten weiß daraus hervor. Er hätte aus einer Erzählung Tolstois stammen können. Er wollte mit Uri sprechen, das war Abbas Deckname im Ghetto.

Ein Wachsoldat fragte: »Wer will Uri sprechen?«

»Yurgis.«

Yurgis war vierzig Jahre alt und Kommunist. Vor dem Krieg war er Lehrer gewesen. Er hatte sogar eine Parteizeitung herausgegeben mit dem Titel *Wahrheit*. Als Wilna fiel, flüchtete er nach Russland, wo er sich der litauischen Brigade anschloss. Da er einer der Ersten gewesen war, die mit dem Fallschirm hinter den feindlichen Linien abgesprungen waren, erhielt er den Oberbefehl im sowjetischen Lager, wurde ein Anführer des Partisanenkriegs im Osten. Er bückte sich, bevor er Abbas Unterstand betrat, und hieß ihn im Wald willkommen. Dann sagte er, dass die jüdische

Brigade aufgelöst und in die litauische Brigade integriert werden müsse.

»Damit bin ich nicht einverstanden«, sagte Abba. »Wir werden als Juden getötet, also wollen wir auch als Juden kämpfen.«

»Bist du Kommunist?«, fragte Yurgis.

»Nein.«

»Du bist Zionist.«

»Ja«, sagte Abba.

Yurgis dachte einen Augenblick nach und sagte dann: »Wenn es im Wald eine jüdische Einheit gibt, halten die Bauern den Partisanenkrieg für eine jüdische Bewegung. So etwas werden sie niemals unterstützen. Sie mögen die Juden nicht.«

»Was kümmert es mich, ob sie mich mögen?«, fragte Abba.

»Sei pragmatisch«, sagte Yurgis. »Die Bauern könnten uns Nahrung oder Waffen geben; aber wenn sie glauben, dass wir Juden sind, werden sie uns bekämpfen. Wir wollen einen Krieg gewinnen – nicht auf irgendwelchen Prinzipien bestehen. Warum sollen wir uns das Leben noch schwerer machen, als es ohnehin schon ist?«

»Wir müssen genauso kämpfen, wie wir gestorben sind«, sagte Abba.

»Nicht nur die Bauern werden Widerstand leisten«, sagte Yurgis. »Ihr werdet auch mit den anderen Partisanen, den Russen und den Litauern, Ärger bekommen.«

»Wir müssen als Juden kämpfen«, sagte Abba.

»Haben die Juden denn ein anderes Ziel in ihrem Krieg gegen die Deutschen?«, fragte Yurgis.

»Wir haben ein besonderes Interesse daran, zu rächen, was man unseren Angehörigen angetan hat«, sagte Abba. »Nicht die Litauer werden vernichtet, sondern die Juden. Und unser Bedürfnis nach Rache ist so stark, dass man es respektieren sollte.«

»Du bist aus Litauen«, sagte Yurgis. »Ihr seid Litauer. Ihr müsst in der litauischen Brigade kämpfen.«

»Als man uns ins Ghetto abschob, waren wir da auch Litauer?«, fragte Abba. »Nein, da waren wir keine Litauer. Und zwar deshalb nicht, weil uns die Litauer nicht haben wollten. In ihren Augen sind wir Juden. Auch in den Augen der Deutschen sind wir Juden. Wir sind Juden.«

»Was wollt ihr also?«

»Wir wollen im Wald weiterführen, was wir im Ghetto begonnen haben«, sagte Abba. »Wir wollen beweisen, dass man ein Volk nicht einfach auslöschen kann, dass ein paar Menschen aus diesem Volk nicht aufhören zu kämpfen. Und was die anderen Partisanen betrifft – ihnen kann es doch ganz egal sein, ob es eine jüdische Einheit gibt oder nicht. Wenn Juden mit Nichtjuden in gemischten Einheiten kämpfen müssten, dann wären sie dort derselben Gefahr ausgeliefert, demselben Hass.«

Yurgis stellte nie mehr die Existenz einer jüdischen Brigade in Frage. Abba gefiel die Vorstellung, Yurgis mit seinen Argumenten zum Nachgeben gebracht zu haben, aber er wusste nur zu gut, dass dieser eigene Gründe gehabt haben musste.

Ein paar Tage später kam Yurgis wieder ins jüdische Lager, um einige Partisanen zu beglückwünschen, die gerade von einer erfolgreichen Mission zurückgekehrt waren. Er schüttelte Abba die Hand und blickte zu den jüdischen Soldaten hinüber, die ums Feuer saßen und jiddische Lieder sangen. Und er bekam Tränen in die Augen. »Ich kann es nicht glauben«, sagte Abba bei sich. »Yurgis ist Jude.«

★ ★ ★

Eines Abends ging Vitka zum sowjetischen Lager, wo die Partisanen sich auf eine Mission vorbereiteten. Die Sonne war untergegangen, als sie das Lager erreichte, und Kälte lag in der Luft. Es wurde Winter. Sie trat nah ans Feuer und sah bewegt den Rebellen zu, die sich für den Kampf rüsteten, Proviant einpackten und Gewehre luden. Ein breitgesichtiger Mann, der drei Gewehre und eine Flasche Wodka bei sich trug, forderte sie auf, mit ihm zu trinken.

»Ich trinke nicht«, sagte sie.

»Es bringt aber Glück«, sagte der Soldat.

»Dann viel Glück«, sagte sie. »Aber ich trinke nicht.«

Der Soldat füllte ein Glas. »Auf deine Gesundheit und dein Leben«, sagte er und kippte den Wodka hinunter.

Er füllte sein Glas ein zweites Mal und reichte es Vitka.

»Nein«, sagte sie.

»Ich trinke auf deine Gesundheit«, sagte er, »jetzt trinkst du auf meine.«

Als Vitka das Glas zum Mund hob, rief jemand den Soldaten beim Namen, und als dieser sich umdrehte, um zu antworten, goss Vitka den Wodka auf den Boden. Der Russe sah die Pfütze. »Ich habe die Juden immer verteidigt«, sagte er. »Aber jetzt weiß ich, warum die Leute sie nicht mögen.«

Die meisten Partisanen im Wald waren arme Leute vom Land, denen der Judenhass schon von klein auf beigebracht worden war. Die Juden hatten keine andere Wahl als zu kämpfen. Die Devise lautete kämpfen und sterben oder nicht kämpfen und trotzdem sterben. Die polnischen und litauischen Partisanen hatten sich frei für das Kämpfen entschieden – manche aus Lust am Abenteuer, am Plündern oder aus ideologischen Gründen –, die meisten, weil sie ihr Land von einem ausländischen Feind befreien wollten. Für viele dieser Partisanen stellten die Juden eine noch viel verhasstere ausländische Präsenz dar als die Deutschen. Und obwohl Litauer und Polen mit den Juden einen Feind gemein hatten, betrachteten sie die Juden nicht als Freunde, nicht einmal als Verbündete. Am Lagerfeuer sangen sie antisemitische Lieder. Russische Partisanen boten Gewehre gegen jüdische Mädchen, die von einigen Ausnahmen abgesehen die einzigen Frauen in den Wäldern waren. Wenn sich jüdische und polnische Partisanen außerhalb des Lagers zufällig über den Weg liefen, konnte es durchaus sein, dass sie aufeinander losgingen. Anderntags würde dann ein Jude vermisst werden, oder er würde benommen, aber voller Triumph mit einer polnischen Pistole im Gürtel zum Appell antreten. Für die Juden war jeder Ausweg der Eintritt in eine neue Falle.

Einmal, als die Partisanen im jüdischen Lager ihr Abendessen verzehrten, hörten sie einen Schrei und gleich darauf einen Schuss. Die Soldaten rannten an den Rand des Lagers, wo ein jüdisches Mädchen neben der Badestelle stand. Ein russischer Partisan hielt sie am Handgelenk fest und fuchtelte mit einer Pistole herum. Er war pitschnass. »Ich bring dich um«, sagte er. Auf dem Boden stand ein leerer Eimer. Der Mann war ein bekannter Kämpfer, berüchtigt wegen seiner Alleingänge und tollkühnen Attacken. An manchen Abenden trank er eine ganze Flasche Wodka leer, dann hallte seine Stimme zwischen den Bäumen. Er hatte eine Zeit lang im Süden gedient, in der Nähe eines jüdischen Flüchtlingslagers. Dort hatte er es sich zur Gewohnheit werden lassen, ins Lager zu gehen, sich eines der Mädchen zu greifen und es zu vergewaltigen.

»Was bildest du dir ein?«, fragte Abba. »Dieses Mädchen ist ein Mensch wie du.«

Der Russe hatte in einer Welt gelebt, in der man Juden straflos mißbrauchen konnte. »Geh jetzt«, sagte Abba, »sonst bringen wir dich um.«

Als Yurgis die Geschichte erfuhr, sagte er zu Abba: »Das ist abscheulich, aber du solltest daraus lernen. Er ist vielleicht ein schlechter Kerl, aber ein ausgezeichneter Soldat.

Ich glaube, die Juden sollten sich einen Funken der Grausamkeit dieses Mannes zu Eigen machen.«

* * *

Auf einer Lichtung am Rand des Lagers erklärte Abba seinen Leuten die Einzelheiten einer Mission. Die Juden sollten den Fluss überqueren und in die Ortschaft Drogozha gehen, wo eine deutschenfreundliche Bauernfamilie angeblich Pistolen und Gewehre versteckt hatte. Diese Waffen galt es zu beschlagnahmen. Nur wenige Partisanen waren im Besitz einer Waffe. Josef Harmatz, der eine Uniformjacke trug, die er einem litauischen Offizier abgenommen hatte, und eine Hose aus Wollstoff, die von einem toten Deutschen stammte, trug den wertvollsten Besitz des Lagers, eine Kalaschnikow. Abba hatte die Pistole bei sich, die Isaak Wittenberg ihm gegeben hatte. Ruzka und Vitka und viele andere trugen Gewehre aus Holz, die man im Dunkeln, so hoffte Abba, für tatsächliche Gewehre halten konnte.

Abba führte seine Leute – ungefähr zwanzig – bei Nacht aus dem Lager, als der Mond über dem Ho-

Abba

rizont stand. Ein Mann aus einem nahe gelegenen Dorf sollte die Juden durch das Labyrinth von Waldwegen führen. Weil die Bauern keine Juden mochten, war es schwer, Führer anzuheuern. Der Mann, der sein Leben und seine Familie aufs Spiel setzte, sollte einen Anteil der Beute erhalten. Er führte die Partisanen aus dem Wald. Über den Feldern lag der Abendnebel. Die Juden folgten mehrere Kilometer einer Sandstraße durch Talsenken und Gestrüpp, dann über einen schmalen Steg in einen Ort, dessen Häuser mit Satteldächern gedeckt waren. Vor einem Haus inmitten von Feldern hielten sie an. Durch ein Fenster konnte Abba einen brüchigen Dielenboden sehen und einen Tisch, um den eine Familie gerade beim Abendbrot saß. Großmutter, Vater, Mutter und zwei Söhne. Ein Gewehr lehnte an der Wand. Abba schickte Vitka auf die Rückseite des Hauses. »Wenn du jemanden siehst«, sagte er, »dann schreie.« Er wies zwei seiner Männer an, vor der Eingangstür zu warten, während die übrigen die Straße im Auge behielten.

Abba holte tief Luft und ging ins Haus, durchmaß eiligen, selbstsicheren Schrittes die Räume. Ein Knarzen der Dielen ließ die Bauersleute aufhorchen. Abba, der eine Pistole auf sie gerichtet hatte, griff sich das Gewehr und warf es einem seiner Soldaten zu.

Abba sagte der Familie, dass er ein jüdischer Partisan sei.

Der Vater entgegnete, er unterstütze die Partisanen; die Mutter brach in Tränen aus; die Großmutter aß weiter.

Abba forderte einen seiner Männer auf, einen Boten auszuschicken, Verstärkung herzuholen und die Umgebung abzusichern. »Ich möchte, dass der ganze Ort umstellt wird«, sagte er.

Als der Partisan fragte, wie viele Männer herkommen sollten, überlegte Abba einen Augenblick und sagte dann: »Zweitausend.«

Der Partisan marschierte aus der Tür, die von jüdischen Kämpfern bewacht wurde, deren vermeintliche Waffen sich vor dem dunklen Hintergrund abzeichneten.

Mit Blick auf den Familienvater sagte Abba: »Wir wollen eure Waffen.«

Der Alte sagte, er habe keine Waffen.

Abba entsicherte sein Gewehr. »Gebt sie uns.«

Die Frau schluchzte. »Jemand hat euch reingelegt«, behauptete der Mann. »Wir haben keine Waffen.«

Die Frau wischte sich die Augen und forderte dann die Partisanen auf, mit ihnen zu essen. »Bitte«, sagte sie, »esst mit uns.« Abba und ein paar andere setzten sich an den Tisch. Die Frau reichte ihnen Teller mit Fleisch und Brot. Die Juden aßen und wischten die Teller mit dem Brot sauber. Abba dankte der Frau. Er hatte beinahe beschlossen, dass der Alte die Wahrheit gesagt hatte und sie besser gehen sollten, da hörte er Vitka rufen. Er sprang auf und eilte hinaus. Ein Mann rannte über den Hof. Er war noch jung, wahrscheinlich ein Freund von einem der Söhne. Abba jagte ihm in den Schuppen nach, wo der Mann eine Falltür aufgerissen und ein Gewehr herausgenommen hatte. Er war gerade dabei, eine Patrone ins Magazin zu stecken. Abba befahl ihm, die Waffe fallen zu lassen. Er gehorchte und nahm die Hände hoch. Abba bugsierte ihn zum Haus zurück. Dann forderte er einen seiner Soldaten auf, den Vater herauszuholen. Die Mutter fragte Abba, was er denn mit dem alten Mann zu tun gedenke. »Gebt die Gewehre heraus«, sagte Abba, »oder wir erschießen ihn.« Sie sagte Abba, sie hätten keine Gewehre mehr; er habe doch schon alle gefunden. Abba gab den Befehl, den alten Mann zu erschießen. Aus den Feldern kam ein Schuss. Abba sagte seinen Männern, sie sollten einen der Söhne herausholen.

»Wo sind die Gewehre?«

»Ihr habt sie doch schon«, sagte die Frau.

Abba packte die Frau am Arm und schleifte sie über den Hof in den Stall, wo ein klappriges altes Pferd angebunden stand.

»Sattle den Gaul«, sagte Abba. »Wir nehmen ihn mit.«

Die Frau sagte, ohne Pferd würden sie nicht über den Winter kommen.

»Sattle den Gaul.«

Mit hängenden Schultern führte die Frau Abba zum Haus zurück und hinauf auf den Speicher, entfernte eine falsche Wand und übergab ihm Gewehre, Pistolen und ein Maschinengewehr. Vater und Sohn wurden daraufhin wieder ins Haus gebracht; die Partisanen hatten in die Luft geschossen.

Auf dem Rückweg in den Wald verteilte Abba die neuen Waffen. Die Kämpfer zerbrachen ihre hölzernen Spielzeuggewehre und ließen sie am Wegrand liegen.

* * *

Am Herbstende kamen von Osten heftige Regengüsse, die Pfade waren schlammig, und abgestorbene Äste wurden von den angeschwollenen Flüssen mitgerissen. Im russischen Lager pflegte ein Soldat Radio zu hören und danach die wichtigsten Nachrichten aufzuschreiben, die vom Gipfeltreffen der Alliierten in Teheran handelten, von Siegen der Roten Armee, von der bevorstehenden Winteroffensive. Die Russen in ihren Steppmänteln und pelzgefütterten Stiefeln waren für die kalte Jahreszeit bei weitem besser ausgerüstet als die Deutschen, die in ihren papierdünnen Stiefeln entsetzlich froren.

Eines Nachts, bei einem Besuch im russischen Lager, hörte Abba eine deutsche Propagandasendung im Radio:

»Von den Juden Europas werden nur so viele übrig sein, wie in ein Automobil passen.«

Abba runzelte die Stirn und sagte: »Das Problem ist nur, dass jeder Jude in Europa denkt, er werde derjenige sein, der diese kostenlose Spazierfahrt im Auto bekommt.«

Über dreihundert Juden waren im Lager, und die wichtigste Aufgabe bestand darin, sie am Leben zu erhalten. Nachts schickte Abba Partisanen aus, um Nahrung und Gewehre zu stehlen. Ungefähr zwanzig Kämpfer beteiligten sich jeweils an einer Mission. Da die Partisanen nur Bauern bestehlen wollten, die deutschenfreundlich eingestellt waren, marschierten sie oft meilenweit zu einem bestimmten Haus. Hatte ein Bauer zwei Kühe, nahmen sie ihm nur eine. Ein Überfall konnte eine Kuh einbringen, zwei Schweine, ein Pferd oder einen Sack Kartoffeln. Wenn die Partisanen jemanden dabei erwischten, wie er dem Feind half, dann gingen sie zu ihm und brachten ihn um. Für Bauern, die Partisanen halfen, fanden die Deutschen weit härtere Strafen. Als einmal ein Junge aus einem Ort in der Nähe des Rudnicki-Waldes den Partisanen Informationen zukommen ließ, überfiel eine deutsche Einheit das Dorf, sperrte die Menschen in ihre Holzhäuser und steckte diese in Brand. Von diesem Dorf ist nichts mehr übrig als eine Lichtung und die Statue einer weinenden Frau.

Die Bauern in den umliegenden Dörfern fingen an, gegen die jüdischen Partisanen aufzubegehren. Von Litauern ausgeplündert zu werden war eine Sache; von Juden ausgeplündert zu werden war etwas anderes. Die Bauern bespuckten die Juden, versteckten Nahrungsmittel und Gewehre. Anders als Polen oder Litauer konnten Juden auf keine ihnen wohlgesonnene Bevölkerung zurückgreifen. Dörfer stellten Milizen auf, die von den Deutschen ausgerüstet wurden. Ein System von Kurieren und Leuchtraketen wurde vereinbart. Entdeckte man jüdische Partisanen – manche Bauern behaupteten, einen Juden schon von weitem erkennen zu können –, schoss man eine Leuchtrakete in die Luft. Sobald im Nachbarort ein Wachposten diese Leuchtrakete sah, schoss er ebenfalls eine ab, und so weiter. Die Bauern pflegten sich daraufhin auf staubigen Innenhöfen zu treffen, Gewehre zu verteilen, sich am Straßenrand zu verstecken und den Juden aufzulauern.

Yurgis riet Abba, seine Soldaten zu tarnen. Wenn die Juden Steppmäntel trugen wie die Russen oder kurze Stiefel wie die Polen würden sie weniger leicht zu identifizieren sein. Wie viele fortschrittlich Gesinnte wollte Yurgis, dass die Juden sich nicht von anderen Leuten unterscheiden sollten. Abba weigerte sich, sagte, als Jude zu kämpfen hieße nun einmal, von den Bauern gehasst zu werden, allein zu sein und sich des Alleinseins nicht zu schämen.

Abba reagierte stattdessen mit Gewalt, begegnete jeder Drohung mit Schüssen. Stieß ein Partisan im Wald auf einen Bauern, tötete er ihn, bevor dieser Alarm schlagen konnte. Bei Überfällen nahmen die Juden keinerlei Risiko in Kauf, schossen sich den Weg frei, um in die Orte hinein- und aus den Orten hinauszugelangen, töteten manchmal auch Zivilisten, Frauen und Kinder. Der Krieg schuf die Juden nach seinem eigenen Bild neu.

An den Lagerfeuern redeten die Partisanen über jüdische Widerstandskämpfer, die den Deutschen in die Hände gefallen waren, erzählten Horrorgeschichten, die sie daran erinnern sollten, wie teuer sie eine Niederlage zu stehen käme. Da gab es diesen SS-Soldaten in Lublin, der jüdische Partisanen an den Hoden aufhängen ließ; dann waren da ein gewisser Arthur Greiser, der jüdische Partisanen auf dem Scheiterhaufen verbrennen ließ, ein Krakauer Baron, der jüdische Rebellen mittels Daumenschraube und spanischem Stiefel folterte, Fritz Katzman, ein SS-Kommandant, der jüdischen Partisanen Gift verabreichte, das Krämpfe verursachte, um ihnen dann, während er mit seinen Gästen zu Abend speiste, beim Sterben zuzusehen; dann dieser Deutsche, der jüdische Partisanen in eine Grube stieß, zu einem Rudel ausgehungerter Wölfe; oder der Offizier, der seine Gefangenen auf eine rohe Version der Streckbank schnallte; und schließlich von Herff, ein Leutnant der SS, der jüdische Partisanen mit einer glühenden Feuerzange blendete und sie als abschreckendes Beispiel für die anderen ins Lager zurückschickte.

Die Gestapo erklärte, dass derlei Maßnahmen die einzige Möglichkeit seien, mit Juden umzuspringen, die irgendwie dem deutschen Vernichtungsapparat entkommen waren: »Der Rest, der das alles überlebt hat, muss – zumal er zweifellos den größten Widerstandsgeist in sich trägt – dementsprechend behandelt werden, da man diese Menschen als natürliche Auslese, als Keimzelle einer neuen Judenschaft betrachten muss.«

★ ★ ★

Eines Morgens, als einige jüdische Partisanen von einer Mission zurückkehrten, trafen sie einen Mann in Zivilkleidung, der an einem Baum lehnte und eine Karte studierte. Seine Haut war ebenso rau wie die Rinde des Baums, und er hatte ein breites, stahlhartes Gesicht. Man sah auf den ersten Blick, dass er Soldat war, einen weiten Weg zurückgelegt und viele Menschen getötet hatte. Er war wie ein Bauer gekleidet, trug einen unförmigen Mantel, eine Hose aus Wollstoff und Stiefel und hatte ein Messer, eine Pistole und ein Maschinengewehr bei sich. An seinem Gürtel hingen Granaten. Wie der Wolf, den Vitka im Wald gesehen hatte, besaß er die Wildheit eines Geschöpfs, das sein Territorium verteidigt. Einer der Juden fragte den Mann, wohin er gehe.

»Ich suche Yurgis«, sagte er. »Wer bist du?«

»Ein jüdischer Partisan.«

»Wer ist dein Anführer?«, fragte der Mann. »Kovner?«
»Ja«, sagte der Partisan.

Der Fremde sagte ein paar Worte auf Jiddisch, und der Jude antwortete ihm auf Jiddisch.

Der Mann war Isser Schmidt, ein jüdischer Kommunist, der in einer nahe gelegenen Stadt aufgewachsen war. Als die Deutschen eingefallen waren, war er auf überfüllten Landstraßen geflüchtet. In Russland schloss er sich der litauischen Brigade an, in der zwanzig Prozent Juden waren. Die Soldaten trainierten unter dem Winterhimmel Gorkys, während Stukas über sie hinwegbrausten. Sie aßen im Stimmengewirr der Offiziersmessen, verbrachten ihre freien Nächte auf einsamen Straßen, in verrauchten Kneipen und in Bordellen. Eines Nachmittags fragte ein russischer General in der Brigade, welche Männer sich freiwillig melden und einen Fallschirmabsprung in die Wälder hinter den feindlichen Linien wagen würden. Isser hob die Hand und fuhr nach Moskau. Dort lernte er, wie man Züge in die Luft sprengt, Bomben baut und Deutsche tötet.

Isser Schmidt sprang 1943 über Weißrussland ab. Die Nacht war so schwarz, dass er seinen Fallschirm nicht sehen konnte. Mit ihm waren noch sechs weitere Männer gesprungen, alle in Zivilkleidung. Isser merkte, dass sein Fallschirm sich öffnete, als ihm die kalte Luft das Gesicht verbrannte und die Bäume sich ihm entgegenreckten. In seinen falschen Papieren war Schmidt, der die Mission leiten sollte, als Davidowski eingetragen. Er führte seine Männer durch das Land, rekrutierte neue und organisierte Sabotageakte. Einige Monate später, als er den Rudnicki-Wald erreichte, schloss er sich sofort den Partisanen an und unterstellte seine Männer dem Kommando von Yurgis, den er vor dem Krieg kennen gelernt hatte. Yurgis verteilte die neuen Männer auf verschiedene Einheiten und schickte Isser in die Jüdische Brigade.

Isser sollte eine Art Spezialagent sein, ein Polizist, der jedes Wort und jede Handlung überprüfen und subversive Elemente vernichten sollte. Er schaute in die Gesichter und schien sofort alle Geheimnisse, alle dunklen Punkte zu kennen. Es war ein Krieg ohne Fronten; Soldaten waren wie Bauern und Bauern wie Soldaten gekleidet; man traute niemandem. Im Lager verhörte Isser neue Rekruten, suchte nach polnischen und deutschen Spionen, die als Partisanen getarnt in den Wald gingen. Irgendetwas verriet sie immer: ihre Uniformen, zu neu, ihre Gewehre, zu gut in Schuss, ihre Aussprache, zu perfekt, ihre angebliche Heimat, über die sie nicht viel zu sagen wussten. Man saß über sie zu Gericht. War die Verhandlung dann vorüber, führte Isser die Betreffenden einen Waldweg entlang. Er war weder Zionist noch Fußsoldat, sondern der Schrecken der kommenden fünfzig Jahre. Wer ihm nicht gefiel, für den war Schluss.

Isser unterhielt sich oft mit Vitka und hörte ihr bewegt zu, wenn sie vom Ghetto erzählte, von den jüdischen Polizisten, die sich ihr Leben mit dem Leben der anderen erkauften. Er fing an auf Juden Jagd zu machen, die mit den Deutschen kollaborierten. Seine Rührung war aber nichts anderes als die Kehrseite der Grausamkeit. Im Winter 1943 verdächtigte er Natek Ring, einen jüdischen Polizisten aus dem Ghetto. Im Wald hatte Ring seine grüne Uniform gegen die Kluft der Partisanen eingetauscht. Eines Tages trat er nicht zum Morgenappell an. Tags darauf kehrte er zum Stützpunkt zurück und sagte, er habe seine Mutter besucht, die sich in Wilna versteckt halte. Abba fragte Ring, weshalb er ihn nicht vorher um Erlaubnis gefragt habe; Ring entgegnete, er brauche keine Erlaubnis, wenn er seine eigene Mutter besuchen wolle.

Ring wurde der Kollaboration angeklagt. Im Ghetto hatte man ihn dabei beobachtet, wie er feindliche Soldaten zu den Schlupfwinkeln führte, in denen sich Leute versteckt hielten. Auf seinem jüngsten Ausflug hatte er sich mit erstaunlicher Leichtigkeit durch die Stadt bewegt; manche glaubten, er würde auch jetzt noch mit den Deutschen zusammenarbeiten. Isser war barhäuptig, als er Natek Ring aus dem Lager führte. Zwei Schüsse, und die Vögel hörten auf zu singen. Isser kam allein zurück, jetzt trug er eine Pelzkappe und neue Stiefel.

Jahre später erzählte Natek Rings Mutter die Geschichte einer israelischen Zeitung. Sie behauptete, Abba Kovner hätte ihren Sohn zum Tode verurteilt, weil er seine Mutter besucht hatte. Als man Abba um eine Stellungnahme bat, sagte er lediglich, dass im Wald alles sehr schnell gehen musste, schließlich sei Krieg gewesen, da hätte man Entscheidungen über Leben und Tod ohne Zögern getroffen. »Leider kann man als Partisan nicht immer sehen, was in der Seele eines Mannes vorgeht.«

* * *

Mehrere Wochen nachdem er in den Wald gekommen war, führte Isser Schmidt die Juden zu ihrem ersten Sabotageakt, ein sechzig Kilometer langer Fußmarsch, um einen Munitionszug in die Luft zu sprengen. Fünf Partisanen, vier Männer und Ruzka, machten sich auf den Weg. Es war das erste Mal, dass eine Frau sich an einem Sabotageakt der Partisanen beteiligte. Die wenigen Frauen im Wald waren entweder die Ehefrauen von Kommandanten oder Prostituierte, die man für die Partisanen hatte holen lassen. Yurgis war der Ansicht, dass Frauen die Aktionen gefährden könnten. Abba dagegen glaubte, dass die Mädchen, die im Ghetto derselben Gefahr ausgeliefert gewesen waren wie die Männer, nun auch dieselbe Chance zu kämpfen bekommen sollten. Ruzka besaß weder Vitkas Anmut noch Abbas Klugheit, aber dafür war sie die mutigste Kämpferin im ganzen Lager. Abba wusste, dass sie den Wert der jüdischen Frauen würde beweisen können. Yurgis zuckte lediglich die Achseln, als wolle er sagen: »Auf deine Verantwortung.«

Isser führte die Partisanen am frühen Abend aus dem Lager. Es war kalt, und die Flüsse waren bis zur Mitte zugefroren. Jeder Kämpfer hatte ein Gewehr und zwei Handgranaten bei sich. Ruzka, die sehr klein war, bestand darauf, die Mine zu tragen, die über fünfzig Pfund wog. Als sie aus dem Wald kam, sah sie die kalten Wintersterne, die wirbelnden Galaxien. Isser führte die Soldaten in südliche Richtung. Bald erreichten sie einen zugefrorenen Fluss, in dessen Eisschicht Luftblasen eingeschlossen waren. Unter der Oberfläche sah man das Wasser strömen. Ein Baumstamm wurde quer über den Fluss gelegt. Isser ging als Erster, die Mine auf den Schultern, rutschte aus, fing sich wieder, erreichte das andere Ufer. Ruzka ging langsam hinüber, mit gespreizten Beinen, Schritt für Schritt. Als sie nach unten blickte, sah sie Fische unter dem Eis. Sie trat daneben, riss die Arme in die Luft und fiel ins Wasser. Sie erwischte mit den Händen den Baumstamm, aber ihre Beine waren taub und ihre Stiefel schwer, als sie sich daran in die Höhe zog. Sie kam wieder auf die Beine und erreichte das andere Ufer.

Isser schaute Ruzka an, ihre Hose war gefroren, aus ihren Schuhen tropfte das Wasser.

»Wir sind noch nicht weit vom Lager entfernt«, sagte er. »Du kannst den Rückweg in weniger als einer Stunde schaffen.«

Ruzka starrte ihn an.

»Geh gleich«, sagte er. »Sonst erfrierst du.«

»Ich muss allein mit dir reden«, sagte Ruzka.

Nach ein paar Schritten sagte Ruzka: »Ich gehe nicht zurück.«

»Ich befehle es dir«, sagte Isser.

»Ich verweigere den Befehl«, sagte Ruzka. »Du musst mir schon eine Kugel durch den Kopf jagen, wenn du mich von dieser Mission abhalten willst.«

Isser sah Ruzka prüfend an. Ihre Augen waren klar, und sie hielt seinem Blick stand. »Also gut«, sagte er.

Ein paar Kilometer weiter brachen die Partisanen in ein Haus ein und stahlen trockene Kleider für Ruzka. Es waren Männerkleider, und Ruzka schlug die Ärmel ein paarmal um und stopfte sich Socken in die Schuhspitzen.

Am Morgen kamen die Partisanen zu den Schienen. Isser konnte die Brücke nicht finden, die er sprengen wollte; er brach in ein Haus ein, in dem ein junger Mann schlief, seine Stiefel standen neben dem Bett. Isser setzte dem Mann das Gewehr an die Brust. Als er die Augen aufschlug, sagte Isser: »Wir sind hier, um die Eisenbahnbrücke in der Nähe in die Luft zu sprengen. Führe uns hin.«

Der junge Mann behauptete, nichts von einer Eisenbahnbrücke zu wissen.

»Wenn das so ist«, sagte Isser, »dann erschießen wir dich.«

Der Mann kleidete sich an und führte die Kämpfer an eine hölzerne Brücke. Sie führte über eine steile Schlucht und wurde von einem Geflecht aus Stützpfeilern getragen. Isser trug die Mine auf die Schienen. Hastig band er sie fest und brachte den Zünder an. Die Partisanen hielten inzwischen den Bauern mit einem Gewehr in Schach. Nach der Sprengung, wenn man ihn der Mithilfe beschuldigen konnte, würden sie ihn wieder freilassen. Als es anfing zu dämmern, entdeckte Ruzka die Lichter des Zugs. Er kam um eine Biegung gefahren und stieß Rauch aus. Auf ihm stand: Dem Sieg entgegen. Als die Lok auf die Brücke fuhr, zog Isser den Zünder. Es gab eine Stichflamme und dann eine Explosion. Der Zug durchbrach die hölzerne Brüstung und stürzte in die Schlucht. Aus dem Wrack stieg Rauch auf.

Man hörte Schreie und weitere Explosionen, als die Munitionskisten Feuer fingen. Die Partisanen rannten in den Wald, während die Luft sich mit Raketen und Leuchtspurgeschossen füllte – Kratzspuren am morgendlichen Himmel.

Einige Tage danach erhielt Yurgis einen Bericht von seinen Kundschaftern. Fünfzig deutsche Soldaten waren bei dem Anschlag ums Leben gekommen, außerdem war ein ganzes Waffenarsenal in Flammen aufgegangen. Ruzka redete nicht darüber, auch nicht über ihre Rolle in anderen Schlachten. Sie war der Meinung, dass die Geschichten viel zu wichtig seien, um in der ersten Person Einzahl erzählt zu werden, dass allein das kollektive Schicksal des jüdischen Volkes zählte. Das war ihre Religion. Es ist paradox, dass ihr eine Religion, die das Individuum unberücksichtigt lässt, die Kraft gab, ein Vermächtnis der Tapferkeit zu hinterlassen, ein Loblied auf das Individuum. Wenn Ruzka gezwungen war, von sich zu sprechen, wenn eine Schilderung mit irgendeinem Sieg verknüpft war, den sie erzielt hatte, dann tarnte sie sich und schlüpfte in die dritte Person. Ruzka wurde zu einem namenlosen Mädchen aus Polen, das nur getan hatte, was jeder getan hätte. Erst am Ende ihres Lebens, in Israel, umgeben von Kindern und Enkelkindern, redete sie in der ersten Person. Ihre Familie wusste, dass sie krank war, aber nur sie selbst wusste, dass sie sterben würde. Eines Nachmittags bat ihre Tochter Yanot sie, über ihre Vergangenheit zu sprechen.

»Du kennst die Geschichte doch«, sagte Ruzka.

»Aber nur, was die Gruppe anbelangt«, widersprach Yanot. »Ich möchte etwas über dich erfahren.«

»Das ist nicht wichtig«, sagte Ruzka.

»Für mich schon«, sagte Yanot. »Es ist auch meine Geschichte.«

Erst jetzt redete Ruzka von sich, dem jüdischen Mädchen aus Polen, typisch in jeder Hinsicht, das zufällig in die schlimmste Zeit der Geschichte geraten war.

* * *

Der russische Kommandant teilte Abba mit, dass er Wilna angreifen wolle. Ein Überfall auf die Stadt – eine Hochburg der Deutschen – würde die Stärke der Partisanen demonstrieren und vielleicht noch andere Leute zum Aufstand bewegen. Die Russen besaßen die komplizierten Waffen, die für eine Mission des Typs »In die Höhle des Löwen!« erforderlich waren. Aber sie hatten keine Kuriere oder Führer, die sich in den Straßen auskannten. Zu diesem Zweck wollten sie sich ein paar jüdische Mädchen ausborgen. Abba überlegte sich die Sache und sagte dann: »Wenn ihr unsere Hilfe wollt, gut. Aber es muss eine jüdische Mission sein: jüdische Soldaten, jüdische Befehle.«

Der Kommandant fragte, welche Rolle er den Russen zugedacht habe, und Abba antwortete: »Ihr werdet uns die Waffen geben.«

Am Abend des Jom Kippur verließen zwei Jungen und zwei Mädchen in bäuerlicher Kleidung das jüdische Lager. Eines der Mädchen trug ein Kopftuch und einen Pelzmantel und hatte einen dieser ausgebeulten Koffer bei sich, wie ihn Bauersleute tragen, wenn sie in die Stadt unterwegs sind. Das Mädchen war Vitka. Im Koffer befanden sich Magnetminen mit Zeitzünder, die sich an jeder metallenen Oberfläche befestigen ließen.

Die Gruppe folgte der Straße durch das gefrorene Land und in die Hügel am Stadtrand von Wilna. Vor ihnen lag die Stadt mit ihrem regen Verkehr auf den Straßen, der gespenstischen Betriebsamkeit der Belagerung. Bis zum Sonnenuntergang waren die Partisanen an der Pelzfabrik angelangt, in der noch immer mehrere hundert Juden als Zwangsarbeiter beschäftigt waren. Vitka redete mit Sonia

Madejsker, einer jüdischen Kommunistin, die in einem der Fabrikgebäude lebte. Sonia mit ihren blonden Haaren und großen Augen war die einzige Verbindung zum Untergrund, die es noch in Wilna gab. Sie erzählte Vitka, dass man die Pelzfabrik demnächst schließen und die darin beschäftigten Juden in Konzentrationslager schicken würde. Eine Schar dieser Arbeiter wollte mit Vitka in den Wald fliehen. Yurgis hatte den Juden bereits gesagt, sie sollten die Zahl der Flüchtlinge in ihrem Lager reduzieren. Die meisten dieser Juden hatten nämlich keinerlei Kampferfahrung,

konnten nicht mit Gewehren umgehen und wollten es auch nicht lernen. Sie wollten im Wald lediglich den Krieg abwarten; trotzdem mussten sie ernährt und gekleidet werden. Das, so Vitka, solle Sonia bedenken, und außerdem seien die Rebellen nicht aus humanitären Gründen in der Stadt, sondern um zu kämpfen.

»Wenn diese Leute nicht in den Wald gehen«, sagte Sonia, »dann werden sie sterben.«

Vitka versprach ihr, nach der Mission eine Entscheidung zu treffen.

Vitka

177

Die Partisanen verbrachten die Nacht in der Pelzfabrik. Am Morgen ging Vitka allein in die Stadt. Als sie durch die verwinkelten Gässchen spazierte, vorbei an unzähligen Soldaten und Mädchen in Schuluniformen, schloss sie die Augen und murrte unwillig. Die Geschäfte waren geöffnet, an den Litfaßsäulen hingen Plakate – das Leben ging weiter wie zuvor. Einen Augenblick lang hatte sie das Gefühl, als wäre sie nie geboren worden. Auf der Straße, auf der man die Juden ins Ghetto getrieben hatte, eine normale Straße, auf der das normale Werktagsgetriebe herrschte, überkam sie plötzlich der Hass. Sie fühlte sich bestätigt. Dieser Hass bewies ihr, dass sie sehr wohl geboren worden war, dass sie genauso in diese Welt gehörte wie die Schulmädchen und die Soldaten. Man kann sich nicht auf die Liebe seiner Mitmenschen verlassen, das wusste sie. Man kann sich nicht auf die Anständigkeit seiner Nachbarn verlassen, auch das wusste sie. Auch kann man sich nicht darauf verlassen, dass sich das Morgen nicht vom Heute unterscheiden wird. Aber auf den Hass, auf den konnte man sich sehr wohl verlassen. Vitka fand sich im Industriegebiet wieder, unterhalb der Türme und Rauchfänge, und suchte nach passenden Zielen. In der Pelzfabrik teilte sie dann den anderen ihren Plan mit: Die Jungen würden das Wasserwerk sprengen, während die Mädchen die Transformatoren ins Visier nahmen, die der Stadt Licht gaben.

Nach Sonnenuntergang begaben die Partisanen sich in die Stadt. Die öffentlichen Plätze waren mit Soldaten bevölkert, die Ausgang hatten, ein ununterbrochener Fluss von Stimmen. Es war die Stunde, da in früheren Jahren die jüdischen Familien ihr Fasten unterbrochen und sich um große, dampfende Abendessen geschart hatten. Die Männer trennten sich von den Mädchen und versprachen, sich eine Stunde später wieder in der Fabrik einzufinden. Sie ließen sich im Menschenstrom treiben, vorbei an Häusern und Gebäuden, bis zum Wasserwerk. Vor dem Gebäude befand sich ein Kanaldeckel. Die Partisanen schlenderten um den Block, bis die Straße leer war. Dann entfernte einer der Jungen – er hieß Mates Levin und war gelernter Klempner – den Kanaldeckel. Der zweite Partisan kletterte hinein und Levin folgte ihm. Als seine Augen sich an die Dunkelheit gewöhnt hatten, sah er die Eisensprossen, die nach unten führten, und die Rohre, die in alle Richtungen verliefen. Von hier aus wurde das Wasser in die ganze Stadt gepumpt. Levin kroch zum Schnittpunkt der Leitungen und befestigte zwei Minen mit einem Klicken. Er stellte den Zeitzünder auf vier Stunden. Dann stieg er die Leiter wieder hinauf, hob sachte den Deckel, spähte hinaus, sah niemanden kommen und kletterte ins Freie.

Die Mädchen waren auf der anderen Seite der Stadt, auf dem Fabrikgelände am Fluss. Schleppkähne und Containerschiffe säumten die Ufer, man hörte Nebelhörner, Fabriksirenen und das Gekreische der Möwen, die von den Abfallhaufen aufstiegen. Die Transformatoren ragten gespenstisch in den Nachthimmel und gaben ein Summen von sich. Sie waren völlig ungeschützt, nicht einmal ein Zaun verwehrte den Zutritt. Hin und wieder gab es einen Knall, und eine Ladung Strom zischte über die Drähte. Vitka setzte eine Mine auf einen der Eisenträger; sie rutschte zu Boden. Der Transformator war mit Farbe bestrichen, und die Minen wollten nicht haften. Wütend kratzte Vitka die Farbe ab, rieb sich die Finger blutig. Als deutsche Soldaten die Straße entlangkamen, duckten sich die Mädchen in die Dunkelheit und hielten den Atem an, bis sie fort waren. Sie brauchten ungefähr zwanzig Minuten, dann hatten sie genügend Farbe abgekratzt, um die Minen anbringen zu können. Sie stellten die Zeitzünder auf vier Stunden.

Die Männer erwarteten sie in der Pelzfabrik. Sie waren

müde, wollten schlafen und erst am Morgen in den Wald zurückgehen. Vitka sagte, sie müssten auf der Stelle aufbrechen, noch bevor die Bomben explodierten. Danach würden die Deutschen ihre Sicherheitsvorkehrungen verdoppeln, würden die Straßen unpassierbar werden. Man würde jeden Quadratzentimeter der Stadt nach ihnen durchkämmen. Wenn sie in der Fabrik blieben, gefährdeten sie nicht nur ihr eigenes Leben, sondern auch das der anderen Juden. Die Männer hielten dagegen, dass die Deutschen den Juden einen derart gewagten Angriff nicht zutrauen würden. Sie fingen an zu streiten, konnten sich nicht einigen. Schließlich gab Vitka, der die Zeit davonlief, es auf. Sie bat Sonia, den Juden Bescheid zu geben, die in den Wald gehen wollten; sie würde sie mitnehmen.

Eine Stunde später schlich Vitka an der Spitze von sechzig Juden die dunkle Straße entlang. Von den Hügeln aus hörte sie die Explosionen, eine nach der anderen, aus unterschiedlichen Teilen der Stadt. Als sie sich umdrehte, sah sie, wie die Lichter in den Häusern ausgingen, wie es finster wurde auf den Straßen und Wilna in Dunkelheit versank.

Am darauf folgenden Tag verließen die Männer die Stadt. Sie wurden von einer deutschen Patrouille gefasst und waren nicht mehr gesehen. »Wir haben es geschafft und die Jungen nicht«, sagte Vitka, »weil sie müde waren. Wir waren auch müde, aber die Frauen waren stärker als die Männer.«

* * *

Der erste Schnee fiel. Er wehte herüber von den Bergen und legte sich schwer auf die Äste der Bäume. Die Deutschen konnten Fußspuren im Schnee verfolgen, deshalb mussten die Partisanen sehr vorsichtig sein. Sie füllten ihre Spuren auf, gingen auf zugefrorenen Flüssen, kehrten auf Umwegen wieder zum Lager zurück. Nacht für Nacht durchstreiften jüdische Soldaten mit Gewehren und Handgranaten die vereisten Täler, sprengten Außenposten in die Luft, verschwanden im Kugelhagel. Bauern, die über ihre verschneiten Felder stapften, sahen es hin und wieder aufblitzen in den Hügeln und hörten gleich darauf eine Explosion. Die Partisanen beschäftigten sich jetzt vor allem mit Sabotageakten, sprengten Züge und Brücken in die Luft. Zuerst benutzten sie eine Mine, die mittels eines langen Zünders ausgelöst wurde: am Zünder ziehen und – peng! Aber zu diesem Zweck mussten sie bis zur Sprengung in der Nähe der Schienen bleiben, und die Deutschen lernten mit der Zeit, den Zünder ausfindig zu machen. Deshalb erfand Abba in Zusammenarbeit mit den Pensow-Brüdern, auch sie Partisanen, eine neue Minenart, die es den Saboteuren erlaubte, außerhalb der Gefahrenzone zu bleiben. Sie hatte eine Lunte aus Bleistiftgraphit. Sobald ein Zug darüber fuhr, zerbrach die Lunte, und die Bombe ging hoch.

1944 zerstörten jüdische Partisanen einundfünfzig Züge, Hunderte von Lastkraftwagen und viele Dutzend Brücken. Hin und wieder ließen die Russen einen Zeitungsreporter per Fallschirm über dem Wald abspringen, und so existieren grobkörnige Aufnahmen von Zügen, die von Juden sabotiert worden waren. Übereinander liegende Güterwaggons, zerschossene oder in alle Richtungen verdrehte Eisenbahnschienen oder Schienen, die zwar in die erwartete Richtung weisen, aber zu Korkenziehern aufgerollt und völlig verbogen sind, wie Bestandteile eines surrealistischen Gemäldes. Auf einigen Fotos stehen Partisanen neben einem Wrack wie Angler, die stolz sind auf ihren dicken Fang. Wenn die Russen einen Zug sabotierten, legten sie die Bombe und machten sich aus dem Staub. Die Juden warteten die Explosion ab. Wenn der Zug dann entgleiste, riefen sie: »Das ist die Rache für Ponar.«

Den jüdischen Partisanen fehlte es oft an Waffen. Was sie auf ihren Überfällen ergatterten, konnte einfach nicht ersetzen, was sie nachts verbrauchten. Yurgis versprach der Brigade Bomben, Pistolen und Maschinengewehre. Aber wenn dann Fallschirmabwürfe kamen, mussten sich die Juden hinter den Russen und Litauern anstellen, bekamen entweder die Reste oder gar nichts. Abba meinte, dies sei jedoch kein Grund, nicht weiterzukämpfen. Wenn die Juden keine Bomben hatten, zogen sie mit Pistolen in die Schlacht. Und wenn sie keine Pistolen mehr hatten, zogen sie unbewaffnet aus. Mit bloßen Händen legten sie Telefonmasten um, durchschnitten Telegrafendrähte. In langen Winternächten hoben sie schwitzend Eisenbahnschienen aus der Verankerung und versteckten die kaputten Teile. Wenn der Zug auf die Lichtung schnaufte, entdeckte der Lokführer – zu spät – die Lücke in den Schienen. Die Bremsen kreischten, und der Zug rollte in den weichen Schnee, während die Partisanen brüllend in den Wald zurückrannten.

Eines Nachts brach eine Schar Partisanen, angeführt von Abba, in eine chemische Fabrik ein und stahl Tonnen mit Benzin, die sie zu einer Brücke an der Straße von Wilna nach Grodno schleppten. Die Straße wurde von feindlichen Truppenkonvois befahren. Die Partisanen machten Bündel aus welken Kiefernzweigen, tränkten sie mit Benzin und schleuderten sie auf die Brücke. Abba drehte die Fässer um und schüttete das Benzin aus. Ein Partisan zündete ein Bündel Kiefernzweige an und rannte über die Brücke, um das Feuer gleichmäßig zu verteilen. Von weitem sah man einen Flammenbogen, der sich über einen zugefrorenen Fluss spannte. Jenseits des Flusses befand sich ein deutscher Außenposten. Bald erreichte eine Abordnung

Soldaten den Fluss. Da es keine Möglichkeit mehr gab, ihn zu überqueren, standen die Deutschen einfach nur da und schauten zu den Juden hinüber; und die Juden schauten zurück. Nach mehreren Minuten gab Abba schließlich den Befehl zum Rückzug.

* * *

In ganz Europa begannen aufständische Banden aufzutauchen. Als die Kämpfe auf Hochtouren liefen, verloren die Deutschen jeden Monat nahezu hundert Züge, dazu Ausrüstung im Wert von mehreren Millionen Reichsmark an die Partisanen. Weite Landstriche im Osten, die offen Widerstand gegen die Deutschen leisteten, waren als Partisanenrepubliken bekannt. Im polnischen Lwow überraschten die Partisanen einen SS-Mann im Bett. Einige Tage später steckten sein Kopf und die Köpfe von zwölf weiteren Mitgliedern der SS auf Pfählen am Rand der Stadt. Tschechische Untergrundkämpfer brachten Reinhard Heydrich um, den Chef der Gestapo; als Vergeltung zerstörten die Deutschen die Ortschaft Lidice. Meistens jedoch begegneten sich deutsche Soldaten und Partisanen auf dunklen Straßen oder Waldwegen, in schnellen, brutalen Überfällen. Der deutsche Generalfeldmarschall Albert Kesselring, der gegen die Partisanen in Norditalien kämpfte, kommentierte die Kämpfe mit einem verblüffenden Mangel an Selbsterkenntnis: »Nachdem ich mich mit der Geschichte des Guerilla-Kriegs auseinandergesetzt und ihn nun aus erster Hand kennen gelernt habe, bin ich zu dem Schluss gekommen, dass er eine minderwertige Art ist, Krieg zu führen«, schrieb er. »In kleinen Gruppen ziehen sie (die Partisanen) aus zu ihrem ruchlosen Tun, morden stets im Schutz des Waldes, der Nacht oder des Nebels – niemals auf freiem Feld. Diese Banden sabotieren militärische Einrichtungen, Depots, Eisenbahnen,

Straßen, Brücken und Telegrafenleitungen, begehen aber ebenso Verbrechen gegen die Menschlichkeit. Nur in den seltensten Ausnahmefällen sind diese Horden zum fairen Kampf bereit; sobald sie in aller Heimlichkeit ihr Unheil angerichtet haben, werden sie wieder zu harmlosen Zivilisten, zu unschuldigen Wanderern.«

Im Winter 1944 waren 250 000 Soldaten der Achse in den Partisanenkrieg verstrickt. Die meisten dieser Soldaten waren Ukrainer, Polen, Litauer, Estländer oder Letten. Aber es kämpften auch zwanzigtausend deutsche Berufssoldaten, die zusammen drei Wehrmachtsdivisionen ergaben. Diese Soldaten, von denen viele den Sonderkommandos angehörten, hatten Maschinengewehre, Handgranaten, Raketenabschussgeräte und Flammenwerfer. In Abordnungen von vierzig oder fünfzig Mann, mit Lastwagen oder Halbkettenfahrzeugen, stürmten sie durch das Land und töteten bei jedem Einsatz Hunderte von Menschen. Sie vergalten Partisanenüberfälle mit Kollektivstrafen und löschten oft ganze Ortschaften aus.

Den Krieg gegen die Partisanen im Osten führte Erich von dem Bach-Zelewski an, ein SS-Obergruppenführer, in Westpolen geboren. Er hatte dunkle Augen und breite Schultern. Seine beiden Schwestern waren mit Juden verheiratet, ein Umstand, der zweifellos zu denkwürdigen Familienzusammenkünften führte. Im Ersten Weltkrieg hatte Zelewski auf deutscher Seite gekämpft, wurde zweimal verwundet und zweimal dekoriert. 1930 trat er in die nationalsozialistische Partei ein und wurde bald ein berüchtigter Straßenkämpfer. 1942, kurz nachdem Deutschland in Russland einmarschiert war, lag er nach einem Nervenzusammenbruch im Krankenhaus. In einem lichten Moment packte er einen Arzt am Arm und sagte: »Wissen Sie denn nicht, was im Osten gerade passiert? Das jüdische Volk wird ausgerottet.«

Zelewski wurde wieder gesund und kämpfte weiter gegen die Partisanen. Tausende kamen durch ihn zu Tode. Nach dem Krieg ließ er sich auf einen Handel ein, war bereit, in Nürnberg gegen andere gefangene Kriegsverbrecher auszusagen. Eines Tages, als Zelewski seine Zeugenaussage machte, sprang der Angeklagte auf und schrie: »Dreckiges Verräterschwein! Mieses Stinktier! Dreckiger Hurensohn! Er war der blutrünstigste Schlächter in dem ganzen gottverdammten Verein!«

Als man Zelewski aus dem Gerichtssaal führte, spuckte der Nazi ihm ins Gesicht und zischte: »Verräterschwein!«

* * *

Anfang des Jahres 1944 ging Vitka aus dem Lager, um Brennholz zu sammeln, zerrte an tief sitzenden abgestorbenen Zweigen, bis sie knickten und das gute, rötliche Holz zum Vorschein kam. Sie trug schwere Stiefel und einen zerlumpten Mantel. Ihre Augen waren klar und braun. Sie war stark geworden im Wald. Der Wind blies schwarze Wolken von Osten her. Es war noch Nachmittag, aber man hatte bereits das Gefühl, als sei dunkle Nacht. Der Himmel öffnete sich, gerade als sie zum Lager zurückkam, und der Schnee fiel in so schweren Flocken, dass er die Lagerfeuer löschte. In ihren Unterständen rückten die Partisanen näher an die Eisenöfen und fütterten ihre kleinen Feuer. Wenn der Wind in den Abzug fuhr, wurden die Flammen flach, füllte sich der Unterstand mit Rauch. »Ich erinnere mich noch ganz genau an diese stürmische Nacht«, schrieb Ruzka später, »ein Erlebnis, das mir unvergesslich bleiben wird.«

Mitten in der Nacht kam heftiger Wind auf, man hörte ein Splittern, ein Krachen, dann Schreie. Mehrere Partisanen liefen hinaus in das Schneegestöber, um nachzusehen, was passiert war. Ein Baum war auf eine der Baracken gestürzt, hatte zwei Mädchen getroffen. Die Partisanen schafften den Baum beiseite und trugen die Mädchen durch den Schnee in die Krankenbaracke. Ein Mädchen hatte Schnittwunden am ganzen Körper; ihre Verletzungen waren aber nicht schwer. Das andere Mädchen war am Kopf getroffen worden, Schädelbruch. Sie stand unter Schock. Der Arzt, der mit den Partisanen gekommen war, die Vitka aus Wilna mitgebracht hatte, war nicht im Lager. Er war am Morgen in ein Dorf gegangen, achtzehn Kilometer von hier entfernt, um einen Mann zu behandeln; es gab wenig Chancen, dass der Arzt rechtzeitig wieder im Lager sein würde. Die Partisanen pflegten das Mädchen, so gut sie konnten, wärmten ihr die Hände, brachten sie zum Reden. Aber sie brauchte dringend ärztliche Hilfe.

Am frühen Morgen dann, als man die Hoffnung beinahe aufgegeben hatte, tauchte der Arzt plötzlich mit seiner Instrumententasche aus dem Sturm auf. Seine Wimpern waren gefroren, seine Schultern voller Schnee. Er untersuchte das Mädchen. Ein Holzsplitter war in ihren Schädel eingedrungen. Er öffnete seine Tasche und legte sich die Instrumente zurecht, die er aus dem Ghetto geschmuggelt hatte, sie waren gut in Schuss und glänzten. Er musste operieren. Die einzige Lichtquelle in der Baracke war das Feuer im Eisenfass. Hin und wieder fuhr der Wind in den Kamin und blies das Feuer aus. Die Partisanen entfachten es immer wieder neu. Die meiste Zeit konnte der Arzt nur nach Gefühl operieren. Manchmal gab es einen leuchtenden Blitz, dann konnte er sehen, wie er vorankam. Die Nerven ihres rechten Auges waren in Mitleidenschaft gezogen, aber er konnte die Rinde aus ihrem Schädel entfernen und die Wunde schließen. Sie würde den Krieg überleben.

Als der Arzt zu Ende operiert hatte, stellte er sich in die Tür der Baracke und rauchte eine Zigarette. Der Sturm hatte sich gelegt, die Sonne ging auf. Auf den Unterständen türmte sich der Schnee, die Wege waren zugeschneit, die Landschaft war ganz still und fremd.

★ ★ ★

Gaumenentzündungen, Grippe, Skorbut, Läuse, Magenschmerzen, Krätze, Rachitis – das sind nur einige der Unpässlichkeiten, mit denen die Partisanen kämpften. Die Baracken boten nur unzureichend Schutz vor schlechtem Wetter, das Wasser tropfte durch die Dächer, die Soldaten froren im Wind oder erwachten morgens in schlammigen Pfützen. Manche stopften die Löcher zu oder suchten sich einen trockeneren Platz, aber die meisten dachten sich wohl nur, was soll's, drehten sich auf die andere Seite und schliefen weiter. Entweder sie waren krank, wurden krank oder hatten eine Krankheit hinter sich. Viele litten an Lungenentzündung. Das Essen im Lager war jeden Tag dasselbe. Fleisch und Kartoffeln. Fleisch und Kartoffeln. Fleisch und Kartoffeln. Zitrusfrüchte waren eine Erinnerung an eine andere Welt. Weil ihre Nahrung nicht genügend Vitamine beinhaltete, bekamen die Partisanen Entzündungen im Mund und auf den Händen. Sie lebten und starben mit dem Wetter.

Im Winter erteilte Abba Ruzka den Auftrag, sich um die Gesundheit im Lager zu kümmern. Sie war schon früh mit dem Leid anderer in Berührung gekommen, gehörte zu den Menschen, die ihre eigenen Nöte in den Griff bekommen, indem sie die der anderen lindern. Sie richtete einen Waschraum ein. Einige Partisanen waren verheiratet, sie hatten Frauen, die ihnen die Kleider wuschen und flickten, aber die meisten waren ledig und behielten ein Hemd oder eine Hose so lange am Leib, bis sie zerrissen und vollkommen verlaust waren. Ruzka forderte sie daher auf, ihr zweimal in der Woche ihre Kleider zu bringen, die sie in ein Wasserloch warf und mit Asche auskochte. Kam ein Kämpfer mit Frostbeulen vom Einsatz zurück, zog sie ihm die Schuhe aus und untersuchte seine schwarzen, geschwollenen Füße. In schlimmen Fällen schickte sie den Kämpfer zum Arzt, der ihm mit seinen glänzenden Instrumenten ein oder zwei Zehen oder gar den ganzen Fuß abnahm. Daraufhin humpelte der Betroffene dann zum Feuer, setzte sich davor und fluchte in die Flammen.

Es gab kaum Brot im Lager. Wenn wunderbarerweise ein Partisan von einem Überfall mit einem Laib Brot zurückkam, schnitt Ruzka ihn in hauchdünne Scheiben, die den Kränksten im Lager vorbehalten waren. Zusätzliche Rationen wurden für den Notfall gehortet. Manchmal fegte eine Art Hysterie durch das Lager. Einmal zum Beispiel brachen einige Partisanen in den Lagerraum ein und stahlen Brot. Die Männer wurden dabei erwischt, abgeurteilt und hingerichtet. »Dieser Zwischenfall löste große Besorgnis aus im Lager und war eine wirkungsvolle Lektion«, schrieb Ruzka später. »Die Diebstähle hörten auf. Was man mit Erziehung, gutem Zureden und Appellieren an das Gewissen und den Gerechtigkeitssinn nicht erreichen konnte, hatte man ein für allemal mit diesem Prozess und dem Urteil erreicht.«

* * *

Mehrmals im Monat starteten in Moskau Transportflugzeuge, flogen über Russland hinweg in feindliches Gebiet, wichen deutschen Kampfflugzeugen aus und dem Rattern der Flak, um Fallschirme mit Versorgungsgütern über den dichten Wäldern Litauens abzuwerfen. Partisanen, die die Kisten aufsammeln sollten, mussten die ganze Nacht in der Kälte stehen und auf Flugzeuge warten, die dann womöglich gar nicht kamen; es hing vom Wetter ab und der Treffsicherheit der deutschen Luftwaffe. Transportflugzeuge wurden oft abgeschossen. Abba holte die Abwürfe manchmal persönlich, zog sich dafür Pelzkappe und Mantel an, griff sich ein Bündel Brennholz und stapfte durch die Bäume zu einer Stelle, die er sich ein paar Nächte zuvor ausgesucht hatte. Im Winter gab es keine Mücken, und wo der Wind über den Boden fegte, fror die Schneedecke zu einer harten Kruste. Auf einer Lichtung grub Abba ein Loch in den weichen Schnee, errichtete ein Tipi aus Holz und zündete es an. Er schürte das Feuer, bis es hell aufloderte, um den russischen Piloten ein Signal zu geben. Während Abba auf die Flugzeuge wartete, setzte er sich an einen Baum, drehte sich Zigaretten und schrieb in sein Notizbuch. Manche Partisanen hatten sich über Abbas Schreiben beschwert, behauptet, es lenke ihn von seinen Pflichten ab. Als Yurgis davon hörte, gab er Abba den Rat, zum Schreiben lieber in den Wald zu gehen.

Manchmal hielt Abba im Schreiben inne und blickte auf die Bäume oder in den Himmel über den Bäumen, um Transportflugzeuge auszumachen. Es war schön im Wald, aber unheimlich. Schließlich erschienen die Flugzeuge im Osten, ein paar hundert Meter über den Bäumen. Die Piloten flogen ohne Licht, weil sie

Jüdische Partisaneneinheit in Litauen

Angst hatten, abgeschossen oder zu den Partisanenstützpunkten verfolgt zu werden. Wenn sie über der Lichtung waren, konnte Abba die engen Cockpits und die stumpfen Schwingen der zweimotorigen Maschinen sehen. Nachdem die Flugzeuge mehrere Kreise gezogen hatten, öffneten sich ihre Luken, und Kisten fielen in die Tiefe, fielen sehr schnell, bis sich die Fallschirme öffneten, die den Fall ruckartig bremsten und die Kisten dann sanft zu Boden trugen. Jede Maschine warf ungefähr fünfzehn Kisten ab: Wodka, Schokolade, Pistolen, Maschinengewehre, Patronen, Handgranaten und Kondensmilch aus Amerika. Einige Fallschirme blieben in den Zweigen der Bäume hängen. Die meisten dieser verunglückten Kisten konnten von den Partisanen heruntergeholt werden, aber wenn sie zu hoch hingen, ließ man sie als eine Art Denkmal dort. Bevor die Piloten wieder davonflogen, kreisten sie ein letztes Mal über der Lichtung, wobei sie die Maschinen in die Querlage brachten und die Lichter im Cockpit aufblitzen ließen.

Ein Abwurf beinhaltete Exemplare einer unabhängigen polnischen Zeitung, und Abba las sie am Lagerfeuer. Ein Artikel mit der Schlagzeile »Unsterbliche Helden« schilderte das Massaker in Katyn, einer Stadt in Ostpolen, wo man in einem Massengrab 1300 polnische Armeesoldaten fand, die entweder von Russen oder Deutschen getötet worden waren. Abba konnte nicht herausfinden, auf wen sich die Schlagzeile »Unsterbliche Helden« bezog. Auf die Polen etwa, die dem Massaker entgangen waren? Oder auf die Bauern, die die polnischen Soldaten versteckt hatten? Oder waren die Leute gemeint, die das Grab gefunden hatten? Dann las Abba den letzten Satz: »Wenn Polen wieder frei ist, wird das polnische Volk einen Heldentempel errichten, in dem jeder Einzelne der heiligen Märtyrer Katyns seinen Platz finden wird.«

Abba las den Artikel ein zweites Mal, wobei ihm gewisse Worte unangenehm auffielen: Unsterblich. Helden. Märtyrer. Heilig. »Ich wurde von Schmerz und Ärger gepackt«, schrieb er später. »In unseren Herzen waren nur Mitleid und Tränen für die Toten von Ponar. Nur Schmerz empfanden wir für sie – und insgeheim galt dieser Schmerz nicht nur dem Umstand, dass sie tot waren, sondern vor allem der Art und Weise, wie man sie getötet hatte. Und die Polen? Die Polen sind stolz auf Katyn. Wer von uns ist da nicht ganz bei Verstand?«

Zum ersten Mal spürte Abba die Grausamkeit dessen, was er erlebt hatte: der Judenrat, die Judenpolizei, die vielen tausend Menschen, die zu den Zügen gegangen waren. In der Weite des Waldes sah er endlich das Ghetto, in dem es keine Weite gegeben hatte; im Licht des Waldes dachte er endlich an das Ghetto, in dem es kein Licht gegeben hatte. »Man hatte sie nicht nur umgebracht«, schrieb er, »sie waren tot, noch bevor man sie umgebracht hatte. Sie hatten ihren Lebenswillen verloren, hatten vergessen, dass das Leben heilig ist. Nicht die Hinrichtungen sind das Grauen, sondern das Leben bis zu den Hinrichtungen.«

Abba trug diese Überzeugung durch den Krieg, hielt auch dann noch an ihr fest, als er sich bereits in Israel einen Namen machte. Ein einziger Satz ließ ihn bekannt werden: »Geht nicht wie die Schafe zur Schlachtbank.« Später wurde er aufgrund dieses Satzes und der Philosophie, die er anzudeuten schien, angegriffen: dass selbst die eine Wahl gehabt hatten, die in Ponar ermordet wurden; dass sie sich für den Kompromiss und damit für den Tod entschieden hatten; dass es weder Kompromisse noch Vertrauen geben darf – dass Juden hart sein müssen. In späteren Jahren nahm Abba Abstand von seinem Satz und anderen Aussagen, die er in seiner Jugend gemacht hatte, aber tief im Herzen, wo er das Ghetto nie mehr ganz los wurde, wusste er, dass er damals Recht gehabt hatte; die erste Reaktion mag rauer und weniger zu rechtfertigen sein als die glatt polierten Töne, die man im Rückblick von sich gibt, und doch ist sie reiner, der Wahrheit um ein gutes Stück näher.

Abba schlenderte stundenlang durch den Wald, während die Lichter der Lagerfeuer zwischen den Stämmen tanzten. »Diesmal haben uns nicht die Kosaken getötet«, dachte er. »Es waren nicht die Horden aus dem Osten oder die Schwarzen Hundertschaften. Diesmal war es die Zierde einer modernen Zivilisation. Und die Art, wie sie uns ermordeten, war anders. Das Opfer bekam seinen Mörder nicht zu Gesicht. Ein anonymes Fließband besorgte das Töten.«

Im Lager las Abba noch andere Zeitungen. In der *Prawda* schrieb ein russischer Korrespondent über die Partisaneneinsätze, wobei er auch diejenigen nannte, die von Juden getätigt worden waren. Es war die Rede von Explosionen, kaputten Zügen, Leichen, nicht aber von der jüdischen Brigade oder von jüdischen Partisanen. Der Zeitung zufolge hatten Litauer die Einsätze getätigt. Es war, als hätten die Juden niemals existiert. Abba dachte zum ersten Mal daran, was er nach dem Krieg tun würde, dass die Juden Vergeltung üben mussten, sich rächen mussten für ein Verbrechen, das nicht gerächt werden konnte. »Plötzlich spürte ich, wie etwas Schreckliches an einem fernen Ort Gestalt annahm, in einer noch uneroberten Stadt«, schrieb er. »Ich spürte, dass diese Geschichte den Leuten einmal die Luft abschnüren würde, sie zu Tränen rühren würde, die nicht fließen konnten.«

* * *

Einmal entdeckten ein paar jüdische Partisanen bei einem nächtlichen Spaziergang zerrissene Fallschirme und zerbrochene Kisten, die in Baumwipfeln festhingen, Überreste des letzten Abwurfs. Die jüdischen Partisanen, die oft leer ausgingen und denen es immer am Notwendigsten fehlte, halfen einander auf die Bäume und kletterten von Ast zu Ast bis in die Wipfel. Sie kappten die Leinen, und die Kisten fielen krachend auf den Waldboden. Sie enthielten Wodka, Gewehre und Schokolade. Die Rebellen tranken und aßen und schafften die Gewehre ins Lager.

Ein paar Tage später sprach Isser Schmidt, der eben vom russischen Stützpunkt kam, mit Abba. Die Russen wüssten von den Kisten, sagte Isser; sie wollten wissen, wer sie vom Baum geholt hätte.

»Diese Leute haben sich an Kriegsgut vergriffen«, sagte Isser. »Sie haben das russische Volk bestohlen.«

»Wie kommst du darauf, dass ich weiß, wer das Zeug genommen hat oder dass Sachen fortgekommen sind?«, fragte Abba.

»Du weißt es«, sagte Isser.

»Selbst wenn ich es wüsste«, sagte Abba, »würde ich es dir nicht sagen.«

Am Nachmittag führten einige Agenten der sowjetischen Geheimpolizei Abba zum russischen Stützpunkt. Zwischen diesen Männern wirkte Abba, der den Kopf gesenkt hielt und mit herunterhängenden Armen und großen, zerschundenen Händen mit ihnen ging, wie eine halbe Portion.

Ruzka und Vitka blieben die ganze Nacht wach, machten sich Sorgen, weil Abba zum Stützpunkt gegangen war. Womöglich hatte man ihn umgebracht, weil er keine Namen verraten hatte. Oder man hatte ihn gefoltert, bis er die Namen der Schuldigen preisgegeben hatte, dann würde er völlig verstört sein, wenn er kam. Im Morgengrauen kehrte Abba allein zurück. Man hatte ihn die ganze Nacht im

Schnee stehen lassen. Die Russen hatten ihm gedroht – »Sie versuchten mir Angst zu machen«, sagte er –, ihn aber schließlich gehen lassen, als klar war, dass er nichts verraten würde. Abba glaubte, dass Yurgis ihn gerettet hatte; jeder andere Kommandant hätte ihn hinrichten lassen. Mehrmals in dieser Nacht hatte er gedacht: »Yurgis ist Jude.«

Tags darauf entzog Yurgis Abba die Befehlsgewalt. Von nun an würde die Brigade einem Nichtjuden gehorchen und litauische Brigade heißen. Aber der neue Kommandant hatte Seite an Seite mit Abba gekämpft und achtete ihn. Er wusste, dass die Brigade, ganz gleich, wie sie hieß, immer jüdisch sein würde. Er wusste auch, dass ihre Mitglieder weiterhin Abba als ihren Anführer betrachten würden. Deshalb blieb Abba, wenn auch nicht dem Namen nach, weiterhin der Anführer. Abba dachte, dass Yurgis dies mit Absicht getan hatte, dass er mit seiner Entscheidung nur hatte zeigen wollen, dass er etwas unternommen hatte, zugleich aber diesen Kommandanten ausgewählt hatte, der die jüdische Brigade nicht anzweifeln würde.

Jahre später fragte Michael Kovner, Abbas Sohn, Isser Schmidt, was es mit diesem Zwischenfall auf sich gehabt hatte. Isser, der in Jerusalem lebte, runzelte die Stirn und sagte: »O ja. Warum wollte Abba uns die Namen dieser Männer nicht verraten?«

»Er dachte, man würde sie töten«, sagte Michael.

»Sehen Sie, deshalb mochte ich Abba«, sagte Isser. »Er war so naiv.«

Es war nicht ganz klar, was Isser damit gemeint hatte: War Abba naiv, weil er glaubte, dass man die Männer töten würde? War er naiv, weil er dachte, dass solche Männer den Tod nicht verdient hatten? Oder war er deshalb naiv, weil er als Kommandant sein Leben für ein paar Fußsoldaten riskieren wollte, die den Krieg höchstwahrscheinlich sowieso nicht überleben würden?

* * *

Im Radio erfuhren die Partisanen von den Siegen im
Osten. Im Juli 1943 waren die Deutschen in Kursk besiegt
worden, in der größten Panzerschlacht der Geschichte. Im
Oktober hatte die Rote Armee bereits die meisten Gebiete,
die die Deutschen in Russland eingenommen hatten,
zurückerobert. Bis zu den ersten heftigen Schneefällen hatten die Russen den Dnjepr überquert, das letzte natürliche
Hindernis vor der Steppe. Von der Luft aus wurden die
Deutschen von riesigen Geschwadern bombardiert, von
zweisitzigen Jagdbombern, bei denen der hintere Schütze
in einem offenen Cockpit saß und mit Maschinengewehren
und Kanonen drauflosschoss. Auf dem Boden wurden die
Deutschen von vielen tausend Panzern eingekreist, T-34er
mit kleinen, massigen Käferrücken und schweren Ketten.
Nachts wurden die deutschen Stützpunkte von motorisier-
ten Raketen beschossen, so genannten Katiuschas, Geschossen, die aus dem Tieflader sausten und mit einem oh-
renbetäubenden Knall hinter den feindlichen Linien
einschlugen.

Im Winter sahen die Partisanen die ersten Auswirkun-
gen der deutschen Niederlagen. Rudnicki, das bisher nur
ein Nebenschauplatz gewesen war, glich immer mehr einer Front, die Anzahl der Soldaten stieg ständig, und die
Straßen, die nach Westen führten, füllten sich allmählich mit feindlichen Lastwagen und Truppentransportern.
Vitka stand manchmal am Waldrand und beobachtete
den Verkehr. Die deutschen Soldaten, die aus Russland kamen, waren vom Frost gezeichnet, hatten rote Gesichter
und rote Ohren. Die Partisanen nannten sie »erfrorene
Äpfel«.

Im Lager hieß es: »Was ist der Unterschied zwischen der
Sonne und Deutschland?«

195

»Die Sonne geht im Osten auf und im Westen unter;
Deutschland geht im Westen auf und im Osten unter.«

* * *

Im April wurde es sonnig, und der Schnee schmolz. Man
hörte das Rauschen des Wassers bis ins Lager der jüdischen
Partisanen. Bald würden die Bäume grün werden und die
Blumen blühen. Vitka und Ruzka lieferten sich eine
Schneeballschlacht. Abba kam dazu und lächelte. Bevor
Abba ein Wort sagen konnte, fragte Vitka: »Wohin soll ich
gehen?«

Bald darauf brach Vitka mit einem Manifest nach Wilna
auf, in dem Abba die wenigen Rebellen, die noch in der
Stadt lebten und von denen die meisten Kommunisten waren, zu den Waffen rief. Außerdem sollte Vitka für die kranken Partisanen im Lager Medikamente besorgen. Die
Straße führte über flaches Land in ein Dorf mit strohge-
deckten Häusern. Eine alte Bauersfrau stand in einer Tür
und lächelte Vitka zu. Die Sonne stand tief, und die Felder
sahen aus, als stünden sie in Flammen. Vitka, die die Frau
nicht kränken oder argwöhnisch machen wollte, grüßte sie.
Die Bäuerin fragte Vitka, wohin sie gehe.

»Nach Wilna.«

Die Bäuerin fragte, ob sie mitkommen könne.

Nach einer Weile kamen Vitka und die Frau an eine
Brücke, die über einen von Sandbänken durchbrochenen
Fluss führte. In der untergehenden Sonne glitzerte das
Wasser wie gesplittertes Glas. Auf der Brücke standen zwei
Soldaten – ein Deutscher und ein Litauer. Die Bäuerin trat
auf den litauischen Soldaten zu und flüsterte ihm etwas ins
Ohr. Der Soldat sah Vitka an und sagte: »Zeig mir deine Pa-
piere.«

Vitka reichte ihm ihre gefälschten Papiere.

»Das Mädchen ist Jüdin«, sagte der Litauer. »Partisanin.«

Der Deutsche besah sich die Papiere.

»Sie sind falsch«, sagte der Litauer.

»Sie hat blonde Haare«, sagte der Deutsche.

»Die Ansätze sind schwarz«, sagte der Litauer. »Und ihre Kleider sind vom Lagerfeuer angesengt. Und schau dir ihre Wimpern an. Die Spitzen sind weiß, ebenfalls vom Feuer angesengt.«

Während die Soldaten redeten, zerriss Vitka das Manifest und schleuderte die Fetzen in den Wind. Die Bäuerin sammelte sie wieder auf und gab sie dem Deutschen. Er versuchte die Schrift darauf zu entziffern und befahl dem Litauer, Vitka zu durchsuchen. Dieser fand die Medikamentenliste.

»Ich brauche die Medikamente für kranke Menschen in meinem Dorf«, sagte Vitka.

»Bring sie zur Gestapo«, sagte der Deutsche.

»Sie ist eine jüdische Partisanin«, sagte der Litauer. »Das habe ich doch schon bewiesen.«

»Ich kann das nicht entscheiden«, sagte der Deutsche.

Der Soldat rief, und wenige Minuten später kam ein Pferdekarren an die Brücke. Vitka musste sich zwischen zwei litauische Polizisten setzen – der eine klein und dick, der andere lang und dünn. Der deutsche Soldat gab dem Langen Vitkas Ausweis, die Medikamentenliste sowie die Fetzen der Bekanntmachung. »Bringt sie zum Gestapo-Hauptquartier«, sagte er.

Der Fahrer hob die Peitsche, die Pferde trabten an. Bauernhäuser glitten vorüber. »Schaut euch doch meinen Ausweis an«, sagte Vitka. »Ich bin keine Jüdin.«

Die Polizisten schenkten ihr keinerlei Beachtung.

Zu beiden Seiten der Straße zogen sich die Felder bis zum Horizont. Vitka sprach von ihrer christlichen Erziehung, von ihrer Kindheit in einem litauischen Dorf. Langsam stieg die Straße an, führte in die Hügel. Bald würde sie in der Stadt sein, dort würde man sie foltern und umbringen. Da sitze ich nun, dachte sie; bald muss ich sterben und tue nichts dagegen. Die Soldaten hatten Gewehre. Sie dachte daran, vom Wagen zu springen und sich erschießen zu lassen.

Die Pferde mühten sich den Hügel hinauf. Die Abendsonne entzündete die Täler. Vitka musterte die Uniformen, die die Polizisten trugen, fadenscheinig, an den Säumen ausgefranst. Von einem Hügel aus sah sie bereits die Stadt vor sich liegen. »Ihr habt Recht«, sagte sie. »Ich bin Jüdin und Partisanin. Genau deshalb solltet ihr mich gehen lassen.«

Die Polizisten ignorierten sie.

»Ihr habt doch die Nachrichten von der Front gehört«, redete sie weiter. »Ihr wisst, dass die Russen auf dem Vormarsch sind und schon bald Wilna erreichen werden. Die Partisanen sind darüber genauestens informiert«, sagte sie. »Wir haben eine Liste mit den Namen sämtlicher Kollaborateure. Wenn ihr mich zur Gestapo bringt, dann stehen eure Namen auch auf dieser Liste. Das garantiere ich euch. Wenn ich sterbe, sterbt ihr auch.«

In der Stadt fuhren sie an dunklen Häusern vorbei. Die Straßenlaternen führten in die Ferne. »Das ist eure letzte Chance«, sagte sie.

»Die Deutschen sind immer noch stark«, sagte der große Polizist.

»Das wollen sie euch einreden«, sagte Vitka. »Dabei verlieren sie jede Schlacht.«

»Viele Polizisten arbeiten für die Partisanen«, sagte Vitka. »Aber das wisst ihr ja.«

Der Lange sah seinen Kollegen an und sagte: »Den Juden kann man kein Wort glauben.«

Der Karren hielt, und die Polizisten führten Vitka um eine Ecke zum Eingang des Gestapo-Hauptquartiers. Der lange Polizist schob ihr etwas in die Hand – ihren Ausweis. »Meide in Zukunft die Brücke, auf der sie dich geschnappt haben«, sagte er. »Und sag deinem Kommandanten, dass wir ihn bald sehen wollen.«

* * *

Vitka setzte die Papierfetzen von Abbas Bekanntmachung wieder zusammen, schrieb sie ab und überbrachte sie den Untergrundführern. Dann schickte sie einen Boten, der ihr die Medikamente auf Abbas Liste besorgte. Sie stammten von einem deutschen Arzt, einem Wehrmachtsoffizier, der Tabletten gegen Schmuck, Gold oder Pelze eintauschte. Um Mitternacht war Vitka wieder auf dem Weg in den Wald, umging in weitem Bogen die Brücke, auf der man sie verhaftet hatte. Dabei kam sie an Ponar vorbei. Im Morgengrauen beobachtete sie hinter weißen Baumstämmen, wie ein Militärlastwagen die Straße entlangbrauste. Dann, von einem Hügel aus, sah sie Soldaten, die die Felder absuchten. Bluthunde schnüffelten im Bodennebel, scheuchten Vögel auf. Auf Vitkas Weg lag der Hof eines Bauern, der schon einmal Partisanen aufgenommen hatte. Als sie das Haus erreichte, war der Bauer gerade dabei, den Garten umzugraben. Als Vitka mit ihm redete, wandten die Soldaten in der Ferne sich um und blickten zum Haus herüber. »Sie kommen«, sagte der Bauer. »Schnell.«

Er führte sie in einen Schuppen und forderte Vitka auf, unter das Heu zu kriechen, das an einer Wand aufgeschichtet war. Lange Zeit musste sie reglos im Heu liegen, das kalt war und feucht und nach Sommer roch. Sie hörte Stimmen, hörte das Gebrüll eines Deutschen, Worte, die durch das Heu gedämpft wurden. Irgendein Gegenstand drang durch das Heu. Zack. Zack. Zack. Eine Heugabel stieß haarscharf an ihrem Gesicht vorbei, klopfte den Boden ab. Viel später schob jemand das Heu beiseite, und Sonnenschein überflutete ihre Augen.

»Geh jetzt, bitte«, sagte der Bauer.

Stunden später schlüpfte Vitka in das kühle Kirchenschiff des Waldes. Sie überbrachte Abba die Medizin und teilte ihm mit, dass sie nicht mehr nach Wilna gehen würde. »Es ist ein Wunder, dass ich es bis hierher geschafft habe«, sagte sie. »Wie oft kann man auf ein Wunder hoffen?«

Am Lagerfeuer scharten sich die Partisanen um fünf Männer, die gerade das Lager erreicht hatten. Sie hatten nur noch Lumpen am Leib und Dreck und Blut unter ihren Nägeln. Jeder von ihnen erhielt eine Scheibe Brot. Vitka konnte es kaum in ihrer Nähe aushalten, wegen des üblen Gestanks, den sie verbreiteten, ebenso vertraut wie schrecklich. Leichengestank.

Einer dieser Männer hieß Farber. Er war Jude und hatte in der Roten Armee gedient. Im Herbst 1943 war er den Deutschen in die Hände gefallen und in ein Arbeitslager gesteckt worden. Am Morgen beobachteten die Deutschen ihre Gefangenen beim Duschen, um herauszufinden, welche beschnitten waren. Man schickte Farber und sechs weitere Kriegsgefangene nach Ponar, in ein von Stacheldraht und Minen umgrenztes Lager. Am Eingang hing ein Schild, auf dem zu lesen stand: »Betreten strengstens verboten, Lebensgefahr! Minen!« Die siebzig jüdischen Gefangenen in Ponar mussten Gruben ausheben und Leichen verbrennen. Die Deutschen wussten, dass die Rote Armee sie bald besiegen würde, und vertuschten ihre Verbrechen. Der Sturmführer, der die Operation leitete, war ein raffinierter Sadist, ungefähr dreißig Jahre alt, erzählte Farber. »Er kleidete sich wie ein Dandy. Seine weißen Wildlederhandschuhe reichten bis zu den Ellbogen. Seine Stiefel waren spiegelblank. Er roch sehr stark nach Parfum.«

»Niemandem ist es je gelungen, aus Ponar zu flüchten«, sagte der Sturmführer. »Und das wird auch so bleiben.«

Die Gefangenen lebten in einer offenen Grube, über die man Bretter gelegt hatte. Zwei Leitern führten in diese Grube hinunter, eine saubere für die Deutschen, eine schmutzige für die Juden. Die gefangenen Männer und Frauen wurden angekettet. Bei Sonnenaufgang wurden sie gezählt und zu ihrer Arbeit geführt. In manchen Gräbern lagen bekleidete Leichen, in anderen nackte. Die Deutschen hatten ihnen die Kleider abgenommen, bevor sie sie töteten. Einer der Gefangenen musste mit einem Haken Leichen aus den Gräbern ziehen. Ein paar dieser Leichen hatten schon zwei Jahre lang unter der Erde gelegen und zerfielen, oder die Haut löste sich ab. Wachsoldaten der SS saßen am Grubenrand und passten auf, dass kein Arm oder Bein vergessen wurde. Wenn die Gefangenen von den Toten sprachen, mussten sie die Wörter Körper oder Leiche vermeiden. Sie durften nur in Zahlen von ihnen reden. »Wie viele haben wir heute ausgegraben?«

Träger schafften die Leichen an den Waldrand, wo man sie auf eine Unterlage aus Holzstämmen legte. Sobald sie voll war, legte man auf die Leichen eine zweite Schicht Hölzer und auf diese eine zweite Schicht Leichen. Enthielt dann ein solcher Scheiterhaufen fünf oder sechs Holzschichten und ungefähr dreitausend Leichen, übergoss man ihn mit Benzin und steckte ihn mit Hilfe von Thermitbomben in Brand. Die Deutschen hackten Luftschächte in die Stämme, damit Sauerstoff zum Grund der Scheiterhaufen gesogen wurde und die Leichen auch wirklich verbrannten. Ein Sprengmeister blieb mit einem Spaten daneben stehen und passte auf, dass das Feuer niemals ausging. Dicker, schwarzer Rauch stieg auf. Wurde eine Schwangere von den Flammen erfasst, platzte ihr Unterleib auf, und die Arbeiter sahen den brennenden Fötus. Nach drei Tagen war von den Leichen nichts mehr übrig als Asche. Die Gefangenen mussten darin herumstochern und nach Metall oder Münzen suchen. 1943 und 1944 wurden in Ponar über sechzigtausend Leichen verbrannt.

Wenn es nicht mehr genügend Licht zum Arbeiten gab, führte man die Gefangenen zurück in ihr Erdloch, wo sie ihre Hände in Magnesium wuschen. Es gab elektrisches Licht in der Grube, und nachts streiften die Gefangenen durch die Kammern, die man in die weiche Erde gegraben hatte. Eine der Gefangenen war die Tochter der reichsten jüdischen Familie in Wilna. »Die da ist die Tochter von Becker«, sagte jemand zu Farber. »Wie viele Häuser der hatte!« An jedem Freitag sprach nachts ein gefangener Rabbi mit einigen Juden leise Gebete. Farber verriet dem Rabbi, dass er fliehen wolle, ein Vorhaben, mit dem er die übrigen Gefangenen in große Gefahr bringen würde. Da es nichts zu verlieren gab, gab der Rabbi ihm seinen Segen.

Am hinteren Ende der Grube gab es einen Lagerraum, eine hölzerne Tafel diente als Wand. Am 1. Februar 1944 zerrten ein paar Gefangene die Tafel beiseite und fingen an zu graben; ein Tunnel war die einzige Möglichkeit, an den Wachen, Zäunen und Minen vorbeizukommen. Nacht für Nacht, während die Übrigen schliefen, erweiterte einer der Gefangenen den Tunnel. Ein Brotmesser, das man bei einer der Leichen gefunden hatte, war das bevorzugte Werkzeug. Den Dreck, der sich im Tunnel anhäufte, füllten sich die Gefangenen in die Taschen, um ihn in den Feldern zu verstreuen. Manchmal stieß man beim Tunnelgraben auf ein Grab, und es fielen einem ein Arm oder ein Bein in den Weg. Da der Tunnel gerade breit genug war, um darin zu kriechen, reichte der Sauerstoff nicht aus, um ein Streichholz anzuzünden. Farber zapfte die Stromleitung an und nahm eine Glühbirne mit in den Tunnel. Näherte sich ein Wachsoldat der Leiter, ließ ein

Ausguckposten kurz das Licht aufblitzen. Der Tunnelarbeiter kroch heraus, schob die Wand an ihren Platz, wischte sich die Hände sauber. Im April war der Tunnel schon über hundert Meter lang und reichte bis jenseits des äußeren Stacheldrahts.

Am 15. April um elf Uhr nachts, einem Rabbi zufolge die dunkelste Nacht des Jahres, standen dreißig Gefangene vor dem Tunneleingang Schlange. Sie krochen der Reihe nach hinein, je nachdem, wie viel sie zu seiner Entstehung beigetragen hatten. Als Erster ging der Mann, der am meisten gegraben hatte. Als er das Ende des Tunnels erreichte, durchtrennte er mit der Brotsäge seine Fesseln, gab sie seinem Hintermann und grub sich in ein paar Minuten an die Oberfläche. Er wühlte sich durch die Erde und das Gras. Frische Luft strömte in den Tunnel. Die Gefangenen kletterten einer nach dem anderen aus dem Loch. Wachtürme ragten in den Himmel. Einer der Gefangenen trat auf einen dürren Ast. Ein Suchscheinwerfer blitzte auf. Sein Strahl glitt über das Gras und fing Flüchtlinge ein. Maschinengewehre knatterten. Viele der Gefangenen versuchten den Wald zu erreichen, der mindestens fünfzig Meter entfernt war. Einer nach dem anderen fiel. Farber warf sich zu Boden und kroch weiter. Hunde bellten im Lager, Schüsse krachten. Im Wald stieß Farber auf weitere Gefangene. Sie ließen sich den Fluss hinuntertreiben, weil sie hofften, dadurch die Hunde abzuhängen. Indem sie Lastwagen und Patrouillen aus dem Weg gingen, erreichten sie nach einem siebentägigen Fußmarsch Rudnicki.

★ ★ ★

Einige Tage später ging ein Bursche mit blonden Haaren und blauen Augen nach Konyuchi, einer nazifreundlichen Ortschaft am Waldrand. In der Nähe war eine deutsche Garnison stationiert, und die Deutschen benutzten

Konyuchi als Stützpunkt für ihre Streifzüge. Sie umstellten den Ort mit Wachtürmen und bildeten eine einheimische Miliz, die unlängst zwei Partisanen gefangen und zu Tode gefoltert hatte. Der blonde Bursche, der behauptete, der nazifreundlichen Miliz eines anderen Dorfes anzugehören, schlenderte durch Konyuchi und merkte sich jedes Gebäude und jeden Turm. Danach kehrte er in den Wald zurück, um einen Plan aufzuzeichnen.

Die Ortschaft Konyuchi bestand aus staubigen Straßen und gedrungenen, ungestrichenen Häusern. Knorrige Bäume wuchsen in den Höfen. Es gab einen Markt, auf dem Bauern Tomaten und Getreide verkauften. Die Partisanen – Russen, Litauer und Juden – griffen Konyuchi von den Feldern her an, mit der Sonne im Rücken. Von den Wachtürmen aus wurde auf sie geschossen. Die Partisanen erwiderten das Feuer. Die Bauern verkrochen sich in ihre Häuser. Die Partisanen warfen Handgranaten auf die Dächer, die Explosionen steckten die Häuser in Brand. In anderen Häusern wurde Feuer gelegt. Die Bauern rannten ins Freie, durch die Straßen. Die Partisanen machten Jagd auf sie, erschossen Männer, Frauen und Kinder. Viele Bauern versuchten die deutsche Garnison zu erreichen und nahmen deshalb den Weg über den Friedhof. Der Partisanenführer hatte diesen Schritt vorhergesehen und mehrere seiner Leute hinter Grabsteinen postiert. Als diese das Feuer eröffneten, liefen die Bauern zurück und geradewegs den Partisanen in die Arme, die sie verfolgt hatten. Hunderte von Bauern fielen im Kreuzfeuer.

Tags darauf kamen aus Wilna Beamte der Gestapo, gingen durch die rauchenden Straßen Konyuchis und fotografierten die Toten. Die Bilder wurden in allen ländlichen Gegenden gezeigt. Sie sollten das barbarische Vorgehen der »Roten Banditen« zeigen. Natürlich halfen die Fotos im Grunde den Partisanen; für die Menschen in den Dörfern war das Gemetzel ein Grund, die Rebellen zu fürchten. In Zukunft waren die Bauern nicht mehr so schnell bereit, einen Partisanen zu verraten, auch nicht für ein Kilo Zucker.

Für jüdische Partisanen war das Gemetzel in Konyuchi ein beunruhigendes Echo aus den ersten Kriegstagen, als deutsche Soldaten ihre Heimatorte zerstört hatten. Die Rebellen saßen stundenlang am Lagerfeuer und fragten sich: »Wer sind wir?«

Für Abba war die Antwort klar.

Wer sind wir? Nicht mehr die, die wir waren.

* * *

Die Überfälle dauerten den ganzen Frühling bis hinein in die ersten heißen Junitage, als die Wälder sich mit Leben füllten. Der baltische Sommer ist eine Welt für sich – tagsüber liegt ein elektrisches Summen in der Luft, und frühmorgens sammelt sich in den Flusstälern der Nebel und kriecht über die Wiesen. Abends ziehen Gewitter auf. Die Partisanen horchten auf den Donner; kam er in schnellen, regelmäßigen Abständen, war es kein Donner, sondern das Artilleriefeuer der Russen. Granaten erhellten die Landschaft. Im Juni attackierten die Russen die deutsch besetzten Baltischen Staaten, eine Offensive, die Stalin einem Helden zu Ehren, der in der letzten Schlacht gegen Napoleon gefallen war, als »Operation Bagration« bezeichnete. Die Russen, die dem napoleonischen Heer folgten, als es sich aus Moskau zurückzog, marschierten nördlich der Pripjet-Sümpfe nach Litauen. Der Angriff wurde von Generaloberst Tschernjachowski geführt, Russlands jüngstem Befehlshaber, einem gut gebauten Mann mit schmalen Augen. Als man ihn fragte, ob er Jude sei, antwortete Tschernjachowski: »Ich nicht, aber meine Eltern sind Juden.«

Zwei Tage vor dem Vorrücken am 19. Juni 1944 führten Partisanen in den östlichen Wäldern auf Befehl Moskaus eine Offensive gegen deutsche Lastwagen, Züge, Straßen und Brücken. Die feindlichen Beförderungszentren wurden zerstört, wodurch den Deutschen beinahe jede Chance genommen war, ihre Truppen mit Proviant zu versorgen oder zu verstärken. Vom Lager aus konnte Abba hören, wie russische Artillerie die Front bombardierte, den Gegner vor dem Nahkampf mürbe machte. Die Deutschen standen unter Dauerbeschuss. Setzte das Schießen doch einmal aus, herrschte zwanzig Minuten lang Stille, dann hagelte es erneut Granaten auf deutsche Bunker. Nach achtundvierzig Stunden wurde es still, und die Vögel wagten sich wieder aus den Bäumen. Der Nahkampf hatte begonnen.

Die Rote Armee rückte weiter vor, folgte ihren Panzern, die Stacheldraht aus dem Weg räumten und den Soldaten einen Weg durch die Minenfelder bahnten. Sogar nachts ging der Vormarsch weiter, mit Lastwagen, ausgestattet mit kreischenden Sirenen und Suchscheinwerfern, die den Feind blenden sollten. Ein Korrespondent der *New York Times* beobachtete die Armee auf dem Vormarsch:

London, Samstag, 8. Juli – Vorrückende sowjetische Truppen näherten sich gestern bis auf zwanzig Meilen Wilna, der Hauptstadt Litauens, während 110 Meilen südlich davon weitere Einheiten der Roten Armee den großen Eisenbahnknotenpunkt in Baranovichi unter Artilleriebeschuss nahmen.

London, Dienstag, 11. Juli – Die Armee von General Tschernjachowski, die von den beiden Verkehrszentren Wilna und Lida aus auf einer sechzig Meilen breiten Front vorrückte, nahm Kemelishki fünfundzwanzig Meilen nordöstlich von Wilna in einen Umfassungsangriff, der seine Streitkräfte bis auf neun Meilen von der Eisenbahnstrecke Divinsk–Wilna brachte.

Sowjetische Soldaten rannten die Straße entlang, auf den nächsten Hügel, in das nächste Tal. Stießen sie auf einen feindlichen Stützpunkt, zogen sie oft unmittelbar daran vorbei und versprengten Tausende von Deutschen hinter den Linien. In die Enge getriebene feindliche Soldaten streiften durch die Felder, auf der Suche nach einem Weg durch die Front. Partisanen machten gnadenlos Jagd auf sie, griffen sie an und erledigten sie. Die Rollen hatten sich verkehrt; jetzt waren die Deutschen weitab von zu Hause, in einem feindlichen Land. Gelegentlich wurden feindliche Soldaten von jüdischen Partisanen gefangen genommen. Sobald ein Deutscher merkte, dass Juden ihn geschnappt hatten, riss er seine Hände in die Höhe und rief: »Ich bin Sozialdemokrat.«

»Man muss sehr vorsichtig sein mit den Deutschen«, sagte ein Partisan zu einem amerikanischen Kriegsberichterstatter. »Zuerst schreien sie ›Nieder mit Hitler‹, dann schießen sie dir eine Kugel in den Rücken.«

★ ★ ★

In diesem Sommer erreichten Einheiten der Roten Armee Rudnicki. Die Soldaten trugen grüne Barette oder Stahlhelme, Uniformröcke mit hohen Krägen und Werkzeuge, um sich notfalls zu verschanzen. Ihre Gesichter ergaben den Querschnitt eines riesigen Landes, gehörten Städtern und Bauernjungen. Die Soldaten aus der Stadt trugen Brillen, wussten sich auszudrücken und hatten Bücher in den Taschen, später sollten sie zu jenen gehören, die von Stalin aus dem Weg geräumt werden würden. Die Bauernjungen waren stämmig, rau und herzlich. Die Partisanen umarmten die Soldaten weinend. Abba sah sie an, schüttelte den Kopf und sagte: »Zu spät, zu spät.«

Ein russischer Offizier trat vor die Partisanen und hielt eine Rede mit großen Worten und geschraubten Sätzen, deren Botschaft jedoch recht schlicht war: Indem sie den Feind aus der Ruhe brachten und deutsche Reserveeinheiten lahm legten, hatten die Partisanen das Vorrücken ermöglicht. »Ihr habt die gefährlichste Arbeit geleistet«, sagte er. »Dafür danken wir euch.«

Er sagte, dass die Partisanen von nun an in der Roten Armee kämpfen würden. Sowjetische Soldaten verteilten Gewehre, Maschinengewehre, Pistolen, Raketenabschussgeräte, dazu Wodka, Zigaretten und Fleisch. Danach schlugen die Russen, die tagelang gekämpft hatten, ihr Lager auf. Vitka behauptet, die Soldaten hätten drei volle Tage durchgeschlafen.

In den russischen und litauischen Lagern gaben die Partisanen Pistolenschüsse ab, tanzten und tranken. Hin und wieder sprang ein betrunkener Partisan über das Lagerfeuer. Nun, da sie nicht mehr hinter den feindlichen Linien in der Falle saßen, hatten diese Männer das Schlimmste hinter sich. Viele Litauer würden wieder nach Hause zurückkehren. Im jüdischen Lager jedoch blieb es still, hier saßen die Partisanen in den Baracken. Nachdem sie ein ganzes Jahr im Wald verbracht hatten, würden sie nun bald nach Wilna zurückkehren. Zum ersten Mal machten viele von ihnen sich Gedanken, wohin sie eigentlich zurückkehren sollten.

★ ★ ★

Am 7. Juli marschierten die Partisanen in Reih und Glied auf Wilna zu, wo bereits Einheiten der Roten Armee kämpften. Wolken brachen über den Soldaten auf, Stahlhelme warfen Schatten auf ihre Gesichter. Hin und wieder flog ein Flugzeug über sie hinweg, eine C-32er Transportmaschine, und blitzte im Westen auf. Es schien, als erstrecke sich der ganze Krieg entlang der Straße, mit Lastwagen und Halbkettenfahrzeugen, ausgebrannten Panzern, Soldaten, die ihre Einheiten suchten. Tagelang kämpften die Partisanen auf der Straße gegen Deutsche, die hinter den vorrückenden Truppen eingeschlossen waren. Ein Artikel in der *New York Times* bietet einen Blick von außen auf die Partisanen:

Heute helfen gut organisierte Partisanenbrigaden dabei, das Land von einzelnen Deutschen zu säubern. Die Aufräumungsarbeiten vollzogen sich zu beiden Seiten der Straße. Am Himmel kreisten Jagdbomber, und russische Panzer, vollbesetzt mit Infanterie, schwärmten über die Felder aus. Eine endlos lange Schlange von eroberten Transportfahrzeugen, viele von ihnen von Pferden gezogen, bewegte sich auf Minsk zu. Partisanen kamen zu Pferd vorbei, auf niederländischen, deutschen oder ungarischen Sätteln sitzend, mit Waffen aus sämtlichen Winkeln Europas.

Am Stadtrand von Wilna sah Ruzka eine junge Frau mit einem weinenden Kind im Arm, ein Bild so alt wie die Menschheit. Das Kind war entsetzlich mager und hatte ein Greisengesicht. Es redete jiddisch. Ein jüdisches Kind aus irgendeinem Loch im Wald.

Ruzka brach in Tränen aus.

»Was ist denn?«, fragte Abba.

Ruzka versuchte zu antworten, schluchzte stattdessen nur immer heftiger, bis ihr Gesicht tränennass war. Abba hatte Ruzka noch nie weinen sehen, nicht im Ghetto und nicht im Wald.

»Sag doch«, sagte er.

»Ich dachte, ich würde nie wieder ein jüdisches Kind weinen hören«, sagte Ruzka.

Die Deutschen hatten aus Wilna eine Festung gemacht. Die Rote Armee brauchte Tage, um die Stadt einzunehmen. Der Durchbruch am 8. Juli 1944 wurde in der *New York Times* folgendermaßen kommentiert:

London, Sonntag, 9. Juli – Nach einem Vormarsch von zwanzig bis siebenundzwanzig Meilen fielen russische Panzer und Infanterie am Samstag in den Straßen Wilnas ein. Straßenkämpfe wüteten in der 200 000 Einwohner zählenden Stadt.

London, Montag, 10. Juli – In Wilna erledigten russische Truppen eine große Gruppe deutscher Fallschirmjäger, die gestern Morgen in Wilna gelandet waren... In Moskaus Mitternachtssendung zum Kriegsgeschehen hieß es heute, dass die Deutschen, die unlängst mit fünf Spezialeinheiten verstärkt wurden, unmittelbar vom Führerhauptquartier den Befehl erhalten haben, die Stadt bis auf den letzten Mann zu verteidigen.

London, Dienstag, 11. Juli – In Wilna, so hieß es aus Moskau, würden die Kämpfe mit »zunehmender Heftigkeit« fortgesetzt. Sowjetische Infanterie und Panzer hätten die Deutschen aus den östlichen und südlichen Teilen der Stadt vertrieben und im Zentrum eingekeilt. Russen wie Deutsche hätten im ersten Gefecht der gegenwärtigen Kampagne gewaltige Verluste hinnehmen müssen. Berlin sagte, seine Truppen hätten sich im Stadtzentrum Wilnas verschanzt.

Von einer Anhöhe aus konnte Abba die schachtelförmigen weißen Häuser der Stadt sehen, die sich in die Hügel duckten. Die roten Schieferdächer stießen aneinander. Ein Russe reichte ihm ein Fernglas. Auf diese Weise sah Abba Schilder, Truppentransporter, Panzer. Der Fluss schimmerte. Leichen lagen im Rinnstein. Ein sowjetischer Soldat ging eine Straße entlang, ein Deutscher pirschte sich von hinten an ihn heran. Abba wollte schreien. Als er das Fernglas senkte, rückte Wilna wieder in weite Ferne. Achttausend Deutsche waren in der Schlacht gefallen – die Nazis waren dem Zusammenbruch nah.

Abba führte seine Männer die Straße entlang, am Bahnhof vorbei und in die Stadt. Es gab noch Zusammenstöße hie und da, aber die heftigsten Kämpfe waren vorüber. Deutsche Soldaten schwenkten weiße Fahnen. Die *New York Times* verkündete den Sieg:

WILNA FÄLLT NACH FÜNFTÄGIGEM KAMPF
Russen erobern die Stadt
- - - - - - - - - - -
Nach erbittertem Kampf 5000 Deutsche in Litauens Hauptstadt gefangen genommen

London, Freitag, 14. Juli – Gestern, nach fünf Tage währenden Straßenkämpfen, bei denen achttausend Deutsche getötet wurden, eroberten russische Truppen Wilna, die Hauptstadt Litauens.
Vor den gnadenlos harten Vorstößen der Roten Armee befinden sich die Deutschen entlang einer fünfundfünzig Meilen breiten Front auf dem Rückzug, und Berliner Sender deuteten an, dass ein vollständiger Rückzug aus den Baltischen Ländern unmittelbar bevorstehe.

Eine Geschichte, die in der nächsten Spalte stand, gibt einen Einblick in den Gemütszustand der Nazis:

BERLIN DROHT,
GANZ EUROPA ZU VERNICHTEN

Deutsche drohen mit Mahlstrom der Vernichtung,
falls russische Flut über
»Heiligen Deutschen Boden«
hereinbricht

London, 13. Juli – Deutschen Rundfunkberichten zufolge, die man heute Nacht in London gehört hat, haben die Nazis gedroht, falls die russische »Gefahr« die Grenzen des Reichs überschreiten sollte, »diesen Kontinent in einen Mahlstrom der Vernichtung« zu verwandeln, in dem nur noch ein Schrei zu hören sei – »der Schrei des Blutes«.

Abba und die Partisanen gingen durch die Stadt. Sie war menschenleer. Die Schatten von Flugzeugen kletterten die Häuser hinauf. Manche Gebäude waren in Schutt und Asche gelegt. Andere waren zwar stark beschädigt, standen aber noch. Bei einigen war die Außenmauer eingestürzt, sodass man in die Räume blicken konnte – ein ordentlich gemachtes Bett, ein fertig gedeckter Tisch. Als Vitka um eine Straßenecke bog, wäre sie um ein Haar auf einen jungen Mann mit weit aufgerissenen Augen getreten. Er war tot. Es war die erste Leiche, die sie aus nächster Nähe sah. Im Wald, als sie Züge in die Luft gesprengt hatte, hatte sie lediglich Schreie gehört, näher war sie nicht herangekommen. Dadurch hatten die Menschen, die sie tötete, die abstrakte Eigenschaft des Feindes angenommen, eines gedruckten Wortes. »Im Krieg ist vieles denkbar«, sagte sie später. »Man

Jüdische Partisanen und Abba, Vitka und Ruzka im befreiten Wilna

tötet scheinbar ohne Konsequenzen; aber es gibt doch welche – nur kriegt man sie erst hinterher zu spüren.«

Am Nachmittag gingen die Partisanen ins Ghetto. In einigen Fenstern standen Blumenkästen, und zwischen den Häusern waren Leinen gespannt, auf denen die Wäsche zum Trocknen hing. Nachdem man das Ghetto liquidiert hatte, waren ein paar arme Leute aus Wilna hierher gezogen. Aber die meisten Häuser standen leer, jedes Fenster erzählte eine Geschichte, erzählte von den Kämpfen derer, die hier gelebt hatten, von dem Leben, das sie nicht mehr führen würden. Hin und wieder wankten ein paar gebeugte, ausgemergelte Gestalten aus den Türen. Es waren die letzten Juden im Ghetto, die seit einem Jahr hinter Zwischenwänden und unter Dielen versteckt gelebt hatten.

Ein Jeep rumpelte über das Pflaster, und ein Mann stieg aus. Er hatte ein kantiges Gesicht, trug Mantel und Schal und darunter einen Pullover und rauchte Pfeife. Es schien ihn zu überraschen, an diesem verlassenen Ort Soldaten anzutreffen.

Der Mann war Iliya Ehrenburg, ein jüdischer Schriftsteller aus Russland, der mit seinen Frontberichten den Partisanen im Wald Mut gemacht hatte. In gewissem Sinne war er in aller Augen ein Held.

Abba erzählte Ehrenburg, er sei Partisan, in der jüdischen Brigade. Während er sich Notizen machte, sagte Ehrenburg immer wieder kopfschüttelnd: »Fabelhaft.«

Ehrenburg bat die Partisanen, sich für ein Gruppenfoto aufzustellen: zehn Personen, Männer und Frauen, in wild zusammengewürfelten Kampfanzügen. Ruzka trägt einen Mantel mit Silberknöpfen und ein Barett und hält ein Maschinengewehr in ihren kleinen Händen. Vitka wirkt groß und schlank in ihren schweren Stiefeln, hält mit beiläufiger Gleichgültigkeit ein Maschinengewehr im Arm. Abba mit seiner hohen Stirn und dem wilden Haar steht in der Mitte. Von diesem Bild lässt sich die augenblickliche Stimmung ablesen: das schwächer werdende Licht, der Schock der Heimkehr, das fehlende Triumphgefühl. Pickt man sich einen dieser Menschen heraus, konzentriert sich nur auf seine Augen, lässt alle anderen Züge außer Acht und vergleicht dann den Blick dieser Augen mit dem derselben Person auf einem Foto, das vor dem Krieg entstanden ist, dann kann man erahnen, was diese Jahre den Menschen abverlangten.

Tags darauf sammelten die jüdischen Partisanen die Leichen ihrer im Kampf gefallenen Kameraden ein, luden sie auf einen Karren und fuhren mit ihnen in die Hügel. Die Bäume in den Tälern waren grün. Sie langten am Friedhof an, auf dem seit Hunderten von Jahren Wilnas Juden ihre Toten begruben. Er war von Unkraut überwuchert; viele Grabsteine waren umgestoßen worden. Die Partisanen begruben die Toten und sprachen über jedem Grab ein kurzes Gebet. Es war früher Abend, und der Himmel wurde langsam dunkel. Vitka sah zu Abba und Ruzka hinüber. Hinter ihnen lag jenseits der Wiesen die Stadt, aus der noch immer Rauch aufstieg. Sie dachte an das Ghetto, den Wald, die Juden, die aus ihren Verstecken gestolpert waren. Für Vitka würde es keinen Frieden geben, war der Krieg noch nicht vorbei.

★ ★ ★

Im Sommer 1944 veröffentlichte Iliya Ehrenburg eine Reihe von Artikeln über die jüdischen Partisanen in der *Prawda* und dem *Roten Stern*, den offiziellen Zeitungen der Sowjetunion. »Vergebens hielten deutsche Generäle Ausschau nach Friedensboten mit Brot und Salz«, schrieb er. »Stattdessen trafen Molotowcocktails deutsche Panzer, steckten Frauen Hütten in Brand, in denen die Fahrer der Transportlaster schliefen.« Zu jeder Geschichte erschien ein Foto abgekämpfter, triumphierender Partisanen. In Russland wurden diese Geschichten von Juden gelesen, die vor den Deutschen geflüchtet waren und bereits befürchtet hatten, dass kein Jude den Krieg überlebt hatte. Viele davon waren Zionisten und kannten Abba Kovner dem Namen nach. Die Artikel lösten in der jüdischen Gemeinde eine Welle der Begeisterung aus – Abba Kovner lebt! In jenem Sommer unternahmen Tausende von Juden per Wagen oder Zug eine Reise nach Wilna, weil sie hofften, dort die Partisanen vorzufinden.

Die Stadt war eine Kriegsruine. Ganze Straßenzüge waren zerstört, Geschäfte geplündert. Jeden Tag strömten Menschen aus Verstecken, aus Zwangsarbeiterlagern und Kriegsgefangenschaft zurück in die Stadt. Litauer, Polen, Kommunisten und Juden drängten sich in engen Kneipen und tranken bei Kerzenschein ihren Wodka. In den Straßen kam es immer wieder zu Raufereien und Vergewaltigungen.

Jeden Morgen befleckte Blut das Pflaster. Es gab noch immer Deutsche in der Stadt, Kriegsgewinnler, die sich an den Zwangsarbeitern bereichert hatten. Von der Roten Armee in die Enge getrieben, waren sie nun gezwungen, ihre gesellschaftliche Stellung aufzugeben, sie wurden zum Abschaum der Stadt, sanken tiefer als die Juden. Sie durften die Gehwege nicht betreten und mussten Armbinden tragen, die ihre Herkunft verrieten. Hin und wieder fand man einen Deutschen mit durchgeschnittener Kehle auf der Straße liegen. Die Russen versuchten den Stadtbewohnern eine Art Ordnung aufzuerlegen – trieb es einer gar zu bunt, wurde er in einen Keller geführt und erschossen.

Die Russen wollten die jüdischen Partisanen dazu bewegen, mit der Roten Armee in Preußen zu kämpfen. Aber für die Juden war der Krieg, zumindest was diesen Teil anbelangte, zu Ende. Sie wollten lediglich ihre Überlebenden in Sicherheit bringen. Schließlich kam ihnen ein Jude namens Ribelski zu Hilfe, ein Arzt, der für die russische Militärspitze arbeitete. »Wenn Sie eine sehr kostbare, seltene Antiquität finden, was fangen Sie dann damit an?«, fragte Ribelski einen russischen General. »Schlagen Sie sie kaputt?«

»Ich würde sie in ein Museum stellen«, sagte der General.

»Genau«, sagte der Arzt. »Diese Partisanen sind seltene Kostbarkeiten, die letzten Juden Europas. Und was tun Sie? Sie wollen sie weiter Krieg führen lassen. Wollen Sie sie denn kaputtschlagen?«

Als die Russen ihren Vormarsch nach Preußen begannen, sahen die jüdischen Partisanen der Roten Armee hinterher, als sei sie ein verschwindendes Licht in der Dunkelheit. Sie fragten sich, wie es mit ihnen weitergehen mochte. In den Zeitungen lasen sie Berichte über den Krieg. In Frankreich waren die Alliierten gelandet. Die Russen kämpften auf deutschem Boden. General Tschernjachowski, der den Angriff auf Wilna geführt hatte, wurde vor Mehlsack, dem heutigen Pieniężno tödlich getroffen. Auschwitz war noch immer in Betrieb. Die Partisanen, die plötzlich nicht mehr an den Kämpfen teilnahmen, hatten das Gefühl, als wären sie mitten in der Nacht aus einem bösen Traum erwacht. Sie wollten ihre Zeit möglichst gut nutzen.

Eines Nachmittags wurde einigen hundert Partisanen, Juden und Nichtjuden, auf einem Platz in Wilna die Tapferkeitsmedaille verliehen, die höchste Auszeichnung in der Roten Armee. Hammer und Sichel waren darauf eingeprägt. Im Laufe der Zeremonie dankte ein General den Partisanen dafür, dass sie über hunderttausend feindliche Soldaten getötet hatten.

Abba, Ruzka und Vitka bewohnten ein Haus in der Innenstadt. Durch eines der Fenster blickte man auf leere, windschiefe Häuser. Jeden Morgen ging Abba zum Bahnhof, weil dort heimkehrende Juden aus dem Osten ankamen. Vor dem Krieg hatten sich viele dieser Menschen als Litauer, Polen oder Ungarn gefühlt. 1944 waren sie alle zu Zionisten geworden. Der Krieg hatte sie ihrer Zukunft und ihrer Vergangenheit beraubt, hatte jede schöne Erinnerung vergiftet. Abba brachte diese Juden in verlassenen Häusern und zerstörten Hotels unter. Manche von ihnen kannten Abba und fragten ihn nach alten Freunden und Verwandten. Abba schüttelte immer nur den Kopf und sagte: »Alle fort.« Die Juden – im Lande geblieben oder geflüchtet und zurückgekehrt – waren wie eine Vogelfamilie, deren Mitglieder sich, durch eine natürliche Grenze voneinander getrennt, in diesem Fall die Ostfront, zu zwei unterschiedlichen Gattungen entwickelt hatten. Verglichen mit den Flüchtlingen wirkten die Partisanen kalt und grausam, bar jeder menschlichen Regung. Ein paar Flüchtlinge, die einmal führende Zionisten gewesen waren, versuchten ihre

Autorität wieder geltend zu machen. Aber kein Partisan wollte von einem Juden Befehle entgegennehmen, der den Krieg in Russland verbracht hatte. Mit der Zeit begannen die Heimkehrer an Abba zu glauben, an den Wahnsinn, der ihn heil durch den Krieg gebracht hatte.

Wenn Abba durch das Menschengewühl der Straßen Wilnas ging und all die russischen, litauischen, polnischen und jiddischen Stimmen hörte, fragte er sich, wie es in anderen befreiten Städten zugehen mochte. Waren dort auch jüdische Flüchtlinge? Wie viele? Wie konnte er ihnen helfen?

Er traf sich mit den jüdischen Partisanen, die jetzt in Wilna lebten. Sie außerhalb des Waldes zu sehen, nicht gejagt, nicht auf der Flucht, war eigenartig. Manche hatten sich in ein Alltagsleben verkrochen. Abba verstand ihre Sehnsucht, der Wirklichkeit zu entfliehen, sich von einem sinnentleerten Tag in den nächsten treiben zu lassen. In den letzten zwei Jahren war viel passiert. Aber Abba würde nicht zulassen, dass sie vergaßen, was gewesen war. »Für ein normales Leben ist noch genügend Zeit«, sagte er. »Aber noch ist es nicht so weit.«

Abba wandte sich an die Mädchen, die sich während des Kriegs als Botinnen aus dem Ghetto gewagt hatten. Cesia Rosenberg, eine Partisanin aus Narocz, mit blondem Haar und flinken Augen, sollte in östliche Richtung gehen und unterwegs nach jüdischen Flüchtlingen Ausschau halten. Vitka sollte in das etwa siebzig Kilometer entfernte Grodno reisen und dabei Flüchtlinge beobachten, Zionisten ausfindig machen und anschließend Abba Bericht erstatten.

Zu Ruzka sagte Abba: »Du gehst nach Kovno.«

Die Städte

*F*ür Ruzka war es ein seltsames Gefühl, im Zug zu reisen. Noch vor einem Monat hätte man sie verhaftet, gefoltert, umgebracht, wenn man sie im Bahnhof erwischt hätte. Jetzt bahnte sie sich furchtlos einen Weg durch die Menge, um auf den richtigen Bahnsteig zu gelangen. Ein russischer Soldat bat sie um ihren Ausweis. Sie zeigte ihm stattdessen den Orden, den sie von der Roten Armee bekommen hatte, und erklärte ihm, sie sei bei den Partisanen gewesen. Daraufhin salutierte er und bestieg mit ihr den überfüllten Zug. Er forderte einen Mann auf, seinen Platz Ruzka zu überlassen. Nachdem sie sich hingesetzt hatte, nickte der Soldat ihr zu und ging. Ruzka spürte die Blicke der Leute auf sich, spürte, wie alle sich wunderten über das dunkelhaarige Mädchen in Partisanenkluft. Man tuschelte über sie – jemand sagte »Jud«. Eine Frau schnalzte mit der Zunge. Ruzka blickte auf, aber niemand erwiderte ihren Blick.

Der Zug hatte die Stadt bald hinter sich gelassen. Kovno lag etwa hundertfünfzig Kilometer weiter im Westen. Sogar durch das Zugfenster spürte Ruzka, welches Chaos im Land herrschte. Die Straßen waren voller Flüchtlinge, Bauern, die in ihre Dörfer zurückkamen, Soldaten, die aus dem Krieg heimkehrten. Die Ernte war verbrannt, die Felder von Panzerketten aufgewühlt. Hin und wieder fuhr der Zug durch einen Landstrich, der den Krieg unberührt überstanden hatte, vorbei an einem Stall, einem Feld, einer Kuh. Wenn Ruzka solche Szenen sah, schüttelte sie sich innerlich und sagte bei sich: »Was willst du eigentlich, Ruzka? Auf diesem Bauernhof leben? Die Kuh da melken?« In ihrer Tasche waren ein paar Kleidungsstücke und ihr Orden. Sie hatte auch Papiere und Bücher aus dem Ghetto dabei, ein Andenken an das jüdische Wilna, das ihr schon wie ein Phantom vorkam.

Kovno schob sich in ihren Blick, eine Stadt mit dunklen Straßen und zerstörten Häusern, am Delta zwischen Nieman und Neris gelegen. In der Stadt gibt es ein Schloss, Kirchen und einen alten Platz mit einem Glockenturm. Während des Kriegs stand Kovno unter deutschem und russischem Beschuss, und seine wunderschöne Silhouette wurde zerstört. Die Juden der Stadt hatten in den Grundzügen dasselbe Schicksal erlitten wie alle übrigen Juden im nazibesetzten Europa: Ghetto, Güterzüge. Die meisten von ihnen starben in Gruben hinter der Neunten Festung, einer Zitadelle im Osten der Stadt.

Ruzka ging durch die Straßen, in denen es von Soldaten und Flüchtlingen wimmelte. Sie sah Überlebende aus Majdanek, dem Todeslager bei Lublin, in dem viele Juden aus Wilna ihr Leben ließen. Majdanek war im Juli 1944 befreit worden. Es waren die ersten Überlebenden eines Todeslagers, die Ruzka zu Gesicht bekam, menschliche Ruinen. Sie war entsetzt über ihr Aussehen, ihre gestreiften Uniformen und kahl rasierten Köpfe, ihre hohlwangigen Gesichter, in denen die Augen tellergroß erschienen. Auf beiden Unterarmen trugen sie die Tätowierung deutscher Buchführung. Ruzka blickte zuerst beiseite, dann schalt sie sich: »Es sind meine Leute.«

An einer Straßenecke hatten Überlebende einen deutschen Soldaten eingekreist. Einer der Männer ging auf den Deutschen zu und schubste ihn, zuerst vorsichtig, dann immer heftiger. Als der Deutsche nach hinten stolperte, versetzte der Überlebende ihm einen Schlag. Die anderen Überlebenden taten es ihm gleich. Der Deutsche hob die Fäuste, um die Schläge zu erwidern. Ein russischer Soldat ging mit einem Gewehr dazwischen. Der Deutsche fiel auf die Knie.

In dieser Nacht traf Ruzka die Zionisten Kovnos, von denen viele im Wald gekämpft hatten. Sie sprachen von den Überlebenden: Wohin sollten sie gehen? Ruzka sagte, für sie gäbe es kein Zurück; diese Menschen hätten kein Leben mehr, das sie wieder aufnehmen konnten. Wenn sie weiterleben wollten, bliebe ihnen nur der Blick nach vorn. Tags darauf fuhr sie nach Wilna zurück.

★ ★ ★

In jeder Stadt dasselbe Bild, leere Häuser, Schutt, ausgebrannte Panzer. Jüdische Überlebende aus Konzentrationslagern, die verloren und ohne Lebensmut durch die Straßen wankten. »Sie warten alle auf das Wort, die Aufforderung aufzustehen und wegzugehen«, sagte Ruzka. »Keiner fragt nach dem Risiko.« In anderen Worten, die überlebenden Juden konnten es kaum erwarten, Europa den Rücken zu kehren, trotz der Gefahren, denen sie auf der Flucht ausgesetzt waren.

Nachdem er seine Kundschafterinnen befragt hatte, blickte Abba aus einem Fenster seiner Wohnung. Die Sonne schien auf die Kirchtürme. »Egal, was es kostet, wir müssen diese Menschen unbedingt nach Palästina bringen.«

★ ★ ★

Es war der Anfang dessen, was Juden die Bricha nennen, die Massenflucht, die jüdische Überlebende auf verborgenen Wegen nach Palästina brachte. Bricha. Ein Gedanke, der sich in ein und demselben historischen Augenblick in mehr als einem Dutzend Köpfen regte. Er kam Juden in Palästina in den Sinn, die die Flüchtlinge brauchten, um mit ihnen ihren Staat aufzubauen; er kam Juden im befreiten Europa in den Sinn, im Osten wie im Westen, wo die ruhmreiche Vergangenheit in Scherben lag; er kam Juden im besetzten Europa in den Sinn, wo man in den Todeslagern vom Land der Verheißung träumte; er kam Juden in Amerika in den Sinn, die sich fragten, warum sie nicht mehr erfahren oder getan hatten; er kam jüdischen Partisanen wie Abba, Ruzka und Vitka in den Sinn, die glaubten, dass die Juden selbst nach dem Krieg in Europa nicht mehr sicher sein würden. Sie wollten dem Massensterben einen Sinn verleihen. Manche sagten deshalb sogar: »Hitler hat mehr für den Zionismus getan als irgendein anderer seit Herzl.«

Abba hatte die Idee, die Überlebenden in Städten zu versammeln, von wo aus sie zu Häfen an der Adria und dem Schwarzen Meer und von dort aus nach Palästina verschickt werden konnten. Er studierte stundenlang Dokumente und Kriegsberichte und Karten und versuchte einen Weg über die Berge zu finden. Alle Wege waren von feindlichen Regierungen oder kämpfenden Truppen blockiert. Im August 1944 tat sich endlich ein Weg auf, als Rumänien, das auf der Seite der Deutschen gekämpft hatte, kapitulierte.

Abba erfuhr, dass mehrere jüdische Agenten aus Palästina nach Bukarest, der Hauptstadt Rumäniens, geschickt worden waren und versuchten mit jüdischen Flüchtlingen in Kontakt zu treten. Er bat Ruzka, dorthin zu reisen, sich mit Agenten zu treffen, ihnen über das Ghetto und den Wald zu erzählen und sie um moralischen und finanziellen Beistand zu bitten. Auf der Reise würde Ruzka sich jeden Kontrollpunkt, jedes Hindernis notieren und eine Route für die Überlebenden zusammenstellen. Dann würde sie nach Wilna zurückkehren und die Bricha planen helfen.

Ruzka wurde als Botschafterin ausgeschickt, als erste Partisanin, die sich mit Juden aus Palästina traf, ihnen erzählte, was passiert war. Juden außerhalb Europas war das Ausmaß der Katastrophe noch nicht bewusst. Einige Menschen würden sich zweifellos weigern, die Geschichte zu glauben, und sie mit derselben Skepsis anhören, die man Sarah entgegengebracht hatte, dem Mädchen, das als Erstes von Ponar gesprochen hatte. Aus diesem Grund war Ruzka ausgewählt worden. Niemand konnte die Geschichte besser erzählen als sie. Dieses schüchterne, kleine Mädchen aus der Provinz hatte eine eindrucksvolle Persönlichkeit entwickelt, war der Mittelpunkt in jedem Raum, zog aller Blicke auf sich. Natürlich war Ruzka sich dessen nicht bewusst. Sie hatte die Dinge genommen, wie sie gekommen waren. Aber Abba wusste es. »Fahr nach Bukarest«, sagte er. »Dir werden sie glauben.«

★ ★ ★

Ruzka fuhr zusammen mit Samuel Amarant, einem jüdischen Partisanen, der vor dem Krieg Gymnasiallehrer gewesen war. Der Zug war voller Flüchtlinge. Menschen standen schwankend in den Gängen, und bewaffnete russische Polizisten suchten nach feindlichen Soldaten, nach Deutschen, die ihre Uniformen gegen Zivilkleidung eingetauscht hatten. Abba sagte Ruzka, dass sie in zwei Wochen wieder in Wilna sein würde, aber sie wusste, dass es im Krieg nichts Ungewöhnliches war, dass Menschen sich aus den Augen verloren. So war es auch mit ihrer Familie gewesen. Was erst wie eine kurze Trennung erscheint, entpuppt sich nicht selten als Abschied für immer.

Vor dem Krieg hatte Ruzka die Eisenbahn gemocht. Das Bimmeln der Glocke fand sie romantisch. Seit sie jedoch im Ghetto hatte miterleben müssen, wie man Juden in Güterwaggons pferchte, konnte sie nie mehr unvoreingenommen einen Zug besteigen. Jeder Zug war für sie ein mögliches Mordwerkzeug. Jeder Zug hatte ihre Mutter und ihren Vater umgebracht. Ruzka fand nie heraus, was genau mit ihren Angehörigen geschehen war, aber sie war völlig sicher, dass sie tot waren.

Ruzka und Samuel suchten sich ihren Weg von einer Stadt zur nächsten, von einem Zug zum nächsten. Manchmal hielt der Zug auf freiem Feld, dann ging ein russischer Soldat durch die Waggons und forderte die Leute auf auszusteigen. Die Schienen vor ihnen waren herausgerissen oder in die Luft gesprengt worden – das Werk von Partisanen. Dann gingen Ruzka und Samuel zu Fuß weiter, über Berg und Tal. Lastwagen fuhren an ihnen vorbei, Männer auf Fahrrädern und auf geteerten Straßen russische Panzer.

Tragtierkolonnen waren unterwegs, Dutzende von Zigeunerwagen, gezogen von Mauleseln. Auf Heuhaufen saßen Kinder, die aßen oder schliefen, und russische Frauen, die ihren Männern an die Front folgten. Auf den Feldern waren Schafe, neben Hütten mit roten Schindeldächern standen Ziegen. Als die Reservesoldaten auftauchten, stahlen sie den Bauern die Lebensmittel und trieben ganze Viehherden vor sich her. Im Laufe der Kämpfe waren Tausende von Kavalleristen ums Leben gekommen, ihre Pferde reiterlos geworden. Pferde mit geblähten Nüstern und angstgeweiteten Augen streiften in großen, stillen Herden durch die Täler.

Man verhörte Ruzka und Samuel an den Kontrollpunkten. Sie hatten Mühe, die russischen Soldaten davon zu überzeugen, dass sie keine Spione waren. Manchmal hielt Ruzka ihnen ihre Medaille hin und sagte, dass sie als Partisanen gekämpft hatten; ein andermal erzählte sie ihnen, sie seien Flüchtlinge auf dem Heimweg nach Rumänien. Nachdem die Rote Armee die Konzentrationslager befreit hatte, waren täglich mehr Überlebende auf den Straßen. Mit ihnen betrat eine neue Gestalt die menschliche Bühne – der wandelnde Leichnam, der lebende Tote, das atmende Nichts. Sie durften mit dem Zug in ihre Heimatorte fahren. Sagte ein Flüchtling zu einem Soldaten, er sei Jude und auf dem Heimweg, beispielsweise nach Griechenland, ließ der sich seine Tätowierung zeigen und winkte ihn in den Zug.

Ruzka und Samuel drängten sich mit den Überlebenden auf Bahnsteige, in Züge. Sie durchquerten Litauen, Weißrussland und die Ukraine, fuhren durch Pinsk, Rowno und

Lwow; sie überquerten den Njemen, den Satyr und den Dnjestr. Nach zehn Tagen kamen sie nach Rumänien. Der Himmel dehnte sich über die transsilvanischen Berge. Der Weg führte in Serpentinen über die Berge, manchmal durch tief hängende Wolken. Hinter den Bergen lagen die Poletsi-Ölfelder, Bohrlöcher bis zum Horizont.

Im November erreichten Ruzka und Samuel die Außenbezirke von Bukarest, wo die Gebäude einander immer näher rückten, bis aus ihnen Häuserzeilen an überfüllten Straßen wurden, mit Lagerhäusern, Fabriken, Biergärten und Geschäften. Die Stadt befindet sich auf einer Ebene zwischen der Donau und den Karpaten. Zu Beginn dieses Jahrhunderts hat man sie umgebaut, sie sollte Paris gleichen, mit Alleen, gepflegten Gärten und einer Nachbildung des Triumphbogens. Die Bäume werfen unheimliche Schatten. Es gibt orthodoxe Kirchen mit Kuppeln und schmalen Bogenfenstern. Über den Eingangspforten befinden sich Fresken, die Jesus in goldenen Gewändern und mit Heiligenschein darstellen, der seine segnende Hand über die Gläubigen hält. Das jüdische Viertel wurde während des Kriegs zerstört, der Großteil der 95000 Juden, die in der Stadt gelebt hatten, nach Auschwitz deportiert. Am 23. August 1944 hatten Faschismusgegner geputscht und das Regime gestürzt. Die neue Regierung unterzeichnete rasch einen Friedensvertrag mit der Sowjetunion. Die Faschisten waren entmachtet, der Krieg überstanden. Langsam regte sich wieder Leben in den Straßen. Man veranstaltete Umzüge und Feste. Für Ruzka war es eigenartig, durch eine Stadt zu gehen, die noch intakt war, eine Stadt mit Kinos und Cafés. Während sie durch die Straßen streifte und jeden Augenblick darauf wartete, entdeckt, geschnappt, ins Ghetto zurückgeschickt zu werden, sagte sie sich: »Du gehörst nicht hierher.«

Nachdem sie nächtelang herumgefragt hatten und Hinweisen nachgegangen waren, nahmen Ruzka und Samuel Kontakt auf zu mehreren Juden, die kurz nach der Befreiung der Stadt aus Palästina gekommen waren. Einer dieser Männer, Meno Ben-Efraim, war vor einem Monat mit dem Fallschirm abgesprungen. Gegen Ende des Kriegs, als die Juden in Palästina das Ausmaß des Völkermords zu ermessen begannen, sandten sie zweiunddreißig Kämpfer ins nazibesetzte Europa. Zwölf dieser Kämpfer wurden geschnappt, sieben hingerichtet. Ruzka musterte Ben-Efraim, verfolgte jede seiner Bewegungen und Gesten. Er war für sie eine Attraktion, verkörperte eine Welt, von der sie seit langem geträumt hatte, die sie nur aus Prophezeiungen kannte. Sie wollte ihm alles erzählen. Als sie anfing zu reden, war ihr plötzlich, als säße sie mit Vitka und Abba im Zimmer. Sie redete von Ponar, dem Ghetto, den Kämpfen im Wald. Schließlich stand sie nicht mit leeren Händen nach dem Krieg da. Sie hatte diese Geschichte, und die Geschichte war wahr.

Ben-Efraim forderte Ruzka auf, mit ihm nach Palästina zu kommen und dort ihre Geschichte zu erzählen. »Wir dachten, es würde die Menschen aufmuntern, wenn sie von Juden hörten, die kämpften, sich selbst befreiten«, sagte später einer der Männer, die an dem Treffen teilgenommen hatten. »Zum ersten Mal sollten die Menschen in Palästina etwas anderes zu hören bekommen als die bitteren Nachrichten, die sie zuvor erreicht hatten.«

Ruzka erwiderte, dass ihre Freunde sie in Wilna erwarteten und sie nicht einfach fortgehen könne. Samuel Amarant werde zurückgehen und ihre Freunde verständigen, versprach Ben-Efraim. Ruzka wollte sich nicht darauf einlassen, aber Ben-Efraim war ein bedeutender Zionist aus Palästina. In gewissem Sinne war sie ihm untergeben. »Du musst gehen«, sagte er. »Es ist ein Befehl.«

* * *

Wilna hatte sich verändert seit seiner Befreiung. Die Rote Armee war abgezogen, die Geheimpolizei eingezogen – auf der Jagd nach möglichen Dissidenten, Nationalisten, Zionisten oder wer immer den kommunistischen Traum nicht mitträumen wollte. Litauen wurde von der Sowjetunion geschluckt. Abba ging täglich von Haus zu Haus und versuchte Juden zum Fortgehen zu überreden, ehe es zu spät war. Eines Nachmittags redete er mit Josef Harmatz, der im Ghetto und im Wald gekämpft hatte. Harmatz hatte Arbeit angenommen. Er führte ein bequemes Leben und wollte bleiben.

»Was hast du denn hier für eine Zukunft?«, fragte Abba. »Unsere Freunde sind fort, und wer von ihnen noch hier ist, wird bald abreisen. Du hast keine Angehörigen mehr – was hält dich denn noch hier, um Himmels willen?«

Nach und nach konnte Abba Harmatz und Dutzende anderer Juden davon überzeugen, die Stadt zu verlassen. Abba wartete nur noch darauf, dass Ruzka zurückkam. Im Herbst erfuhr er dann von einem Boten, dass sie nach Palästina abgereist war; Samuel Amarant, der Abba die Nachricht hätte überbringen sollen, war an einem Kontrollpunkt verhaftet worden und saß in einem russischen Gefängnis. Jeden Morgen musste Abba sich ins Gedächtnis rufen, dass Ruzka nicht zurückkommen würde. Er fühlte sich, als hätte er einen Teil seiner Kraft, einen Muskel oder ein Organ eingebüßt. Für Vitka war es eine Zeit der Traurigkeit und der Wut. Mit Ruzkas Abreise war für sie ein Lebensabschnitt zu Ende gegangen, die Zeit im Ghetto und im Wald, wo drei Menschen kämpften wie ein Mann. Sie war Ruzka böse, dass sie das aufgegeben hatte. Dennoch dachte sie in schwierigen Situationen oft: »Was würde Ruzka tun?« Auf diese Weise schlugen die Mädchen sich doch wieder gemeinsam durch den Krieg.

Im Herbst 1944 hielt Deutschland noch immer Westpolen besetzt. Die Rote Armee, die in Sichtweite Warschaus ihr Lager an der Weichsel aufgeschlagen hatte, sah in aller Ruhe zu, wie der polnische Untergrund revoltierte und von den Deutschen niedergeschlagen wurde. Warschau fiel in Schutt und Asche. Die Russen stellten einstweilen in Lublin eine neue polnische Regierung auf. Sie wurde weder von Großbritannien noch den USA anerkannt und umfasste einige Juden. Die Russen witterten überall Verrat, aber den Juden trauten sie. Selbst wenn sie gewollt hätten, hätten die nicht mit den Deutschen kollaborieren können. Das Rote Kreuz hielt Einzug in der Stadt und verteilte Essen und Decken. Außerdem erstellte es Listen von den Überlebenden der Konzentrationslager. Täglich strömten Hunderte von Juden in die Stadt, in der Hoffnung, einen Cousin, eine Nichte oder eine Tante zu finden. Lublin wurde bald eine Art Schutzraum, wie das Auge des Sturms, zu dem die Juden, ganz so als folgten sie einem bestimmten Instinkt, kamen, einander zu suchen.

Abbas Soldaten fuhren im ersten Tageslicht, zu zweit oder zu dritt, über regennasse Straßen nach Lublin. Sie verließen Wilna mit den Frontsoldaten in Armeelastwagen oder Truppentransportzügen; die einen trugen Partisanenkleidung, andere waren gekleidet wie Flüchtlinge und hatten Papiere bei sich, die Abba gefälscht hatte. Mit Hilfe eines Füllfederhalters kopierte er die Stempel von Ämtern und Nationen. Manche trugen die offizielle Kleidung kleiner Beamter freundlich gesinnter Regierungen. Wenn jemand sie etwas fragte, antworteten sie hilflos gestikulierend in einem merkwürdigen Kauderwelsch – eine Kombination aus Jiddisch und Hebräisch.

Abba beauftragte Cesia Rosenberg, die blonde Botin aus dem Ghetto, nach Russland zu reisen und Zionistenführer aufzuspüren, die vor drei Jahren, als die Deutschen in Wilna eingefallen waren, die Stadt verlassen hatten. Sie sollte

in Bahnhöfen und Vereinshäusern nach Mordechai Roseman suchen, der Abba, bevor er in den Zug gestiegen war,
mit den Worten hatte stehen lassen: »In Wilna gibt es Hunderte von Zionisten. Du sollst sie führen.«

Am Ende des Jahres waren Abba und Vitka fast die einzigen Juden, die noch in Wilna geblieben waren. Während
sie Pläne schmiedeten und Freunden die Flucht ermöglichten, spürten sie Ruzkas Abwesenheit besonders stark.
Es war das Einzige, worüber sie nicht redeten. Zum ersten
Mal lebten sie als ein Paar, erahnten vielleicht das Leben,
das sie gemeinsam führen würden. »Nachdem Ruzka fort
war, fanden die beiden zueinander«, sagte später Gabik
Sedlis, ein Partisan, der in Wilna lebte. Es ist verlockend,
diese Situation mit den Maßstäben einer Seifenoper zu be-
urteilen: Ruzka geht, räumt ihrer Freundin das Feld. Oder
damit die Einschaltquoten steigen: Abba schickt Ruzka auf
eine Mission und nutzt die Zeit ihrer Abwesenheit, um mit
ihrer Freundin Vitka anzubändeln. In Wirklichkeit bildete
sich die Gestalt ihrer Romanze im Krieg, wo jede Entscheidung mit hundert anderen verflochten war, wo sich eines von tausend möglichen Schicksalen schier unaus-
weichlich erfüllte. In solchen Situationen kann niemand
genau sagen, warum er eine bestimmte Entscheidung getroffen hat, ob er überhaupt etwas entschieden hat. Es kam,
weil es so kommen musste. Und weil es so kam, kann niemand sich mehr vorstellen, wie es hätte anders kommen
können. Für Abba und Vitka bedeutete es das Ende des Lebens, das sie mit Ruzka geführt hatten, und der Beginn von
etwas Neuem.

★ ★ ★

Abba erfuhr, dass er von der sowjetischen Geheimpolizei
verhaftet werden sollte. Als Zionistenführer unterstand
ihm eine ungesetzliche Organisation. Am darauf folgenden

Morgen packte er ein paar Hemden und Notizbücher ein, um sich auf den Weg nach Lublin zu machen, wo er Vitka treffen wollte. Zuvor stattete er Schmuel Kaplinsky und seiner Frau noch einen letzten Besuch ab. Das war der jüdische Kommunist, der eine Karte von der Kanalisation gezeichnet hatte. Schmuel und seine Frau glaubten wie alle Kommunisten, dass die Zukunft bei den Russen liege, und hielten Abba für einen Reaktionär wie alle Zionisten. Er war aber auch ihr Freund. Als sie mit ihm in ihrer Wohnung saßen und das Laub jenseits der Fenster sich golden färbte, redeten sie über die Abenteuer und Katastrophen, die sie gemeinsam durchgestanden hatten. »Ich könnte nicht gehen, ohne mich von euch zu verabschieden«, sagte er.

»Du gehst?«, fragte Schmuel überrascht.

Abba wusste, dass er seine Pläne diesen Freunden gegenüber, die immerhin Kommunisten waren, lieber für sich behalten sollte. Es war Verrat an ihrer Sache.

Abba dachte einen Moment lang nach und sagte dann: »Ihr werdet mich nicht wieder sehen.«

»Wir müssten dich eigentlich melden«, sagte Schmuel, der als Parteimitglied die Pflicht hatte, Zionisten anzuzeigen.

Abba zuckte die Schultern, und Schmuels Frau begann zu weinen. Sie fragte Abba, wohin er gehen wolle. Bevor er antworten konnte, hob Schmuel, der eine Brille mit dicken Gläsern trug, die Hand und sagte: »Sag es uns nicht.«

Ein paar Tage später kamen zwei Agenten des KGB in weiten Anzügen und langen Mänteln in die Wohnung.

»Wo sind Ihre Zionistenfreunde?«, fragte einer der Agenten.

»Von wem reden Sie?«, fragte Schmuel zurück.

»In dieser Stadt gab es eine starke zionistische Gruppe«, fuhr der Agent fort. »Wo sind die alle hin?«

»Woher soll ich das wissen?«, sagte Schmuel.

»Wo ist Ihr Kamerad Abba Kovner?«, fragte der andere Agent.

»Ich weiß es nicht«, sagte Schmuel. »Da müsst ihr ihn schon selber fragen.«

* * *

In den letzten Wochen des Jahres sammelte Vitka die losen Fetzen ihres Wilnaer Lebens auf, besuchte vertraute Orte und alte Freunde. Eines Tages fuhr sie dann zum Flugplatz hinaus, wo eine französische einmotorige Propellermaschine auf der Startbahn wartete. Sie zeigte ihre Medaille und die falschen Papiere vor und bat, mitfliegen zu dürfen. Sie würde Abba in Lublin treffen. Von ihrem Sitz aus, ganz hinten im Flugzeug, spähte sie aus dem Fenster. Sie erwartete jeden Augenblick, dass ein Polizeiwagen auf der Straße auftauchte, dass Beamte sie mitnehmen und ins Gefängnis stecken würden. Einer der Piloten kontrollierte die Geräte, und das Flugzeug setzte sich in Bewegung. Vitka, die sich geweigert hatte zu gehen, als sie fortgeschickt worden war, ging, als es ihr passte, als sie wusste, dass es an der Zeit war. Das Flugzeug beschleunigte und stieg in die Luft. Ihr Magen hob sich, und Schweiß brach ihr aus allen Poren. Es war immerhin ihr erster Flug. Die übrigen Passagiere plauderten ruhig miteinander, ihre Stimmen gingen im Motorenlärm unter. Als das Flugzeug eine Kurve drehte, tauchte Wilna im Fenster auf, fiel zurück in seine Talmulde.

* * *

Es war ein altes Schiff, das die besten Jahre hinter sich hatte, verwittert und rußig, unter fremder Flagge segelnd. Abends stand Ruzka an Deck und schaute in den wilden, spannungsgeladenen Himmel. Sie reiste mit geliehenen Papieren, als Ehefrau eines Offiziers. Die Zionisten, die ebenfalls an Bord waren, ließen sich nicht bei ihr sehen: Hatten sie sie vergessen? Spät nachts legte sie sich in ihre Kabine unterhalb der Wasseroberfläche. Ihr Leben lang hatte sie nach Palästina gewollt, und nun, da sie dorthin unterwegs war, musste sie immer nur daran denken, was sie dafür aufgegeben hatte. »Ich streune umher wie ein herrenloser Hund«, schrieb sie Vitka. »Ich habe mein Gestern verloren und mein Heute noch nicht gefunden.« Ruzka war Anfang zwanzig, ein großzügiges, schüchternes, entschlossenes Mädchen mit Visionen, Hoffnungen und abstrakten Ideen. Wenn sie schlief, träumte sie von einer alten Küste, von Wüstennächten, Zelten, Tempeln, Türmen, den traurigen Melodien, die die Muslime zum Gebet riefen. Jeden Morgen ging sie an Deck, um zu sehen, wie das Schiff das schwarze Wasser durchschnitt. Wenn sie über Bord springen würde, wäre sie im Nu verschwunden, von der Gischt in die Tiefe gesogen.

Das Schiff passierte Istanbul, als es auf seinem Weg vom Schwarzen Meer zum Marmarameer durch den schmalen Bosporus segelte. Steinhäuser, Moscheen und Märkte drängten sich am Ufer aneinander. Die Aussicht auf Straßen und Bogengänge am wässrigen Horizont änderte sich von einer Minute zur anderen. Jedes Gebäude rief all jene ins Gedächtnis, die bereits durch die Stadt gezogen waren, erinnerte an den Niedergang Roms, die türkische Belagerung, die Osmanen. Im Mittelalter beendeten europäische Juden ihre Pilgerreise oft vorzeitig in Istanbul, weil sie Angst hatten, nach Palästina zu reisen. Mit der Rückkehr nach Jerusalem, das sie nur aus der Bibel kannten, fürchteten sie, ihr Exil zu brechen, Gottes Hand zu erzwingen. Einige erzählten von einem Rabbi aus den Karpaten, dem sich die Chance bot, Palästina auf unterirdischen Gängen zu erreichen; als er sich hinunter begeben wollte, verwehrte ihm ein schwebendes Schwert den Zutritt. Einige Jahre später, als der Rabbi im Schiff nach Istanbul kam, gebot ein Traum ihm umzukehren. Sein Schiff geriet alsdann in einen schrecklichen Sturm. Ruzka empfand eine weltliche Variante dieser Furcht, denn sie hatte Angst, für das neue Leben noch nicht bereit zu sein.

Ihr Schiff segelte in die Ägäis und von dort weiter ins Mittelmeer, vorbei an Zypern und Rhodos. Am Morgen lag Schaum auf dem Meer, und der Wind wehte Nebelschwaden an Deck. Die Küste Palästinas war sehr klippenreich. Der Fels war zerklüftet, Wasser durchspülte die Höhlungen. Die Strände an der Küste waren leer. Hie und da ragte ein Minarett in den Himmel. Jeeps fuhren am Ufer entlang. Das Schiff fuhr nach Haifa, jener Stadt, deren Straßen und Gebäude terrassenförmig angelegt waren. Der Wind rüttelte an den Häusern. Es war der größte Marinehafen des Mittleren Ostens, und es wimmelte dort von britischen Seeleuten und von Matrosen der amerikanischen Handelsmarine, von Spionen und Gegenspionen. Container türmten sich auf den Landestegen zu hohen Stapeln auf, Kriegsschiffe lagen in der Ferne vor Anker. Im alten Stadtteil saßen Araber im Schatten von Grapefruitbäumen. Das Wasser im Hafen war ölig und blau.

Das Schiff legte an, man klappte die Gangway aus, und bald wimmelte es auf den verschiedenen Decks von britischer Polizei. Da Ruzka kein Englisch sprach, wurde ein Übersetzer hinzugezogen. Man stellte ihr Fragen: Keine Papiere, kein Mensch an ihrer Seite, kein Mensch, der auf sie wartete, keine Ahnung, wohin sie gehen sollte. Sie hatte noch immer den Geruch des Krieges an sich, den ausgezehrten, gejagten Blick einer Guerillakämpferin. Mit hundert anderen Flüchtlingen bestieg sie einen Bus und wurde in die Wüste gefahren. Die Fenster waren offen, und so blies ein heißer, trockener Wind ins Innere des Fahrzeugs. Der Bus hielt vor einem Lager, einer von Stacheldraht abgeschirmten Fabrikanlage mit Wachtürmen und Suchscheinwerfern, die über die Felder leuchteten. Das Gefangenenlager Atlit war für Tausende von Juden eingerichtet worden, die illegal, mit falschen Papieren oder auf Piratenschiffen ins Land gekommen waren. 1938, als die europäischen Juden am dringendsten einen sicheren Hafen gebraucht hätten, erfanden die Briten, unter deren Oberhoheit Palästina sich befand, das Weiße Papier, in dem stand, dass jährlich nur fünfzehntausend Juden die Einreise ins Land genehmigt werden würde. Die Briten wollten die Araber nicht reizen, die weit zahlreicher waren als die Juden und außerdem Öl besaßen.

Für Juden, die in Konzentrationslagern gewesen waren, war Atlit ein schrecklicher Schock. In langen Reihen führte man sie an Soldaten mit Maschinengewehren vorbei zu einer Baracke, in der sich bereits eine Menge Flüchtlinge befanden. Alles kam ihnen merkwürdig vertraut vor. Hält man ein Foto von Atlit neben ein Foto von Majdanek, dem Todeslager in der Nähe von Lublin, erkennt man in der Tat kaum einen Unterschied. Baracken, Stacheldraht, Wachtürme. Was ist was? Schließlich bemerkt man die Farbe des Himmels, die Form der Bäume. Ach so, Zypressen! Atlit! Im Inneren zogen die Flüchtlinge ihre Kleider aus und erhielten ein Stück Seife. »Sie werden duschen«, sagte ein Wachsoldat. Hin und wieder verlor ein Jude, der in einem deutschen KZ gewesen war und das Wort »Dusche« als einen grausamen Euphemismus verstand, die Selbstbeherrschung.

In der Dusche – die eigentlich ein heißes, chemisches Bad war – spürte Ruzka, wie die Läuse, die sie im Wald geplagt hatten, von ihrem Körper abfielen. Sie erhielt ihre Kleider zurück und ging in den Hof hinaus, wo Hunderte von Juden in allen europäischen Sprachen redeten. Jemand gab Ruzka eine Grapefruit. Sie wog schwer in ihrer Hand und war die erste, die sie jemals sah. Sie zog die Schale ab, biss hinein und spuckte sie aus. Sie war fürchterlich sauer. Aber es war eine Zitrusfrucht. Im Wald eine Kostbarkeit. Da sie es nicht übers Herz brachte, sie wegzuwerfen, stopfte sie sie in ihre Tasche, wo sie sie wochenlang mit sich herumtrug, bis sie langsam verrottete.

Tag für Tag streiften Freiwillige aus Palästina durch Atlit und stellten Fragen, verteilten Nahrungsmittel und Kleider. Kam ein besonders wichtiger Flüchtling ins Lager, ein bekannter Wissenschaftler oder irgendein prominenter Künstler, konnten die Zionistenführer ihn für gewöhnlich freikaufen. Einige Jahre später, als die Flüchtlinge wirklich Not litten – das Lager bestand ungefähr zehn Jahre –, unternahm Yitzhak Rabin, Israels späterer Premierminister, einen gewagten nächtlichen Überfall auf Atlit und befreite über hundert Juden, darunter auch einen blasenschwachen Jungen, den er auf seinen Schultern reiten ließ. »Da kommt die Zukunft Israels«, sagte Rabin später, »und pinkelt mir auf den Rücken.«

Am Nachmittag erhielten die Berge jenseits des Zauns eine dunkle Tiefe. Ruzka redete mit Freiwilligen, erklärte ihnen, wer sie war und woher sie kam. Niemand erwartete sie; es gab keine Befehle, sie freizukaufen. Sie fühlte sich verlassen, wie eine Schiffbrüchige. Wozu bin ich nur hierher gekommen?, fragte sie sich.

★ ★ ★

An klaren Tagen konnte man von Lublin aus Majdanek sehen. Kurz nachdem die Rote Armee das Lager befreit hatte, ließen Reporter aus England und Amerika den Westen einen ersten Blick auf die deutschen Gräueltaten werfen. Auf den Fotos sieht das Lager aus wie eingefroren, als hätten die Wachen eben erst ihre Posten verlassen. In den Baracken drängen sich Überlebende. Die Deutschen hatten keine Zeit mehr gehabt, sie zu töten; der Boden ist mit Leichen übersät; die Deutschen waren nicht mehr dazu gekommen, sie zu verscharren; Schuhe stapeln sich im Lager, viele hunderttausend Paare – orthopädische Schuhe, Kinderschuhe, Halbschuhe, Pumps –, die man den Leuten ausgezogen hatte, bevor sie starben. In Lagerbüros warten Verträge darauf, dass Nazi-Beamte und deutsche Großindustrielle sie unterzeichnen. Sie belegen, dass man das Haar der Leichen zu Kleidungsstücken und Seilen verarbeiten wollte. Neben dem Krematorium ein gewaltiger Berg Asche, die letzte Ofenladung, die darauf wartet, auf die Felder gestreut zu werden. Die Asche liegt heute noch da. Unter einem Schutzdach ist sie mit der Zeit zu einer grauen Masse erstarrt.

Die Artikel, die über Majdanek erschienen, unterschieden sich im Ton von anderen Zeitungsberichten. Die vertraute, hart gesottene, sachliche Objektivität der Kriegsberichterstattung wurde ersetzt durch eine panische Aneinanderreihung von Wörtern – Gemetzel, Grausamkeit, Unmenschlichkeit. »Man sagte uns, dass man nur diejenigen Leichen zur Verbrennung freigab, die auf der Brust einen Stempel trugen, der sicherstellen sollte, dass sie nach Goldzähnen durchsucht worden waren«, schrieb W. H. Lawrence in der *New York Times* am 30. August 1944. »Von nun an bin ich geneigt, den Nazis jedes Verbrechen zuzutrauen, ganz gleich wie roh, grausam oder entartet es sein mag.«

Einige der jüdischen Flüchtlinge, die scharenweise nach Lublin gekommen waren, besuchten das Lager. Abba nicht. Vielleicht, weil es über seine Kräfte gegangen wäre, vielleicht auch, weil er es nicht zu besichtigen brauchte. Obwohl er Majdanek nie gesehen hatte, hatte er geahnt, was dort vor sich ging, verstand darunter, was Einstein unter dem schwarzen Loch verstanden hatte – eine Theorie, etwas, worauf Berechnungen hingedeutet hatten. Seine Kalkulationen, seine Rhetorik und seine Angst hatten ihm längst gesagt, dass ein solcher Ort existieren musste, dass irgendwo am Rand des Universums sich ein Schlund aufgetan hatte, eine Leere, die jede Energie, jedes Licht verschluckte. Die Züge mussten schließlich irgendein Ziel haben – oder nicht?

In jenen Tagen verließ Abba nie die belebten Straßen der Innenstadt. Lublin war eine Grenzstadt, ein Ort ohne Regeln. Da waren heimatlose Polen, die von den Russen in den Westen vertrieben worden waren, Soldaten aus der Roten Armee, die etwas erleben wollten, bevor man sie wieder an die Front schickte; Zwangsarbeiter, die man aus deutschen Fabriken befreit hatte und die nach Rache schrien; gebrandmarkte deutsche Geschäftsmänner; Juden, Flüchtlinge und Überlebende, die töten oder verschwinden oder sterben wollten. Wenn ein Jude nach Lublin kam, ging er zuerst zum Roten Kreuz. Dort holte man ihm aus einem Hinterzimmer eine Liste mit den Namen Überlebender. Es waren so wenige, dass viele Menschen im ersten Augenblick einen Schwäche- oder Panikanfall erlitten. Lublin war, wie ein amerikanischer Militärgouverneur später von einer eroberten deutschen Stadt sagte, »eine gewaltige Wunde, in der es von Menschen aus aller Herren Länder, mit unterschiedlichen Sprachen und Temperamenten wimmelte, eine Brutstätte für Trunkenbolde und Mörder.«

Die Zionisten, von denen viele aus den Wäldern in die Stadt gekommen waren, lebten im obersten Stockwerk eines Gebäudes im alten Judenviertel, in Stockbetten mit zwei oder drei Mann pro Bett, vierzehn pro Zimmer. Dort oben war es kalt, der Wind rüttelte an den Fenstern, durch das Dach tropfte der Regen, und es gab wenig zu essen, aber niemand war unglücklich. Im trüben Licht flüsterten und weinten diese jungen Leute miteinander, erzählten sich ihre Geschichten – ein Murmeln, eine Pause, Lachen. Viele von ihnen hatten ausgezehrte Gesichter mit den großen auffälligen Augen der Hungernden und trugen zerlumpte Kleider. Sie hätten alles miteinander geteilt, doch es gab nichts mehr zum Teilen.

Eines Nachts, als Abba auf seiner Pritsche lag, hörte er jemanden seinen Namen sagen. Er sah sich um. Da stand Vitka, die gerade in Lublin angekommen war. Sie erzählte Abba von ihrem Flug, den Wolken, die sie von oben gesehen hatte. Vitka war erst Anfang zwanzig und immer noch fasziniert von dem, was sie sah und erfuhr, ganz gleich, ob es Sinn machte, ihrer Weltsicht nützlich war oder nicht. Die Erfahrung an sich war es, die sie antrieb – jeder Augenblick an seinem Ort, jeder Ort in seiner Zeit.

In Vitkas Erinnerung besteht Lublin aus einem einzigen, endlos langen Gespräch, das nicht einmal zum Schlafen unterbrochen wurde. Dabei ging die Sonne auf und wieder unter, wurden die Augen trüb vor Müdigkeit. Am Nachmittag schlenderte sie mit Abba durch die schmalen Gassen, zwischen ächzenden Häusern, auf der Suche nach vertrauten Gesichtern. Der Winter stand bevor, die Luft roch nach Brennholz, und oft saßen sie im Café und tranken heiße Schokolade mit Schlagsahne. Ihr Geld verdienten sie sich größtenteils mit irgendwelchen Gegenständen, die sie aus den Ruinen zogen und gegen ein paar knittrige Scheine eintauschten. Eines Tages tauchte Cesia Rosenberg bei ihnen auf. Cesia war gerade von ihrer Mission in Russland heimgekehrt, wo sie den Zionistenführer Mordechai Roseman gefunden hatte.

Mordechai war achtundzwanzig, trug einen zerlumpten Mantel und hatte sich die Haare hinter die Ohren gesteckt. Er hatte einen dunklen, flackernden, gehetzten Blick. Vitka starrte ihn an – er hielt ihrem Blick nicht stand. Nachdem er ein paar Worte gesagt hatte, ließ er sich auf ein Bett fallen und begann ohne Umschweife seine Geschichte zu erzählen:

»Minsk stand in Flammen, als wir hinkamen«, sagte er. »Die Menschen waren fort, aber in den Gasthäusern stand immer noch das Essen auf den Tischen. Wir sind den ganzen Weg nach Russland zu Fuß gegangen. Das dauerte mehrere Wochen. Manchmal haben wir den Zug genommen. Ich wurde in Moskau verhaftet. Die dachten, ich sei ein Spion. Ich kam bald wieder frei. Ich ging in eine Kaserne der Roten Armee und meldete mich freiwillig. Ich wollte kämpfen. Die Soldaten haben mich ausgelacht. Das Nächste, was ich weiß, ist, dass ich unterwegs war zu einem Bauernkollektiv in Asien. Ich brachte die Ernte ein. Eines Nachts im Winter stahlen ein Freund und ich uns davon, gingen in südliche Richtung, nach Kasachstan. Wir verkrochen uns in einer Stadt unmittelbar vor der türkischen Grenze. Es gab vierzehntausend jüdische Flüchtlinge dort. Genau wie ich versuchten sie über die Grenze in den Iran und von dort nach Palästina zu kommen. Jeden Tag saß ich in Kneipen und Cafés herum, wo ich Zionisten und die einheimische Polizei antraf. Keiner von ihnen ließ sich bestechen.

Im Frühling waren die Zeitungen voll mit Berichten über russische Siege, den Einmarsch ins Baltikum, nach Litauen. Ich las jeden Artikel ganz genau, suchte nach den versteckten Botschaften zwischen den Zeilen. Im Sommer stieß ich auf die Geschichten Ilyia Ehrenburgs über Partisanen. Es war darin von dir die Rede, Abba, von dir und deiner Gruppe, und davon, wie du in Wilna einmarschiert bist. Da wusste ich plötzlich, dass ich am falschen Ort war. Ich hatte den Kampf verpasst. Also machte ich mich schon tags darauf nach Norden auf, ging von Stadt zu Stadt. In Moskau übernachtete ich auf dem Bahnhof. Ich wollte den

Zug nach Wilna nicht verpassen. Aber es fuhr nur einmal in der Woche ein Zug, und woher hätte ich wissen sollen, wohin er fuhr? Auf die Fahrpläne war kein Verlass. Also wartete ich. Und wartete. Und wartete. Endlich, erst vor ein paar Wochen, schnaufte ein Zug in den Bahnhof, und wer steigt aus? Dieses Mädel«, – er deutete auf Cesia – »sie sagte, sie sei nur meinetwegen gekommen, wolle mich nach Lublin holen. Hier bin ich also.«

Mordechai sagte, dass er es bedauerte, die Kämpfe im Ghetto und im Wald verpasst zu haben, dass er es sein Leben lang bedauern werde. Abba erwiderte, er solle sich keine Sorgen machen, denn er würde noch genügend Gelegenheit bekommen, seinen Mut zu beweisen. Und außerdem sei er zur rechten Zeit gekommen, er solle die Bricha mit vorbereiten, jüdische Überlebende nach Palästina schmuggeln. »Über unseren Köpfen hängt ein Schwert«, erklärte Abba. »Der Holocaust ist keine einmalige Katastrophe, die jetzt aus und vorbei ist. Er kann sich wiederholen. Es ist unsere Pflicht, unsere Glaubensbrüder zu warnen und sie aus diesem Schlachthaus herauszuführen.«

* * *

Sogar nach dem Ende des Zweiten Weltkriegs blieb Europa für die Juden ein trügerisches Pflaster. Warum? Weil die Geschichte sich nicht nach abrupten Kulissenwechseln richtet, wie es uns die Daten in den Geschichtsbüchern, die sich wie Regieanweisungen lesen, glauben machen: Abgang Hitler-Deutschland, Ankunft demokratisches Deutschland. Der Völkermord nahm weder die Polen für die Juden ein, noch überzeugte er den Großteil der Deutschen davon, dass sie im Unrecht gewesen waren – was die Juden betraf und alles andere. Die Kapitulation machte aus Deutschen keine Briten oder Franzosen. Nachdem man die Juden aus den Lagern befreit hatte, wanderten sie erneut in eine Wildnis.

Die Rote Armee befreite Auschwitz am 17. Januar 1945; die Briten befreiten Bergen-Belsen am 12. April 1945; im Lager befanden sich vierzigtausend nahezu verhungerte Insassen. Im Sommer 1945 lebten in ganz Europa nicht einmal mehr eine Million Juden. Als diese Menschen in ihre Heimat – Litauen, Lettland oder Estland – zurückkehrten, empfing sie dort nicht das Willkommen, das sie sich womöglich gewünscht hatten. Wenn sie zu den Häusern kamen, in denen sie aufgewachsen waren, standen sie nicht selten vor verschlossenen Türen oder blickten in einen Gewehrlauf. Immer wieder stießen die Heimkehrer auf Gewalt. In den Jahren nach dem Zweiten Weltkrieg starben eintausendfünfhundert Juden bei derartigen Übergriffen, ein wahnwitziger Amoklauf nach dem Holocaust, der am 4. Juli 1946 in Kielce, Polen, gipfelte.

Vor dem Krieg hatten achtzehntausend Juden in Kielce gelebt. 1946 waren gerade noch zweihundert davon übrig. Eines Nachts, als man in der Stadt ein nichtjüdisches Kind tot auffand, bezichtigte man die Juden des Blutopfers. Angeblich hatten sie das Kind getötet, um mit seinem Blut ein religiöses Ritual abzuhalten. War das Dummheit, Irrsinn, Projektion? Eine Million jüdische Kinder waren in Polen während des Kriegs umgekommen, und nun, ein Jahr später, beschuldigten die Einwohner von Kielce die Überlebenden, ein Kind ermordet zu haben. Binnen einer Stunde waren die Bürger von Kielce mit Fackeln unterwegs, schreiend, Knüppel schwingend. Die dortige Polizei und das Militär schlossen sich der aufgebrachten Menge an und zogen mit ihnen vor ein Haus, in dem ein paar Dutzend Juden lebten. Die Straße war von orangem Licht überflutet. Die Juden wurden ausgeräuchert, gejagt, erschossen, gesteinigt, mit Axtschäften erschlagen. Vierzig von ihnen kamen ums Leben. Heute ist Kielce nur eine beliebige polnische Kleinstadt, düster wie alle anderen, eine Zwischenstation, kein Aufenthaltsort, ein Fleck im Fenster, aber sogar bei achtzig Kilometer in der Stunde kann man die Leere spüren. 1946 war Kielce ein Schild, auf dem groß geschrieben stand, sodass jeder Jude es lesen konnte: Raus aus Europa!

Die Briten hatten in Palästina das Sagen und wollten keine Juden einreisen lassen; sie waren gegen jede Bewegung der Flüchtlinge. Deshalb blieben nach dem Krieg Tausende von Überlebenden in den Konzentrationslagern – wohin hätten sie sonst gehen sollen? –, die man zu Auffanglagern für Flüchtlinge umgewandelt hatte. Die Insassen hießen jetzt Heimatvertriebene beziehungsweise DPs für »Displaced Persons«. Vierzehn Millionen Menschen waren unterwegs: Deutsche, die ihre Heimatorte im Osten verließen, Franzosen, die in ihre Heimat im Westen zurückkehrten. In manchen Lagern trugen die jüdischen Insassen immer noch Nummern und gestreifte Anzüge. In anderen zogen sie an, was immer sie finden konnten. Wäre man zum Beispiel 1946 in Bergen-Belsen gewesen, hätte man ausgehungerte Juden in den Uniformen der Waffen-SS sehen können. Jeden Tag kamen neue DPs in die Lager, darunter auch einige Zionisten, die die Überlebenden beknieten, nach Palästina auszuwandern: »Auch wenn euch die Briten nicht hineinlassen wollen, geht trotzdem: überflutet die Meere, durchbrecht die Pforten.«

Bis zum Winter 1945 waren über hundert jüdische Agenten aus Palästina in Europa. Gemeinsam mit einheimischen Zionisten bauten sie ein Labyrinth aus Kontakten und Verstecken auf. Jeder Anführer bekam eine Aufgabe zugewiesen – Soldaten rekrutieren, Marschrouten erstellen, Geld auftreiben. Einige Zionisten fanden stapelweise englische Pfund, Falschgeld, das die Deutschen während des

Kriegs hatten drucken lassen, um die englische Wirtschaft zu schädigen. Die Zionisten erstanden mit den Blüten Uniformen, Lastwagen, Gewehre. Einige Brichaleute passierten die Grenzen mittels gefälschter Rotkreuzzertifikate, die sie als Flüchtlinge auswiesen. Wenn Abba reisen musste, schlüpfte er in die Kleidung der KZ-Insassen – Überlebende durften in den Zügen sitzen. Andere Zionisten ritzten sich sogar mittels einer heißen Nadel und blauer Tinte Lagernummern in die Unterarme. Auf diese Weise stellten die Partisanen sich mit den Überlebenden auf eine Stufe, indem sie sich selbst den Stempel aufdrückten. Die Deutschen hatten keine Gelegenheit dazu bekommen.

Einmal gerieten einige dieser Männer in denselben Raum wie tatsächliche Überlebende; diese fingen an zu tuscheln und auf die falschen Tätowierungen zu starren. Einer der Zionisten musterte die Nummern auf den Armen ehemaliger KZ-Häftlinge und verglich sie mit der seinigen. Und da merkte er, welcher Fehler ihm unterlaufen war. Die Nazis hatten die Nummern so eingeritzt, dass sie vom Lagerpersonal gelesen werden konnten; die Partisanen dagegen waren nur darauf bedacht gewesen, dass sie selbst sie lesen konnten. In anderen Worten, sie hatten sich die Pseudotätowierungen verkehrt herum in die Haut geritzt. Die Zionisten machten sich schleunigst davon, weil sie Angst hatten, man könnte sie für Spitzel halten. Auf ihrem Weg quer durch Europa folgten die Flüchtlinge einer geheimen Route, die sie von einem Zionisten zum nächsten trug. Es war vielleicht eine der größten freiwilligen Völkerwanderungen. DPs wurden mündlich dazu aufgefordert, ihre Ortschaften und Lager zu verlassen und sich in den verlassenen Lagerschuppen und Fabrikanlagen der zerbombten Städte einzufinden. Dort verteilte man sie dann auf Gruppen, die so genannten Kibbuzim. Jede Gruppe wurde von mehreren bis zu den Zähnen bewaffneten Partisanen angeführt. Im Morgengrauen brachen sie auf, gingen auf entlegenen Straßen, schliefen im Weizen, gingen am darauf folgenden Morgen weiter. Wenn sie an einen Grenzübergang kamen, stießen sie auf eine Gruppe Partisanen, die sie über die nächste Etappe des versteckten Wegs begleiten würde. Nachts schlugen sie ihr Lager auf, machten Feuer und malten sich gemeinsam aus, wie es in Palästina sein würde.

Vitka wartete in Krosna, einem Ort an der Grenze zwischen Polen und der Tschechoslowakei. In ihrer Männerhose und dem Überzieher hättte man sie glatt für einen Grenzposten halten können. Sie stand schon seit Stunden unter den Bäumen und rieb sich die kalten Hände. Endlich sieht sie Scheinwerfer hinter einer Anhöhe auftauchen, Lastwagen, die über die dunkle Straße rumpeln, die ernsten Gesichter der Fahrer, deren Mundwinkel nach unten weisen. Lichter blitzen auf. Vitka gibt das verabredete Zeichen. Der Lastwagen hält an, Flüchtlinge steigen aus. Vitka sieht Gesichter aus allen Teilen Europas, ein Gemisch aus Dörfern, Bauernhöfen, Städten. Sie folgen ihr über die Felder. Am frühen Morgen führt sie sie an einen entlegenen Ort an der Grenze, Hunde bellen, in einem Bauernhof geht das Licht an.

Hin und wieder wurde eine Schar Flüchtlinge auf ihrem Weg durch Deutschland oder Polen überfallen. Raufbolde, die aus irgendwelchen Häusern kamen, wollten Juden ausrauben oder vergewaltigen oder umbringen. Aber die Partisanen, die die Flüchtlinge beschützten, waren nicht dieselben Juden, die die Bauern von früher her kannten. Der Krieg hatte sie geformt. Aus den einstmals sanftmütigen jungen Männern waren in den Wäldern des Ostens erbarmungslose Kämpfer und Killer geworden.

1945 lagerte eine Schar jüdischer Flüchtlinge außerhalb von Obernau, einer Kleinstadt in der Tschechoslowakei.

Im Krieg hatten jüdische Zwangsarbeiter in der dortigen Krupp-Fabrik Munition hergestellt. Die Arbeiter hatten in Hundehütten schlafen müssen. An den Wochenenden kamen dann die Leute, um die Juden in ihren Käfigen zu begaffen. Ein Bricha-Anführer schickte zehn Flüchtlinge in die Stadt, um Lebensmittel zu besorgen. Als diese auf den Marktplatz kamen, rannte eine Gruppe ehemaliger deutscher SS-Soldaten in ihren Uniformen aus der Polizeiwache. Sie jagten die Juden durch die Straßen und schossen auf sie. Sechs Flüchtlinge wurden getötet. Die übrigen kamen mit dem Schrecken davon. Eine Stunde später erreichte ein Dutzend Partisanen in Lastwagen die Stadt. Mit Hilfe von Gewehren und Handgranaten zwangen sie die Deutschen in die Polizeiwache, stellten sie an die Wand und erschossen sie. Drei Tage lang blieben die Juden in der Stadt, aßen und tranken nach Herzenslust.

Als die Bricha in vollem Gange war, kamen etwa tausend Juden täglich über die Grenze. Auf ihrem Weg nach Süden stahlen sie Lebensmittel und Milch in den umliegenden Bauernhöfen. Da die Flüchtlinge oft im Zug reisten, wo sie leichte Beute waren für einheimische Banditen, fuhren die Partisanen auf den Dächern der Züge mit, Wind und Wetter ausgesetzt, eine Pistole im Gürtel, als Warnung gleichsam für die Einheimischen – Diese Leute stehen unter unserem Schutz! In den von der Roten Armee kontrollierten Ländern wurden die DPs von Soldaten geplündert. Da die Partisanen gegen die Russen nicht kämpfen konnten, rieten sie jedem Flüchtling, eine Tasche mit Steinen zu füllen; falls sich jemand an ihrer Habe vergreifen wollte, hatten sie etwas zu geben.

Meistens kümmerten die russischen Grenzsoldaten sich nicht um die Flüchtlinge, ließen sie unbehelligt südwärts ziehen, wo sie aus ihrem Einflussbereich in den der Briten gerieten. Wenn eine Gruppe der Bricha einen Kontrollpunkt im Hinterland erreichte, pflegte der russische Soldat, der seine Füße auf dem Fensterbrett liegen hatte, müde zu blinzeln und zu fragen: »Zhid?«

»Da«, antwortete für gewöhnlich ein Partisan. »Zhid.«

Daraufhin winkte der Russe die Juden normalerweise durch.

Die Flüchtlinge überquerten Gebirge, steile Pässe und kühle Täler, bis sie irgendwann nach Italien kamen, wo die amerikanischen Soldaten, von denen jeder auf General Eisenhowers ausdrücklichen Wunsch hin ein Konzentrationslager besichtigen musste, betont freundlich waren, lächelten, scherzten und Kaugummi verteilten. Sie hielten die Flüchtlinge nicht auf, die der Küste zustrebten, wo rostige Schiffe warteten, um sie nach Palästina zu bringen. Sobald ihre Schützlinge an Bord gegangen waren, traten die Partisanen wieder den Rückweg an, um an der Grenze die nächste Flüchtlingsgruppe abzuholen. In den drei Jahren nach der deutschen Kapitulation fuhren 140 Schiffe mit jüdischen Flüchtlingen von Europa nach Palästina.

Eines späten Nachmittags im Frühling 1945, an einer Grenze Osteuropas, beobachtete Abba, wie eine Gruppe jüdischer Flüchtlinge auf den Wald zuging. Es war ein erstaunlicher Anblick. Die Juden bewegten sich ebenso natürlich und leicht wie Wasser, das nach unten strömt. Abba blieb lange so stehen, während die Sonne hinter den Hügeln versank. Er knöpfte sich den Mantel zu. »Vielleicht werden sie überleben«, dachte er. Aber etwas in ihm wusste, dass es dazu zu spät war. Zu viele Menschen waren schon gestorben. Jetzt ging es nur noch darum, sich um die Toten zu kümmern. Nun, da die Flüchtlinge auf dem Weg zu den Schiffen waren und Hunderte von Menschen für die Bricha arbeiteten, war es für Abba an der Zeit, den Kampf fortzuführen, den er im Ghetto begonnen hatte und den er nun in jedes deutsche Heim tragen wollte.

★ ★ ★

Atlit, das Übergangslager, in dem Ruzka sich in Palästina befand, war trocken und staubig. An den meisten Tagen stieg das Thermometer auf über vierzig Grad. Es ließ sich mit nichts vergleichen, was Ruzka jemals erlebt hatte. Sie konnte fühlen, wie sich auf ihrem Nacken Schweißtropfen bildeten, die ihr langsam den Rücken hinunterliefen. Hin und wieder fegten Möwen über das Lager, zogen ihre Schatten hinter sich her. Das Meer, das etwas mehr als einen Kilometer entfernt war, war wie die Erinnerung an eine andere Welt. Die Flüchtlinge, viele von ihnen schon seit Jahren im Lager, waren Ladenhüter der britischen Bürokratie, vergessene Namen in Registern. Sie trugen Baumwollhosen, Shorts, Stiefel, Sandalen, Halbschuhe und Schlapphüte. In ihren Augen, in denen sich Wüsten und Berge spiegelten, lag die rastlose Energie der nächsten fünfzig Jahre. Wenn sie unter den Palmen standen, hinter Bahnen aus Stacheldraht, konnten sie die Hügel Haifas in der Hitze flimmern sehen.

Nach mehreren Wochen im Lager traf Ruzka einen palästinensischen Krankenpfleger, der sich ihre Geschichte anhörte. Sein Name war Benjamin Greenbaum. Er war nur ein paar Jahre älter als Ruzka, und sein Vater, Yitzhak Greenbaum, war im Exekutivkomitee der United Jewish Agency. In jener Nacht erzählte Greenbaum, der in Gan Schmuel lebte, einem nahe gelegenen Kibbuz, seinem Vater von Ruzka: »Eine Partisanin, direkt aus Litauen.«

In den folgenden Tagen kamen immer wieder Mitglieder der United Jewish Agency in Autos und Lastwagen, mit traurigem Lächeln und Händeschütteln, um mit Ruzka zu sprechen. Sie waren überrascht von ihrer Jugend, ihrer Einfachheit, ihrem zierlichen Wuchs – ein winziges Geschöpf in zerrissener Hose und staubiger Jacke, mit angesengten

Ärmelsäumen. Ihre bloße Existenz kam ihnen schon wie ein Wunder vor. Einmal, als Ruzka die Beamten bat, Boten mit Geld für ihre Freunde nach Wilna zu schicken, machte sich der Schatzmeister der United Jewish Agency Notizen. Während sie ihn beobachtete, fragte sich Ruzka, ob es jemals eine Möglichkeit geben würde, diesen Leuten begreiflich zu machen, was sie durchgemacht hatte, was geschehen war, was noch geschehen würde.

Vera Weizmann, die Frau des Zionistenführers Chaim Weizmann, fuhr nach Atlit, um Ruzka zu sehen, die sich allmählich fühlte wie ein Ausstellungsgegenstand. Vera Weizmann fragte sie, ob es denn wahr sei, dass die Deutschen sechs Millionen Juden umgebracht hätten. Sie persönlich, so Vera Weizmann, halte diese Zahl für völlig ausgeschlossen – »Viel zu hoch«, sagte sie – und setzte hinzu, dass es ihrer Meinung nach keinesfalls mehr als drei Millionen gewesen sein konnten. Ruzka war einen Moment lang still, murmelte etwas vor sich hin und lief weg. Sie hatte zum ersten Mal diese Zahl gehört – sechs Millionen –, die im Kopf eines jeden Juden einen Trommelwirbel auslösen sollte: sechs Millionen, sechs Millionen, sechs Millionen. Ruzka versetzte sie einen stechenden Schmerz, den sie ihr Leben lang nicht mehr los werden würde.

Yitzhak Greenbaum war es, der Ruzka aus Atlit holte, indem er den Briten erzählte, sie leide an Tuberkulose und müsse im Krankenhaus behandelt werden. Dann fuhr er mit ihr nach Gan Schmuel, das etwa zwanzig Kilometer südlich des Auffanglagers gelegen ist. Die Küstenstraße trug sie durch verschachtelte Städte und Dörfer, weiße Häuser, über die Hügel gestreut. In Caesarea, einer römischen Ruinenstätte, einst Wohnsitz von Pontius Pilatus, verliefen die Stümpfe von Bogengängen und Säulen bis zum Meer, das warm war und blau und voller Quallen. In solcher Umgebung lebt die Vergangenheit parallel zur Gegenwart, ist vielleicht gegenwärtiger als diese. Die Hügel sind voller Schatten, Gestalten biblischer Zeit, von den Kreuzzügen, vom Osmanischen Reich. Gemeinsam haben diese Bilder – aus Vergangenheit und Gegenwart, dem Damals und dem Heute – eine Wirkung, die der eines alten Stereoskops nicht unähnlich ist, in dem zwei Bilder, nebeneinander betrachtet, die Illusion einer seltsamen Tiefe vermitteln. Zum ersten Mal wurde Ruzka bewusst, dass sie in Palästina war. Das Auto wandte sich landeinwärts, fuhr an gepflügten Feldern und Schuppen vorbei, hinein nach Gan Schmuel, einem Kibbuz, das von einem Zaun und einem Wachturm geschützt war.

Es gab nur wenige Bäume im Kibbuz, und die Bewohner saßen abwechselnd in den kleinen schattigen Flecken. Ruzka wohnte in einem kleinen Gästehaus – ein Fenster, ein Bett, ein Laken. Es war viel zu heiß, um unter der Decke zu schlafen. Einmal brachte man sie in einen nahe gelegenen Kibbuz, wo sie Meir Ya'ari traf, den Anführer der Jungen Garde, der sie sich in ihrer Jugend angeschlossen hatte. Ya'ari war ein bedeutender Anführer, ein weiser, sprachgewandter Mann, der für seine Anhänger zur Kultfigur geworden war. Er hatte wildes schwarzes Haar und ein scharf geschnittenes, strenges Gesicht. Die Menschen waren beeindruckt von seinen Augen, die tief waren und schwarz, und seinen Worten, die grandios und höflich und elegant waren, ein schöner Satz nach dem anderen, wie Fotomodelle auf dem Laufsteg.

Ruzka und Ya'ari saßen allein in seinem Zimmer im Kibbuz und unterhielten sich stundenlang. Zwischen ihnen entstand echte Wärme. Er fragte Ruzka, ob Abba und die anderen sein Telegramm erhalten hätten.

»Welches Telegramm?«, fragte Ruzka.

»Als die Deutschen einmarschiert sind«, sagte Ya'ari, »habe ich ein Telegramm geschickt.«

»Was stand darin?«

»Bringt euch in Sicherheit.«

Bringt euch in Sicherheit. In Wilna? Das war, als würde man einem Mann in einem brennenden Haus sagen, er solle sich in Sicherheit bringen. Tolle Idee. Und wie?

»Wir haben kein Telegramm erhalten«, sagte Ruzka.

Sie überlegte kurz und fügte dann hinzu: »Und selbst wenn, es hätte auch nichts geändert. Für uns waren Revolte und Rettung ein und dasselbe.«

In den kommenden Wochen traf Ruzka einige führende Persönlichkeiten der jüdischen Gemeinde, Intellektuelle, die ihre Familien in Europa verlassen hatten, um im Alten Land ein neues Leben aufzubauen. Dem Ruf zionistischer Schriftsteller wie Moses Hess und Theodor Herzl folgend, waren sie noch vor dem Ersten Weltkrieg nach Palästina ausgewandert, das damals noch ein verschlafener Außenposten des Osmanischen Reiches gewesen war. Es lebten bereits Juden im Land, alte Gemeinden in Jerusalem und Safed, Gemeinden, die noch aus den Tagen des Alten Israel stammten und die Zerstörung des Tempels und die Vertreibung überlebt hatten. Aber die Pioniere unterschieden sich von den alten Gemeinschaften – die Pioniere kamen mit europäischer Bildung zurück, Wissenschaft, Medizin, Politik. Indem sie sich weigerten, den Fluch zu akzeptieren, der auf den Juden lastet, schrieben diese Menschen die jüdische Geschichte neu, fingen ein neues Kapitel an. Mit Hilfe der Errungenschaften moderner Agrartechnik gelang es ihnen, Trockengebiete zu bewässern und »die Wüste zum Blühen zu bringen«.

Traf man sie persönlich, waren diese Pioniere einfache, schmalschultrige, grauhaarige, helläugige ältere Leute. Für Ruzka waren sie Helden, Namen, die sie aus Büchern kannte, die sie in den verträumten Tagen vor dem Krieg gelesen hatte. Sie fuhren quer durch Palästina, um sich ihre

Geschichte anzuhören. Sie sprach vor Versammlungen, mit einzelnen Personen, mit jedem, der die Fahrt zu ihr unternahm. In Tel Aviv forderte sie den zionistischen Politiker Shaul Avigur auf, Agenten nach Europa zu schicken. »Die, die überlebt haben, werden nach Palästina auswandern«, erklärte sie.

Er widersprach ihr, behauptete, nur Zionisten würden Europa verlassen wollen.

»Den Unterschied zwischen Zionisten und Nicht-Zionisten gibt es nicht mehr«, sagte Ruzka. »Jetzt gibt es nur noch Juden, und sie haben kein Zuhause mehr.«

Sie hielt kurz inne und sagte dann: »Können Sie sich überhaupt vorstellen, was dort geschehen ist?«

Eines Tages unterhielt sich Ruzka mit David Ben-Gurion in seiner Wohnung in Tel Aviv, nur ein paar Häuserblocks vom Meer entfernt. Ben-Gurion, der Vorsitzende der Jüdischen Gemeinde, sollte Israels erster Premierminister werden. Er war sechzig, untersetzt, hatte ein ausgeprägtes Kinn, eine hohe Stirn, stämmige Beine, einen Stiernacken, rosa Haut und blaue Augen. Sein Haar, ein weißes, flaumiges Gewirr zu beiden Seiten des Kopfes, stand steil nach oben. Mit seinem offenen Hemdkragen und der weiten Hose sah er immer ein wenig zerknittert und schludrig aus. Was immer er trug, sah aus wie ein Schlafanzug. Mit ihm wurde ein neuer Stil geboren, die wohl überlegte Gleichgültigkeit israelischer Staatsoberhäupter. Denen, die nach ihm kamen, schien es Spaß zu machen, sich raubeinig und ein wenig ungehobelt zu benehmen: Wenn Gott mit unserer Nacktheit vorlieb nimmt, dann werden Sie wohl mit einem dreckigen Hemd vorlieb nehmen, mein Bester. Lange Zeit war Israel vielleicht das einzige Land, in dem ein Politiker ehrlich sagen konnte: »Das Aussehen spielt keine Rolle.«

Ben-Gurion saß Ruzka gegenüber. Wenn er sie ansah, dachte er wohl an die Mädchen seiner Jugend, in dem polnischen Städtchen, das er 1906 verlassen hatte, als er noch David Grien hieß. »Wo waren Sie nur?«, fragte er Ruzka. »Wo hat die Junge Garde Sie vor mir versteckt?«

Für Ruzka war David Ben-Gurion das jüdische Palästina; mit ihm zu sprechen, bedeutete für sie mit dem Land der Verheißung zu sprechen, das ihr im Ghetto Kraft gegeben hatte. Er hatte die Macht, ihre Geschichte anzuerkennen, zu erhöhen, ihr Sinn zu verleihen. Sie blickte in seine Augen, während sie redete, bemerkte seine Unduldsamkeit. Ben-Gurion hielt es nicht für seine Aufgabe, sich um das Schicksal der in Europa verbliebenen Juden zu kümmern. Er war dazu berufen, die Juden Palästinas anzuführen. Außerdem, was hätte er schon tun können, um den europäischen Juden zu helfen? Gelegentlich hatte die Jewish Agency Nazibeamte bestochen und ein paar tausend Juden freigekauft. Aber war das klug gewesen? Hatten die Juden Palästinas den Deutschen, indem sie ihnen Bestechungsgelder boten, nicht noch mehr Geld zur Verfügung gestellt, um die Juden Europas zu vernichten? Während Ruzka redete, fiel ihr Ben-Gurion immer wieder mit Fragen ins Wort, die die Richtung seiner Gedankengänge verrieten. »Was ist mit den Russen?«, fragte er, »sind sie sehr judenfeindlich?«

Für Zionisten wie David Ben-Gurion war irgendeine Form der Gewalt gegen die Juden unvermeidlich gewesen. Für einen Juden konnte das Leben in Europa nicht anders enden als in Ruin und Tod. Immerhin war das eine der Motivationen für den Zionismus, einer der Gründe, weshalb die Juden Europa verlassen mussten. Einige Zyniker deuteten später an, dass Ben-Gurion den Holocaust sogar begrüßt hätte, weil er ihn, wie sie behaupteten, als die letzte gewaltige Erschütterung der Alten Welt betrachtete, die der Neuen Welt den Weg ebnete. In anderen Worten: kein Holocaust, kein Israel. Aber das ist entsetzlich ungerecht. Sogar jemand, der so viel Weitsicht besaß wie Ben-Gurion, konnte ein solches Massaker nicht erahnen. Nach dem Krieg, bei einem Besuch der europäischen Flüchtlingslager, wo er einen seiner Cousins wieder sah, war Ben-Gurion schockiert. »Die beste Propaganda für den Zionismus ist das DP-Lager in Bergen-Belsen«, sagte er. »Da führen sie (die Briten) sich auf wie die Nazis.«

Für Ben-Gurion gab es nur eine Lösung – einen jüdischen Staat. In diesem Sinne war er Jakob Gens nicht unähnlich, der einzig von seiner Vision der guten Sache beseelt war. Das Ghetto vor allem anderen; der Staat vor allem anderen. Wenn Ben-Gurion einen Juden traf, der von dem alten Kampf besessen war, von der Idee, die Nazis zu bestrafen, dann beschuldigte er ihn, Energie zu vergeuden. Er kritisierte sogar jene Überreste europäischer Kultur, wie Sprache oder Kochkunst, die manche Juden in Palästina zu bewahren suchten. Für Ben-Gurion war Ruzkas Leidenschaft ein Relikt, ein klassisches Beispiel für »Ghettodenken«.

Als Ruzka ihn verließ, fühlte sie sich ihrer Illusionen beraubt, verloren.

Einige Monate später, im Februar 1945, wandte Ruzka sich an die Histadrut, eine jüdische Gewerkschaft in Tel Aviv. Der Saal war angefüllt mit Juden, die in Europa und Amerika geboren worden waren und nun in Siedlungen Galiläas und des Negev lebten. In melodiösem, eindringlichem Jiddisch erzählte sie ihre Geschichte der schweigenden Menge. Die Menschen beugten sich nach vorn, trauten ihren Ohren nicht. Ein paar junge Frauen kamen über den Mittelgang nach vorn zu Ruzka, stellten sich neben sie, berührten sie, nahmen ihre Hand.

Als Ruzka zu Ende gesprochen hatte, bestieg Ben-Gurion das Podium. »Die Worte, die Sie gerade mit so viel Anteilnahme hörten, wurden in einer unschönen Sprache vorgebracht«, sagte er. »Es ist die Sprache derer, die gestorben sind.«

Pfiffe und Buhrufe erfüllten den Saal. Ben-Gurion versuchte weiterzusprechen, wurde jedoch niedergeschrien. Er sagte, man habe seine Worte missverstanden, er habe die Sprache, nicht die Sprecherin angreifen wollen. Ruzka lief hinaus. Das alles war ihr zu viel, ging ihr zu schnell. Sie hatte das Gefühl, als würde sie gleich den Verstand verlieren oder wäre zu schnell aus großer Tiefe aufgetaucht. Die Worte Ben-Gurions gingen ihr nicht mehr aus dem Sinn: »Die Sprache derer, die gestorben sind.«

Ruzka zog um nach Eilon, einem Kibbuz im Norden Palästinas. Von ihrem Fenster aus blickte sie auf staubige Hügel. Jenseits dieser Hügel war der Libanon. Das Meer lag eineinhalb Kilometer weiter im Westen. Die Leute, die sie damals im Kibbuz erlebten, schildern Ruzka als ein trauriges, einsames Flüchtlingsmädchen, das nachts oft alleine spazieren ging. Ruzka hatte sich in einem Mauseloch verkrochen und wagte sich nicht mehr daraus hervor. In ihrem Kopf tobte noch immer der Krieg; sie konnte nicht aufhören zu kämpfen. Die Vorstellung eines normalen Lebens war für sie ein Märchen für Kinder. Sie hatte die Realität kennen gelernt.

Ruzka sperrte sich in ihrem Zimmer ein, schloss die Jalousien und schrieb fast frenetisch einen Brief nach dem anderen. Die einzigen Menschen, die ihr am Herzen lagen, waren ihre Freunde, und die waren auf der anderen Seite des Kriegs. Manchmal schrieb Ruzka auf Polnisch, manchmal auf Hebräisch, manchmal auf Jiddisch. Ihre Briefe an Vitka besaßen die verzweifelte, gebeutelte, unsichere Energie eines Menschen, der verlassen worden ist.

Eilon, 1. August 1945

Liebe Vitka,
ich hatte schon daran gezweifelt, je wieder etwas von
dir zu hören. Hundert Gedanken gehen mir durch den
Kopf, einer düsterer als der andere. Wie sollte ich mir
dein Schweigen erklären? Wie sollte ich begreifen, dass
die Menschen, die mir am nächsten stehen – du weißt
doch, was du mir bedeutest –, mir nicht eine Zeile
schreiben?
Vielleicht sollte ich meinen Brief anders beginnen,
aber verstehe bitte, in mir hat sich eine solche Angst
aufgestaut, dass ich mir auf diese Weise Luft machen
muss. Gestern erhielt ich deinen Brief. Den ersten
Brief, Vitka, du kannst dir gar nicht vorstellen, was das
für mich bedeutet. Allein die Tatsache, dass du geschrieben hast ...
Du weißt sehr gut, dass ich lieber bei euch wäre, mein
Mädchen, es wäre um einiges leichter für mich, wenn
diese Monate nicht zwischen uns lägen ...
Es ist eine schwere Zeit für mich. Ich habe viel durch-
machen müssen und vieles ertragen, und es vergeht
kein Tag, an dem ich nicht an euch alle denke, euch
vermisse und auf euch warte. Ich weiß nicht, ob ihr
euch vorstellen könnt, wie sehr ich mich darauf freue,
darauf warte, dass etwas passiert, wie im Ghetto.
Du weißt wahrscheinlich, dass ich hier alleine bin und
alle meine Gedanken und Gefühle für mich behalte.
Ich suche nach keiner Gelegenheit, sie mit jemandem
zu teilen. In meinen Gedanken rede ich mit euch, erzähle euch alles und frage mich, was ihr an meiner
Stelle tun würdet.
Gelegentlich denke ich an das Band zwischen uns, und
seine Festigkeit erschreckt mich. Wie ihr sehen könnt,

257

lebe ich noch immer in der Vergangenheit; die Zukunft liegt noch im Nebel.

Ich dachte, dass wir alle gemeinsam einen Kibbuz gründen würden, unseren Kibbuz, der all das widerspiegelt, was in uns ist. Aber im Augenblick verstehe ich gar nichts mehr, Vitka. Du schreibst, du hast Angst, dass es hart werden könnte für mich, wenn ihr alle kommt. Glaubst du denn wirklich, dass sich unsere Wege getrennt haben?

Das wäre für mich der härteste Schlag, den ich jemals hinnehmen musste! Du verstehst sicher, wie schwer es für mich ist, mich mit all diesen Gedanken herumzuschlagen – und ich warte weiterhin auf eure Ankunft, als wäre sie meine Erlösung.

Ich könnte noch viel mehr schreiben, Vitka – aber für heute ist es genug. Ich werde aufhören, damit ich in ein paar Tagen erneut schreiben kann. Ich warte verzweifelt auf Briefe. Bitte, Vitka, schreibe mir alles. Ich muss alles wissen.

Ruzka

* * *

Im Herbst 1945 verließ Ruzka Eilon und reiste quer durch Palästina, von Kibbuz zu Kibbuz. Es war der einzige Weg, die Vergangenheit zu überwinden – sie musste die Geschichte erzählen. Indem sie das tat, weigerte sie sich, das schweigende Opfer der Geschichte zu sein, nahm ihr Leben wieder in die Hand. Indem sie ihre Geschichte erzählte, zeigte sie anderen jungen Juden, was alles möglich war, im Guten wie im Schlechten. Östlich von Jerusalem kletterte die Straße in spiralförmigen Windungen die steinigen Hügel von Judäa hinauf, dem Ödland aus der Bibel, der Wüste, in der die Propheten ihre Visionen hatten, wobei jede Kurve eine Aussicht auf schroffe Felsen oder auf das Tote Meer bot. Jenseits des Meeres befindet sich der Berg Moab, von wo aus einst Moses ins Gelobte Land hinunterblickte. Auf den ersten Blick wirken die Felsen kahl, aber bei näherer Betrachtung erkennt man, dass es hier sehr wohl Leben gibt, Beduinen, die Schafherden folgen, Ziegen, die auf schmalen, unzugänglichen Felsvorsprüngen in einem schattigen Fleckchen kauern. Wenn die Sonne sich dem Horizont zuneigt, wirkt die Wüste wie eine aufgewühlte rosa See.

Harte Kakteenpflanzen, grün, fleischig, mit Dornen bestückt, wachsen büschelweise entlang der Straße. Im Zentrum jeder Pflanze wächst eine Frucht, eine Sabre. Manchmal, wenn man durch dieses heiße, trockene Land fährt, hält man seitlich an und pflückt sich eine Sabre. Wer dabei nicht vorsichtig ist, holt sich eine Hand voll Dornen. Außen ist die Frucht hart und scharfkantig, aber das Fleisch unter der Schale ist saftig und süß. Nach dieser Frucht nennen sich die Juden, die bereits in Palästina geboren wurden, Sabres. Raue Schale, weicher Kern. Arabische Bauern hatten sie als eine Art Hecke um ihre Felder gepflanzt. Nach Jahren des Kriegs würden diese Pflanzen die Stellen bezeichnen, wo einmal ein arabischer Bauernhof war oder eine arabische Siedlung, ein melancholischer Hinweis darauf, dass die Verwirklichung eines Traums das Ende eines anderen bedeutete.

Es waren die Sabres, an die Ruzka sich wandte, die erste Generation jener neuen Rasse von Juden, die die zionistischen Intellektuellen Europas versprochen hatten – Juden, die das Leben nicht als Minderheit erfuhren, die weder Pogrome kennen lernen noch je erfahren würden, was ein Tag ohne Gewehre bedeutete. Für sie war Ruzka eine Abgesandte ihrer im Krieg gefangenen Freunde. Sie sprach in Speisesälen und verrauchten Zimmern, sobald die Arbeiter von den Feldern kamen, die Hände blutend, voller Schwielen, Erde an den Stiefeln, die Haut gegerbt und braun.

Ruzka war nach Palästina gekommen, als der Krieg noch im Gange war, daher war sie die Erste, die diesen Landarbeitern eine Beschreibung des Völkermords lieferte. Jahre später ehren Israelis sie noch immer als die Erste, die ihnen die Botschaft brachte. Von Palästina aus hatten die Vorgänge in Europa immer fern und unwirklich ausgesehen. Als Hitler 1933 an die Macht kam, hisste man über der deutschen Botschaft in Jerusalem eine handgefertigte Naziflagge. Ein Jude kletterte aufs Dach und riss sie herunter; lange Zeit blieb dies die einzige Auswirkung des Kriegs. Einige Jahre später, als die Deutschen die Briten durch Ägypten jagten, befürchtete man in Palästina, es könne zur Invasion kommen. Die italienische Luftwaffe bombardierte Tel Aviv, und man sah britische Soldaten, die sich zum Rückzug rüsteten. Wenn Ägypten fiel, hieß es, würde die deutsche Armee durch Palästina und die Türkei nach Russland einmarschieren, wo sie sich den Soldaten der Achse anschließen würden, die sich nach Stalingrad durchkämpften. Moishe Dayan führte die jüdische Verteidigung an; er versteckte Radios und Waffen und entwarf ein wunderbares Weltuntergangsszenario, das Massada glich und sich der Nördliche Plan nannte. Falls die Deutschen einmarschierten, würde sich die gesamte Judenschaft ins Karmelgebirge zurückziehen und kämpfen bis zum letzten Mann. Solche Kriegserinnerungen – wilde Reaktionen auf Invasionen, die niemals stattfanden – klangen im Vergleich zu Ruzkas Geschichten wie von Robert Louis Stevenson geschrieben, in dessen Büchern der etwas unbedarfte Held am Ende doch immer heil davonkommt.

Ruzka sprach in melodiösem Jiddisch von all den Entscheidungen, die man im Ghetto treffen musste, von Ponar,

Ruzka in Palästina 1945

erzählte, wie man die Leichen verbrannt hatte, wie bei schwangeren Frauen im Feuer der Leib aufbrach und der brennende Fötus sichtbar wurde, ein Sinnbild dafür, sagte sie, dass sogar die ungeborenen Generationen der Vernichtung anheim fielen. Sie erzählte auch vom Partisanenkrieg, von Nachmittagen voller Ausgelassenheit und Zuneigung. Sie lehrte ihre Zuhörer die Lieder der Partisanen, warnte sie jedoch davor, die, die kämpften, höher zu bewerten als die, die nicht kämpften. »Euer Urteil wäre nicht nur ungerecht«, sagte sie, »es wäre falsch.« Sie bat sie, sich stattdessen eines jüdischen Ortes zu entsinnen, in dem kein einziger Mensch überlebt hatte, eines Ortes, der für uns ebenso verloren ist wie eine jener Kulturen in grauer Vorzeit, deren Namen wir nicht einmal kennen. Dann sprach sie darüber, wie der Hass, der Hunger nach Rache, der Wunsch, noch einen Deutschen umzubringen, noch einen Zug in die Luft zu sprengen, sie durch den Krieg getragen, am Leben erhalten hatte. Obwohl sie sagte, dass dieser Rachedurst sie nie mehr ganz verlassen würde, hatte sie auf ihrer Fahrt durch Palästina erkannt, dass sich diese Rache im Wesen verändern konnte. »Mittlerweile können wir uns Rache ebenso gut mit dem Pflug vorstellen wie damals mit Maschinengewehren und Handgranaten«, sagte sie.

Meir Talmi, der Ruzka im Kibbuz Mishmar ha-Emek gehört hatte, erzählte: »Der Speisesaal, ein großer Holzschuppen, war zum Bersten voll. Wir lauschten der Erzählung, die mit ruhiger Stimme in schlichtem, ungeschminktem Jiddisch vorgetragen wurde, und als die Sprecherin geendet hatte, standen die Zuhörer auf und sangen die Zionistenhymne.«

Eines Nachmittags traf Ruzka Chaim Weizmann, einen zionistischen Pionier, den Vorsitzenden des World Jewish Congress und späteren Präsidenten Israels. Ruzka hatte inzwischen genug von diesen Führern, die sich ihre Geschichte anhörten, als diente sie dazu, ihren Erfahrungsschatz zu vergrößern. In ihrer Besessenheit von der Gründung eines Jüdischen Staates zeigten diese Männer – und es waren fast ausnahmslos Männer – nicht viel Interesse an ihrem Kampf. Für sie war der Partisanenkrieg ein aufregender, aber irrelevanter Teil der Vergangenheit. Chaim Weizmann war anders. Von allen herausragenden Zionisten war er derjenige, dem die Alte Welt vielleicht am wenigsten aus dem Sinn gehen wollte. Er hatte Motol, das Moorstädtchen bei Minsk, in dem er aufgewachsen war, nicht vergessen. In seinen Memoiren nannte Weizmann Motol einen der »düstersten, entlegensten Winkel der Welt« und beschrieb dann das Elend seiner Bewohner. Motol blieb die Linse, durch die er die Gegenwart betrachtete. Wenn er Ruzka ansah, sah er nicht nur ein verwundetes Flüchtlingsmädchen; er sah auch das Schicksal, dem er selbst entronnen war.

Weizmann war eigentlich Apotheker und verbrachte viel

Zeit in seinem Labor in Rehovot, einem Küstenstädtchen unweit Tel Aviv. Die Wissenschaft hatte für ihn einen therapeutischen Effekt, die kühle Gewissheit der Zahlen – eine These, die sich als richtig erweist, ein gelungener Versuch. Deshalb hantierte er bis ins hohe Alter mit Reagenzgläsern. Ruzka traf Weizmann in seinem Büro in Rehovot. Er erzählte ihr von seiner Jugend, den Straßen, in denen er aufgewachsen war. Dann fragte er sie, in welchem Ort sie auf die Welt gekommen war, wo sie die Schule besucht hatte, wer ihre Eltern waren. Und plötzlich, ohne sich dessen bewusst zu sein, erzählte sie ihm ihre Geschichte. Weizmann hörte ihr aufmerksam zu. Auf Jiddisch stellte er ihr Fragen, die genau das auf den Punkt brachten, was sie sagen wollte.

»Wie seid ihr auf die Idee gekommen, Widerstand zu leisten?«

»Was dachten die Partisanen über Palästina?«

»Haben sie verstanden, warum aus Palästina keine Hilfe kam?«

»Verhielten sich die Juden bis zum bitteren Ende menschlich?«

Weizmann war ein charismatischer junger Mann gewesen, und obwohl in seinem Gesicht dieser Charme nicht mehr zu sehen war, spürte man ihn noch in seiner Ungezwungenheit, seinem umgänglichen Wesen. Er besaß die Gabe, die Menschen zu sehen hinter jedem Ereignis, und er sah sie nicht als Gruppe oder Ideologie, sondern als Individuen. Er war ein begnadeter Zuhörer, fiel dem Sprecher nicht ins Wort. Obwohl Ruzka ihm eine Geschichte erzählte, die sie schon oft erzählt hatte, hatte sie das Gefühl, als sei Weizmann der Erste, der verstand, welche Bürde sie mit sich herumschleppte. Mit ihm zu sprechen, war wie eine Katharsis; später sagte sie, es sei eines der großen Ereignisse ihres Lebens gewesen.

Als Ruzka zu Ende erzählt hatte, sagte Weizmann: »All das hast du erlebt, mit eigenen Augen gesehen? Wie kannst du da weiterleben?«

★ ★ ★

Abba erörterte den Plan im Frühjahr 1945, bei einem Abendessen von Überlebenden und Flüchtlingen in Bukarest. Passenderweise war es das Passahfest, und die Rebellen dachten bestimmt an die hebräischen Sklaven, damals noch keine Juden, die in jener kurzen Pause in Ägypten warteten, nachdem der Pharao sie hatte gehen lassen, aber bevor er die Verfolgung aufgenommen hatte. Abba stand am Tischende, das Haar zurückgekämmt, und sagte mit einer Stimme, die zunehmend lauter wurde, jawohl, der Krieg sei vorbei, aber nicht für die Deutschen, nein; nun sei es an der Zeit, dass Deutschland leide; die Deutschen hätten die Juden umgebracht, dafür sollten sie bezahlen. Er zitierte das neunundvierzigste Kapitel aus dem Buch der Psalmen, in dem Gott angerufen wird, sich an den Feinden Israels zu rächen.

Können böse Herrscher Deine Verbündeten sein,
sie, die ihre Herrschaft zu Unrecht missbrauchen?
Sie verbünden sich gegen das Leben des Gerechten
und verurteilen den Unschuldigen zum Tode.
Aber der Herr war meine Festung,
der Herr, mein Gott meine Zuflucht.
Er wird ihnen ihr Unrecht heimzahlen
und sie vernichten für ihre Missetaten;
der Herr unser Gott wird sie vernichten.

★ ★ ★

Abba war ein zutiefst religiöser Denker, der nicht an Gott glaubte. Er dachte in Begriffen des Alten Testaments,

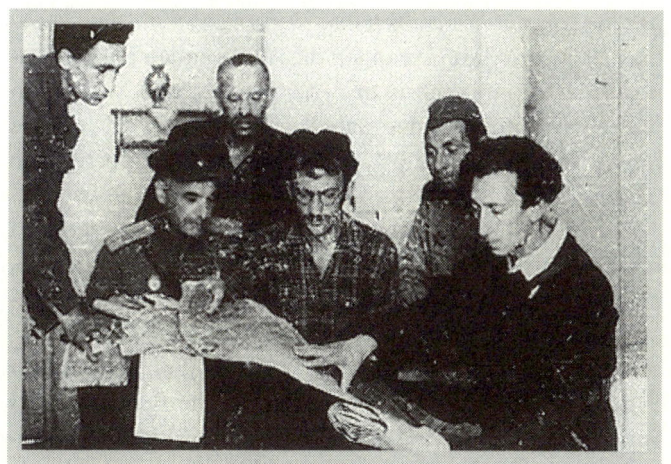

Abba beim Studium von Landkarten

Rache, Gerechtigkeit, Aug' um Auge, Zahn um Zahn. Wo war Gott, als die Panzer Richtung Osten rollten? Wo war Gott, als das Ghetto errichtet wurde? Wo war Gott, als das Ghetto zerstört wurde? Und was ist heute? Der Krieg ist vorüber, aber wo ist Gott? Ist er bei den Polen, die jüdische Flüchtlinge auf dem Weg in ihre Heimat töten? Ist er bei den Deutschen, die Flugblätter verteilen: »Gebt uns Hitler zurück, dann haben wir Brot«? Ist er bei den Nazis, die ihre Uniformen ausziehen und wieder in ihr normales Leben schlüpfen? Wenn es keinen Gott gibt und die Gebete nicht erhört werden, dann müssen Juden die Gebete von Juden erhören. Deutschland muss bezahlen. »Wir werden es selber tun«, sagte Abba. In diesem Augenblick, da aller Augen auf ihm ruhten, auf ihm, dessen Miene eiserne Entschlossenheit zeigte, wurde Abba zum Führer eines neuen Glaubens.

Er forderte die Menschen am Tisch auf, sich seiner neuen Brigade, den »Rächern«, anzuschließen. *Wir werden ih-*

nen ihr Unrecht heimzahlen und sie vernichten für ihre Misse-
taten. Wie ein Mann sprangen die Anwesenden auf die Beine. »Jeder von uns schrie nach Rache«, erzählte Avidav, ein
jüdischer Anführer, der dabei gewesen war. »Zweifellos
taten wir, was Gott selbst, gäbe es einen Gott, auch getan
hätte.«

Die jüdischen Kämpfer, heimatlose Soldaten, die Abba
bis ans Ende der Welt gefolgt wären, waren im Zug, zu Fuß,
in geschlossenen Lastwagen aus Lublin nach Bukarest gekommen. Im Mai waren sie da, als Deutschland kapitulierte und sich russische und amerikanische Soldaten an der
Elbe trafen. In dieser Nacht waren die Straßen Bukarests
voller jubelnder Menschen. Soldaten und Mädchen bevölkerten die Lokale, in denen die üblichen Trunkenbolde
herumlungerten, und alle umarmten sich und lachten – bis
auf die Juden, die die kalte, ernste Tatsache mit sich her-
umtrugen, dass der Krieg noch nicht vorbei war, auch nie
vorbei sein würde, dass lediglich eine neue Kampfphase begonnen hatte.

Am Morgen waren die Straßen voller Abfall und die
Mädchen erschöpft von den Soldaten, während die Juden
in ihren Zimmern unentwegt von den Lagern redeten,
den Flüchtlingen, Amerikanern, Briten, Russen und immer wieder über die eine Sache, die sie nicht vergessen
konnten, den Plan. Nannten sie ihn damals schon den
Plan? Plan A? Plan B? Oder war er noch eine vage Idee,
die man Stück für Stück, Stich für Stich würde zusam-
menfügen müssen? Er war alles, wofür ein paar von ihnen
lebten.

Vitka schrieb Ruzka, und auch da war der Plan, in den
Worten, die sie nicht aussprach, in den Sätzen, die sie
nicht zu Ende schrieb, im kühlen Wind, der aus den Seiten wehte: *Du bist fort, wir sind hier; du gehörst nicht mehr*
zu uns.

Die jungen Leute, die sich den Rächern angeschlossen hatten – innerhalb von ein paar Wochen zählte die Gruppe ungefähr fünfzig Mitglieder –, wurden in Zellen und Einheiten unterteilt und erhielten ihre Befehle von fünf Anführern, Abba und Vitka mit eingeschlossen. Die Truppe bestand aus Gläubigen und Atheisten, aus Intellektuellen, Partisanen, Überlebenden. Weshalb machten sie mit? Weil ihre Familien tot waren, weil sie nichts mehr hatten, wofür es sich zu leben lohnte, weil sie töten wollten, weil der Krieg vorbei und doch nicht vorbei war, weil sie glaubten, Deutschland würde nicht bestraft werden, weil sie sich ein Leben ohne Krieg, so schlimm er auch gewesen war, nicht mehr vorstellen konnten. »Die Vernichtung war nicht um uns«, sagte Abba. »Sie war in uns. Wir konnten uns einfach nicht vorstellen, ins normale Leben zurückzukehren, eine Familie zu gründen, frühmorgens aufzustehen und zur Arbeit zu gehen, als wäre die Rechnung mit den Deutschen beglichen.«

Für diejenigen, die nicht mitmachen, sondern weiterziehen wollten, fand Abba genau die richtigen Worte. Mit Gabik Sedlis, der im Ghetto Papiere gefälscht hatte, sprach er, bevor dieser nach Amerika aufbrach. Gabik wollte wieder ein normales Leben führen. »Was glaubst du denn, warum du überlebt hast?«, fragte Abba. »Weil du schlauer bist als die, die ums Leben kamen? Weil du besser bist? Nein. Du hast nur aus einem Grund überlebt: Du hattest Glück. Deshalb gehört dein Leben nicht dir. Es gehört uns.«

»Ich musste mitmachen«, sagte Gabik Jahre später in seiner Wohnung in New York, wo er sich als Architekt einen Namen gemacht hatte. »Ich war der Fälscher. Ich wollte nein sagen. Aber niemand sagte nein zu Abba.«

Auf die Frage, wie Abba in diesen Jahren gewesen war, antwortete Gabik lächelnd: »Er wollte der Revolutionär sein, der den Widerstand aufbaute. Die Leute sollten noch in zweitausend Jahren von Judas Makkabäus und Abba Kovner reden. Er sagte zu mir, dass sechs Millionen Deutsche sterben würden, dass man ihn verhaften würde und er in der Gerichtsverhandlung vor aller Welt reden würde.«

Abba war der Meinung, dass die Rache anonym sein müsse. Er missbilligte jene Juden, die meisten davon aus Palästina, die durch Europa reisten und Nazis jagten. Diese Agenten beschafften sich eine Liste mit den Namen und Adressen von SS-Männern, zogen sich britische Uniformen an, fuhren zu einer bestimmten Wohnung, forderten den Besitzer auf mitzukommen, und kaum hatten sie die Lichter der Stadt hinter sich gelassen, sagten sie zu ihm »Wir sind Juden« und knallten ihn ab. Abba fand, derlei Hinrichtungen seien viel zu persönlich, würden die Nazis als Individuen anerkennen, ihnen gestatten, ihrem Richter ins Gesicht zu sehen, ein Luxus, der den Juden niemals geboten worden sei. Aus diesem Grund war Abba auch unzufrieden mit dem Vorgehen internationaler Gerichtshöfe und Militärgerichte oder, einige Jahre später, mit den Naziprozessen in Westdeutschland. Er sagte, die Deutschen müssten auf dieselbe unmenschliche, maschinelle Weise umgebracht werden, in der sie die Juden umgebracht hatten.

Und dann entwarf Abba den Plan. Woher er kam, wer ihn sich als Erster ausgedacht hat, scheint niemand zu wissen. Sicher hat man ihn bereits im Wald erwogen, an den Lagerfeuern; von dort aus wurde er nach Wilna und Lublin getragen, und als er schließlich Bukarest erreichte, waren die Einzelheiten weitgehend geklärt. Die Rächer würden ausschwärmen, sich in mehreren Städten niederlassen, die entweder in der Nähe von Konzentrationslagern oder von symbolischem Wert für Hitler-Deutschland waren. München. Berlin. Weimar. Nürnberg. Hamburg. Mit Hilfe gefälschter Papiere würden sie im Wasserwerk der betreffenden Stadt Arbeit annehmen und die Kanalisation jeder Stadt kennen lernen. Im gegebenen Moment würden sie die Leitungen abdrehen, die jene Bereiche mit Wasser versorgten, in denen Ausländer wohnten, und in die anderen Gift schütten. Der Tod würde aus den Wasserhähnen fließen und ohne Unterschied Junge und Alte, Gesunde und Kranke töten. Fünf Städte mit einem Schlag. Aug' um Auge. Plan A.

Plan B war der Ausweichplan. Ehemalige Nazis, nur die höchsten Offiziere, wurden in den früheren Konzentrationslagern festgehalten, warteten darauf, für ihre Kriegsverbrechen abgeurteilt zu werden. Plan B bestand darin, das Brot dieser Männer zu vergiften. Beide Pläne, A und B, bauten auf das Chaos im befreiten Europa, ein Sprachenwirrwarr, ein Strom von Flüchtlingen, Gedränge auf den Straßen, ein führerloses Land, in dem ein Saboteur ohne weiteres in einer Schar DPs untertauchen konnte. »Wir müssen versuchen uns zu rächen«, sagte Abba. »Sie sollen über uns schreiben, selbst wenn wir versagen. Die Juden wollten etwas tun; sie haben versucht, ihre Toten zu rächen.«

* * *

Die öffentlichen Plätze in Bukarest waren hell und zugig. Bauern und Flüchtlinge saßen in den Cafés und Pilger strömten aus den Kirchen. Eines Tages, als Vitka durch die sommerliche Menge schlenderte, sah sie ein paar Soldaten mit hellbraunen Stiefeln und Baretts. Ihre Uniformen wirkten bequem und schon eine Zeit lang getragen, und sie verbreiteten das muntere Selbstvertrauen von Militärs im Land der Besiegten.

Als die Soldaten ihren Lastwagen erreichten – ein grüner Tieflader mit dreckigen Reifen und dreckigen Scheiben –, wurden sie von jüdischen Flüchtlingen umringt, die jubelnd in die Hände klatschten. Auf der Stoßstange klebte die dreifarbige Flagge Palästinas und darüber ein blauer Judenstern. Die Soldaten schüttelten den Flüchtlingen die Hände. Einer von ihnen streckte Vitka die Hand entgegen, und sie nahm sie, konnte aber nichts sagen. Sie hatte schon von ihnen gehört, diesen Juden aus Palästina, die in der britischen Armee dienten. Aber sie mit eigenen Augen zu sehen war aufregend. Im Ghetto, wo die Juden als Ausgestoßene den Stern tragen mussten, als Zeichen der Schande, hatte sich Vitka nach solch einem Bild gesehnt; sie hätte nie gedacht, dass sie den Tag noch erleben würde, da jüdische Soldaten durch eine europäische Stadt spazierten.

Die Soldaten waren in Ponteba stationiert, einer Stadt in Norditalien, wo die Jüdische Brigade einen Stützpunkt hatte. Sie waren nach Bukarest gekommen, um mit Flüchtlingen Kontakt aufzunehmen, ihnen auf ihrem Weg nach Palästina zu helfen – das geschah alles in ihrer Freizeit, britischen Befehlen zum Trotz, mit Hilfe der Amerikaner und auf die Gefahr hin, vor dem Kriegsgericht zu landen. Die jüdischen Soldaten, deren Basis ein Verkehrsknotenpunkt, ein Sammelpunkt geworden war auf dem Weg nach Palästina, waren Totemfiguren, Retter, die den Überlebenden ein Gefühl der Sicherheit gaben. »Hätten die Soldaten sie (die Flüchtlinge) aufgefordert, ins Meer zu gehen«, sagte ein Mitglied der Jewish Agency, »dann hätten sie es in dem sicheren Glauben getan, dass die Wasser sich vor ihnen teilen würden.«

Abba beschloss, dass die Rächer nach Ponteba reisen würden, um dort von den Soldaten aus Palästina mit Geld und Ausrüstung versorgt zu werden. Aber es war mehr als das. Abba, der Jahre in der Wildnis verbracht und allein gekämpft hatte, wollte sich wieder als Teil eines größeren Unternehmens begreifen, wünschte sich mehr als alles in der Welt, dass die Juden Palästinas sein Bedürfnis nach Rache verstehen würden.

* * *

Der Weg nach Italien führte durch Wälder und Dörfer, die Felder waren von Krähen überschattet. Die Rächer reisten jeweils zu zweien, zu Fuß, per Lastwagen, mit falschen Papieren, russischen Orden, eintätowierten KZ-Nummern. In den Zügen tranken einige russische Soldaten Wodka und bahnten sich einen Weg durch die Gänge, wobei sie Ringe stahlen und Flüchtlinge aus dem Zug stießen, hinein in die vorüberrasende Landschaft – Ungarn, Serbien, Kroatien, Felsenhänge in der Ferne. Seltsam verkaterte Tage, siegreiche Heere, die Europa unter sich aufteilten. Abba und Josef Harmatz, ein Freund aus dem Ghetto, wurden auf ihrem Weg in den britischen Sektor aufgehalten. Ein russischer Grenzposten forderte die Männer auf, ihm ihre Uhren zu geben. Abba sagte etwas, und der Soldat legte den Finger auf den Abzug. Abba nahm seine Uhr ab und überließ sie ihm. Nicht die Tatsache, etwas von Wert verloren zu haben, bekümmerte ihn. Es war eher die Art und Weise, wie der Soldat mit ihnen umgesprungen war, so als zählten sie als Personen überhaupt nicht. Als sie weit genug entfernt waren von dem Russen, drehte Abba sich um und spuckte aus.

Harmatz war schockiert. Abba, was ist in dich gefahren? Die Russen sind doch unsere Befreier.

Abba spuckte noch einmal aus.

Unterwegs pflückten sie wild wachsende Trauben, und sie waren dunkel und seidig und sonnengereift und köstlich. Das Wasser in den Flüssen war kühl und erfrischend. Sie gingen über die Alpen von Österreich nach Italien, der Wind war schneidend kalt, auf den Bergen lag noch Schnee. Amerikanische Panzerfahrzeuge fuhren vorbei, jedes mit seiner Kanone und dem schweigenden Kanonier.

Die Straße füllte sich mit Flüchtlingen. Unter einem weiten Himmel hinter den Gipfeln sah man die Jüdische Basis. Sie lag etwa dreihundert Kilometer nördlich von Venedig, wo sich Österreich, Jugoslawien und Italien trafen. Ein malerischer kleiner Ort mit steilen Gassen und Holzhäusern und im Winter mit Skispuren, rauchenden Kaminen und zugefrorenen Flüssen.

Die Soldaten waren an einem breiten Fluss stationiert, im Schatten der Berge. Es war das Dritte Bataillon der Jüdischen Brigade, fünftausend Soldaten, die aus zweiundfünfzig Staaten nach Palästina emigriert waren. Diese Männer waren in die Britische Armee eingetreten, um gegen die Deutschen zu kämpfen, aber auch wegen des militärischen Trainings, das ihnen im Krieg gegen die Araber sehr von Nutzen sein würde. Die Brigade versorgte die israelische Armee mit fünfunddreißig Generälen. Obwohl die Briten, die die Araber nicht beleidigen wollten, sich zuerst dagegen sträubten, dienten die Soldaten gegen Ende des Krieges unter jüdischer Flagge.

Die Brigade kämpfte mit einer geradezu fanatischen Tapferkeit. Wenn die Männer Strohhalme zogen, um herauszufinden, wer ein Himmelfahrtskommando ausführen sollte, führte der Verlierer nicht selten eine Hora auf. Eine Einheit unterstand dem Kommando von Major Edmund de Rothschild aus Großbritannien, der zuerst in Frankreich und Tunesien gedient hatte und sich dann in die Brigade versetzen ließ. Er wurde in Monte Cassino verletzt. Die Jüdische Brigade kam 1945 am Po zum Einsatz, wo sie auf das 42. Regiment der österreichischen Gebirgsjäger stieß. Nachts in ihren Zelten hörten sie einen deutschen Radiosender, dessen Ansager von den Soldaten jenseits der Linie sprach und sie als asiatische Horde bezeichnete, die die Briten losgelassen hätten. Vor Tagesanbruch zog die Brigade mit aufgepflanzten Bajonetten gegen die

Österreicher, verwickelte sie in einen Nahkampf, Mann gegen Mann. Die australischen Piloten, die ihnen aus der Luft beistanden, flogen in der Formation eines Judensterns. Wenn sie Häuser stürmten, in denen sich Deutsche versteckten, schrie ein Stabsunteroffizier namens Levy, der aus Deutschland kam: »Kommt raus, ihr Schweine! Die Juden sind da.«

Nach dem Waffenstillstand wurde die Brigade in Ponteba stationiert, auf den Ruinen eines Munitionslagers. In der Stadt spürten jüdische Soldaten Nazis auf, die ihre Uniformen abgelegt und sich zwischen den Kranken in einem einheimischen Krankenhaus versteckt hatten. Sie wurden von den jüdischen Soldaten gefangen genommen, in eine Synagoge geführt und gezwungen, den Boden zu wischen. Später richteten die jüdischen Soldaten ihre Aufmerksamkeit mehr und mehr auf die Ströme von DPs. Im Hauptquartier hing eine Karte, auf der die Position jedes KZ mit einer Stecknadel gekennzeichnet war. Sobald ein Flüchtling die Basis erreichte, stellte man ihm oder ihr Fragen und steckte dann eine neue Stecknadel in die Karte. Soldaten bauten Baracken, um die Flüchtlinge unterzubringen, verteilten Kleidungsstücke, gaben Mahlzeiten aus, hielten Gottesdienste. Kinder lernten Hebräisch. Jüdische Feiertage waren wie Feste.

Ungefähr fünfzig Rächer lebten in Baracken auf dem Stützpunkt. Jede Nacht, wenn am Himmel sich die Sterne zeigten, gingen sie in die Berge, um sich eine Strategie zurechtzulegen: Wie verschaffen wir uns das Gift? Woher nehmen wir das Geld? Wer geht in welche Stadt? Einige Mitglieder der Gruppe gingen nach Österreich, um mit italienischen Lire zu handeln, die dort einen höheren Wert hatten, und verdienten sich auf jeder Reise ein paar Deutsche Mark. Vitka verbrachte ganze Tage mit Zeitunglesen, versuchte die neuen Grenzen Europas zu begreifen. Hin und wieder erhielt sie von Ruzka einen Brief, der im Postsack aus Palästina nach Italien gereist war. Die Briefe waren verzweifelt und bedürftig, und Vitka, die nicht wusste, wie sie sie beantworten sollte, schrieb nicht zurück. »Dein Schweigen und all die Gerüchte über euch bringen mich schier um vor Sorge«, schrieb Ruzka. »Es gibt Zeiten, da habe ich Angst, dass sich zwischen uns ein Abgrund aufgetan haben könnte; wenn dem so ist, ist alles aus.«

Eines Nachmittags hörte Abba, dass ein alter Freund auf dem Stützpunkt angekommen sei. Es war Lebke. Das Letzte, was man von Lebke gesehen hatte, war, dass man ihn aus dem Wilnaer Ghetto zu den Zügen geführt hatte. Auf dem Militärstützpunkt, in zerrissenen Kleidern, sah er unverändert aus – lustige, blaue Augen, blondes Haar, zähes Grinsen, statt Fingern Stummel. Auf einer Wiese, während ein Falke über ihnen träge Kreise zog, erzählte er seine Geschichte.

Von Wilna aus hatte man Lebke von einem Lager zum nächsten geschickt. Es war ein Todesmarsch, der Roten Armee immer einen Schritt voraus. In Kortla Java hatte er im Sumpfland an den Straßen gearbeitet. Nachts konnte er Granaten und Gewehrschüsse hören. Dann wurde er die Narwa entlang nach Suski geschickt, wo er für die Deutschen Gleise legen musste. Die Temperatur fiel auf fast dreißig Grad unter Null; Gefangene schleppten die Toten beiseite, sie wurden gezählt und verbrannt. In Koromej, wo er mit Juden aus Holland und Kovno zusammengesperrt war, reichte ihm der Schnee bis zur Taille. Dann marschierte er nach Westen zu einer Gießerei, an die er sich nur noch halb erinnerte – rote Flammen, rauchende Schornsteine. Er arbeitete in der Schmiede. Eines Tages ging die Tür auf, und Lebkes Bruder kam herein, den er zuletzt in Wilna gesehen hatte. Ihre Mutter hatte man nach Auschwitz oder Ponar verfrachtet, nachdem ein jüdischer Polizist ihr Versteck preisgegeben hatte. In Tallinn, der verschneiten Hauptstadt von Estland, friedliche Häuser jenseits der Güterwaggons, bluteten Lebkes Füße. Ein Schiff brachte ihn nach Stutthof, bei Gdansk gelegen, der blauschwarzen Hafenstadt. Es war Sommer. Lebke wurde rasiert, in eine Uniform gesteckt und nach Stuttgart gebracht. Er träumte von Brot.

Auf einer Straße nach Dachau erfasste die Deutschen panische Furcht. Als die Wachen gerade nicht aufpassten, packte Lebke seinen Bruder und rannte mit ihm in den Schutz der Bäume. Er lugte hinter den Stämmen hervor und sah zu, wie die Kolonne allmählich in der Ferne verschwand. Am Abend gingen Lebke und sein Bruder im Mondschein auf die russischen Linien zu. Das Land war verlassen, gespenstisch, surreal. Die Bauern versteckten sich oder waren geflüchtet, die Häuser leer, Tiere auf den Straßen. Lebke sagte zu einem Bauern: »Wenn du uns nicht versteckst, dann stecken unsere Freunde dir dein Haus in Brand.«

Am Morgen fand Lebke zwei Fahrräder im Schuppen.

»Mit diesen Rädern fahren wir nach Palästina«, sagte Lebke zu seinem Bruder.

Sie fuhren los, zuerst ging es noch etwas wackelig, aber bald flitzten sie an Feldern und Bauernhöfen vorbei, strampelten Hügel hinauf, sausten wieder abwärts, vorbei an Flüchtlingen und Seen und über Berge, die Art von Ausflug, für die viele Leute heute eine Menge Geld hinblättern. In Österreich stießen sie auf einen Soldaten aus der jüdischen Brigade. Lebke erzählte ihm ihre Geschichte, und der Soldat sagte: »Oh, ich kenne ein paar Leute aus Wilna. Sie sind auf unserem Stützpunkt in Ponteba.«

»Wer?«

»Zionisten«, sagte der Soldat. »Der Anführer heißt Kovner.«

Der Soldat zeichnete ihnen eine Karte, und einige Tage später fuhren Lebke und sein Bruder mit glühenden Reifen die Passstraße hinunter zur Basis. Lebkes Bruder fuhr weiter Richtung Palästina. Lebke blieb. »Alle waren ganz fürchterlich aufgedreht«, sagt er jetzt. »Sie haben nur von Nietzsche und Selbstmord geredet. Ich war aus den Lagern gekommen und wollte nichts hören von Selbstmord. Ich wusste, was es hieß, am Leben zu sein.«

Abba sagte zu Lebke, dass die Rächer seine Hilfe bräuchten. Lebke war blond, hatte blaue Augen. In Deutschland würde er nicht auffallen. Weil er nichts Besseres zu tun hatte, versprach Lebke mitzumachen.

* * *

Im Sommer 1945 hielt Abba vor der jüdischen Brigade eine Rede. Ein Foto dieser Veranstaltung zeigt Hunderte von Soldaten, die in ihren Khaki-Uniformen im Gras sitzen, ein Meer aus Mützen, Stiefeln und Beinen. Abba steht in Zivilkleidung vor ihnen, mit wildem Haar, gestikulierend. Mit einer Stimme, in der seine Wut schwang, erzählte er, was er im Ghetto und im Wald erlebt und dabei gelernt hatte. Er machte nur vage Andeutungen zu den Rächern, benutzte Worte wie »anonym«, »wahllos«, »Gift«. Er wusste, dass der Plan auf Menschen, die den Krieg nicht unmittelbar erlebt hatten, abschreckend wirken würde. »Wer wird unsere Toten rächen«, fragte er, »wenn nicht wir?« Vielleicht sah er sich selbst für den Bruchteil einer Sekunde so, wie er auf viele Soldaten gewirkt haben musste, als einen skrupellosen jungen Mann mit funkelnden Augen, tollkühn, ausgekocht. Einige Soldaten jubelten Abba zu, der für sie ein romantischer Held aus dem Osten war. »Ich kann euch nicht versprechen, dass die Juden nicht ein zweites Mal hingemetzelt werden«, sagte er. »Aber eines kann ich euch versprechen: Niemals mehr wird jüdisches Blut ungesühnt vergossen werden.«

Im September 1945, auf Drängen der Brigadenführer hin, beschloss Abba, nach Palästina zu reisen, zum einen, um sich dort Unterstützung zu holen, zum anderen, um das Gift zu beschaffen, das zur Umsetzung von Plan A nötig war. Er würde das Gift in Tel Aviv besorgen, das war sicherer. In Europa mochte ein derartiger Kauf Verdacht erregen. Abba würde in einer geborgten Uniform und mit falschen Papieren reisen, ein harmloser Fußsoldat auf Heimaturlaub. Vitka schrieb Ruzka, sagte ihr, wann Abbas Schiff in Haifa eintreffen würde.

Während seiner letzten Tage auf dem Stützpunkt trug Abba jedem seiner Rächer eine Mission auf, sagte allen, wohin sie gehen sollten, sobald er abgereist war. Einige sollten nach Berlin fahren, andere nach München, wieder andere nach Nürnberg. Vitka würde in Paris stationiert sein, um von dieser Basis aus von Stadt zu Stadt zu fahren und die Soldaten zu koordinieren. Falls alles gut ging, würde Abba in weniger als einem Monat mit dem Gift zurückkommen. Die Rächer sagten beim Abschied zu Abba: »Wir haben all unsere Hoffnungen auf dich gesetzt.«

Vitka sah Abba nur ungern gehen. Mit Abbas Hilfe wusste sie ihr Leben wieder zu schätzen, als sei sie aus einem endlos langen Fiebertraum erwacht. Sie begleitete ihn die kurvige Küstenstraße entlang bis zum Schiff, das ablegebereit im Hafen lag. Es war ein massiger grauer Transportdampfer, der sich mit den Wellen hob und wieder senkte. Abba sagte Vitka auf Wiedersehen und ging an Bord. Als das Schiff den Hafen verließ, sah er die Lichter Italiens allmählich verschwinden, sein letzter Blick auf die Alte Welt.

★ ★ ★

Ruzka lebte auf Eilon, einem Kibbuz im Norden Palästinas, übersät mit Feigenkakteen und Mandelbäumen. Ein paar Kilometer westwärts fällt das Land in steilen Klippen zum Meer hin ab. Nachmittags gingen die Jungen aus dem Kibbuz immer an den Strand. Die kühnsten unter ihnen bewiesen ihren Mut, indem sie in die Höhlen schwammen, die das Wasser in den harten Stein gegraben hatte, und wo sie Gefahr liefen, von der wilden Brandung mitgerissen und gegen die Felsen geschleudert zu werden. Wer in die Höhlen hinein und wieder heraus schwimmen konnte, bewies seine Kraft. Wenn die Jungen abends nach Hause kamen, saßen die Erwachsenen bereits zu Tisch und aßen Obst, geschnittene Gurken oder auch Sardinen. Die Nachmittage im Kibbuz waren schwülheiß, die Nächte jedoch klar und kühl.

Ruzka erhielt Vitkas Brief, in dem stand, dass Abba in Kürze in Haifa ankommen würde, und ein paar Tage später fuhr sie zum Hafen. Ruzka war zuerst freudig erregt, wurde dann aber immer düsterer. Seit sieben Monaten lebte sie nur noch mit ihrer Erinnerung an Abba. Sie fragte sich, ob er sich verändert hatte, ob er noch derselbe war, den sie aus dem Wald kannte. Würde der wirkliche Abba ihre Erinnerung an ihn zerstören? Die Briten bewachten Palästinas Küste, um zu verhindern, dass Flüchtlingsschiffe nach Haifa gelangten. Bis zum Horizont lagen verstreut Kanonenboote und Zerstörer auf der Lauer, von ferne abschreckend, ein optischer Trick. Abbas Schiff legte an. Auf den verschiedenen Decks wimmelte es von Soldaten und Matrosen. Ruzka ließ ihren Blick über die Gesichter schweifen. Und entdeckte Abba, in einer britischen Uniform. Er überquerte den Kai, ließ seine Tasche fallen und lächelte.

»Als ich hörte, dass Abba kommen würde, befielen mich Angst und Unsicherheit«, schrieb Ruzka an Vitka. »Ich fragte mich, ob wir einander wiederentdecken würden – unsere Art zu denken, unser Verhältnis zueinander, unsere Pläne. Nach unserem ersten Gespräch musste ich über mich selbst lachen, weil ich solche Angst gehabt hatte, dass die Zeit der Liebe zwischen uns dreien geschadet haben könnte. Dabei teilen wir mittlerweile dasselbe Schicksal. Mit Abbas Ankunft hier geht für mich eine schlimme Phase zu Ende – eine Phase der seelischen Anspannung, der Aussichtslosigkeit, des unentwegten Wartens auf euch.«

Als Abba ihr von den Rächern erzählte, war Ruzka erschüttert von der Grausamkeit dieses Vorhabens. Sie hatte die Rohheit des Kriegs bereits hinter sich gelassen. »Um das wirklich zu tun, um den ganzen Tag lang an nichts anderes zu denken als an diesen Plan, dazu musste man vom Tod regelrecht besessen sein«, sagte Ruzkas Tochter Yanot später. »Das war meine Mutter nicht. Sie fragte sich, welchen Sinn es hatte, an den Toten festzuhalten, wenn es galt, sich um die Lebenden zu kümmern.« Trotzdem empfand Ruzka den Plan als etwas Unvermeidliches. Der Krieg hatte aus einigen der Überlebenden Killer gemacht: »Töten war das Einzige, wovon sie etwas verstanden. Rache ist eine eiskalte Entscheidung, unbeeinflusst von Gefühlen«, schrieb Ruzka. »Es ist Schicksal. Und da dem so ist, gibt es nicht viel darüber zu sagen. Wäre Abba nicht auf die Idee gekommen, dann wäre es eben ein anderer gewesen.«

Ruzka sagte, sie würde ihn unterstützen, wo sie nur konnte. Da sie die meisten der führenden Juden in Palästina kannte, stellte sie ihnen Abba vor, der ihnen seinen Plan erläuterte und sie um Unterstützung bat. Er brauchte Gift. Für Abba sind diese Tage im Nachhinein nur noch eine vage Erinnerung an hitzige Debatten. Obwohl sein Leben auf Palästina ausgerichtet gewesen war, bekam er fast nichts von diesem Land zu sehen. Was er sah – einen Berg, der am Zugfenster vorbeiraste, das Meer am Ende einer

Straße –, beeindruckte ihn wenig. Seine Gedanken waren nicht so sehr in Palästina als bei den Männern und Frauen, die in verschiedenen Städten Stellung bezogen: Berlin, München, Nürnberg, Paris. Ihre Hoffnung auf Gerechtigkeit lag einzig und allein in seinen Händen.

Zu Anfang seines Besuchs traf Abba sich mit Meir Ya' ari, dem Anführer der Jungen Garde, den Ruzka kurz nach ihrer Ankunft in Palästina kennen gelernt hatte. Während er mit Ya'ari redete, hatte Abba das ungute Gefühl, gegen eine Wand zu reden – Ideen, Pläne, nichts davon schien sein Gegenüber zu erreichen. Zum ersten Mal hatte er Gelegenheit, seinen Racheplan mit den Augen eines anderen zu sehen, merkte er, wie anders sein Vorhaben außerhalb Europas aussah. Als Ya'ari ihn nach Einzelheiten fragte, schlug Abba sanftere Töne an, erklärte nur Plan B, der nicht ganz so apokalyptisch klang wie Plan A. Am Ende sagte er, er brauche Geld und Gift.

»Ich habe Angst um dich«, sagte Ya'ari. »Du wirst den Krieg niemals loslassen. Du wirst nie ein normales Leben führen. Du wirst nie mehr vertrauen. Wir können von dir lernen, wie man den Heldentod stirbt. Dann lass dir bitte von uns sagen, wie man ein Leben führt, das man an seine Kinder weitergeben kann.«

Als Nächstes traf Abba die Anführer der Hagana, jener militärischen Organisation, aus der die reguläre israelische Armee hervorgehen würde. Einer dieser Männer, Shimon Avidan, war ein hellhaariger, hohlwangiger, schnauzbärtiger Soldat aus Deutschland. In den Dreißigern hatte Avidan im spanischen Bürgerkrieg gekämpft, auf der Seite der Republikaner. Einige Jahre später, als das jüdische Palästina von einer möglichen Nazi-Invasion bedroht war, trainierte er eine Spezialeinheit der Hagana, ausschließlich hellhäutige deutsche Juden, die jenseits der feindlichen Linien mit Sabotageakten Unruhe stiften sollten. Nach dem Waffenstillstandsabkommen reiste Avidan mit Mitgliedern der jüdischen Brigade quer durch Europa, um Nazis aufzuspüren. Bei einer Gelegenheit hatte er einen hohen deutschen Offizier gefangen genommen und erwürgt, den er jahrelang für Adolf Eichmann gehalten hatte.

Von allen Männern, mit denen Abba sich in Palästina traf, war Avidan mit seinen Kindheitserinnerungen an Deutschland der Einzige, der Abbas Racheplan befürwortete. Er war sogar bereit, Abba nach Europa zu begleiten und ihm bei der Durchführung zu helfen. Die anderen Juden konzentrierten sich lieber auf den Kampf im eigenen Land, waren gegen Abbas Rache. Schließlich stand zur Frage eines unabhängigen jüdischen Staates ein UN-Beschluss bevor, bei dem wenigstens fünfunddreißig Nationen die jüdische Sache unterstützen mussten. Das Abschlachten Tausender Deutscher würde, auch wenn es sich dabei um ehemalige SS-Offiziere handelte, dieser Sache nicht eben dienlich sein. Viele hatten das Gefühl, als wäre Abba in Hass verstrickt, immer noch im Krieg gefangen und deshalb blind für ihr oberstes Ziel – die Errichtung eines jüdischen Staates.

Als Abba bereits einen Monat in Israel war, schrieb er Vitka nach Paris. Er war mutlos, sagte, von Palästina sei keine Hilfe zu erwarten. Die Partisanen müssten alleine weiterkämpfen, wie schon während des Kriegs.

Bevor er nach Europa zurückkehrte, hatte Abba noch ein letztes Treffen, und zwar mit Chaim Weizmann, dem Zionistenführer, der Ruzka so viel Verständnis entgegengebracht hatte. Sie trafen sich in Weizmanns Büro in Rehovot.

Weizmann war Wissenschaftler, ein Rationalist, gemäßigt, kompromissbereit. Er war einer der ersten Juden, die für die Rechte der Araber eintraten, und pflegte enge Beziehungen zu führenden Arabern. Er glaubte, dass die

Juden auf das Ehrgefühl des Westens bauen konnten, glaubte an die Menschlichkeit als Seele des modernen Staates. Aber je mehr Zeitungsberichte, je mehr Bilder aus Europa nach Palästina gelangten, desto brüchiger war seine Weltanschauung geworden. In diesen Wochen wurde Weizmann ein alter Mann, müde, gebrochen, halb erblindet. Nachdem er sich Abbas Geschichte angehört hatte, sagte er: »Sollen diejenigen, die Tausende, Millionen auf dem Gewissen haben, die die Gräuel beklatschten oder geschehen ließen, ungeschoren davonkommen? Sollen sie nicht ernten, was sie säten?«

Abba sprach von den Rächern, erläuterte Plan B, ein grausames Vorhaben, das allem entgegenzustehen schien, wofür Weizmann gelebt hatte. Nach langem Schweigen ließ Weizmann sich auf einen Stuhl sinken und sagte: »Wenn ich an Ihrer Stelle wäre, gelebt hätte wie Sie, dann würde ich genau dasselbe tun.«

Weizmann schrieb ihm den Namen eines Apothekers auf und gab ihm einen Brief. »Gehen Sie zu diesem Mann«, sagte er. »Er wird Ihnen helfen.«

* * *

Am 14. Dezember 1945 reiste Abba nach Alexandria in Ägypten, wo er ein britisches Schiff nach Toulon bestieg. Freunde in der Hagana hatten die Reise für ihn arrangiert. Abba reiste unter falschem Namen, mit falschen Papieren. Er trug die Uniform der jüdischen Brigade, das Haar kurz geschnitten. Ein jüdischer Soldat begleitete ihn, ein junger Mann mit einer Gesichtsverletzung. Eine Kugel hatte ihn getroffen, war durch die eine Wange ein- und durch die andere wieder ausgedrungen. Abba kannte ihn nur als »Zwei-Löcher-Jakob«. In seinem Rucksack hatte Abba Zigaretten, ein Notizbuch und zwei Kanister Gift.

Am vierten Tag passierte das Schiff die Städte der Riviera, verwitterte Häuser entlang der Küste, winterliche Strände. Ein kalter Sprühregen fegte über das Deck. Der rauchige Hafen Toulons kam in Sicht. Die Soldaten machten sich bereit, an Land zu gehen. Einige hundert Meter vor dem Hafen, als die Häuserfassaden schon deutlich zu sehen waren, tönte eine Stimme aus dem Lautsprecher. Sie nannte einen Namen. Zuerst nahm Abba kaum Notiz davon. Dann kam ihm der Name plötzlich bekannt vor. Er holte seine Papiere aus der Tasche. Es war sein Name. Der Name, unter dem er reiste. Er wurde zum Kapitän gerufen. Da niemand wusste, wer er war, wohin er reiste und weshalb, und da er von Natur aus nervös war, nahm Abba gleich das Schlimmste an. *Jemand hat mich verraten.* Er ging wieder zum hinteren Deck, das menschenleer war, holte einen der Giftkanister aus dem Rucksack und schüttete den Inhalt ins Meer. Goldstaub im Wind. Er wollte den zweiten Kanister ebenfalls ausschütten, besann sich jedoch eines Besseren.

Er gab den Behälter seinem Begleiter und sagte: »Nimm du ihn.«

Dann nahm er seinen Notizblock he-

Abba mit dem Gift auf dem Rückweg nach Europa

raus und schrieb etwas auf einen Zettel; den gab er dem Soldaten. Auf der Rückseite des Zettels stand die Adresse, unter der Vitka in Paris zu erreichen war.

Abba überquerte das Deck, bahnte sich einen Weg durch den Schwarm Soldaten, stieg die Eisentreppe hinauf. Offiziere der britischen Militärpolizei erwarteten ihn auf der Brücke. Abba musste seine Papiere vorzeigen. Er wurde verhaftet. Niemand schien zu wissen warum. Befehle eben. Man brachte ihn in Ketten nach Ägypten zurück. Während der gesamten Überfahrt, die er eingesperrt unter Deck verbrachte, quälte ihn immer nur die eine Frage: Wer hat mich verraten? Nur wenige Menschen wussten über seine Mission Bescheid, und er ging immer wieder ihre Namen durch: Offiziere der Hagana, Ruzka, der Apotheker. Jahre später sprach ein Hagana-Veteran über den Fall, sagte, der Befehl, Abba zu verhaften, sei von ganz oben gekommen, vielleicht von Ben-Gurion höchstpersönlich. Als die jüdischen Führer erkannt hatten, dass Abba das Land mit dem Gift verlassen hatte, gaben sie den Briten einen Hinweis. Allerdings sollte Abba nicht bestraft – lediglich in Gewahrsam genommen werden. Sein Plan konnte ihrer Sache sehr schaden. Aus diesem Grund teilte man der Militärpolizei nicht mit, weshalb man Abba verhaften ließ, nur, dass er eine Bedrohung darstelle. Man steckte ihn in ein Militärgefängnis in Kairo.

Ein paar Tage später kam ein Bote zu Vitka nach Paris. Abbas Begleiter hatte das restliche Gift weggeschüttet, aber dafür gesorgt, dass Vitka die Nachricht erhielt. Sie lautete: »Bin verhaftet. Weiter mit Plan B.«

* * *

Vitka hatte Italien im Herbst 1945 verlassen, auf einem Güterzug, der Richtung Alpen fuhr, schnurgerade durch gelbe Felder, auf die fernen schwarzen Berge zu. Lebke war bei ihr. Viele hundert Flüchtlinge waren im Zug, die einen mit baumelnden Beinen in der Tür sitzend, die anderen zusammengekauert in einer windgeschützten Ecke. Wenn jemand sie fragte, sagte Vitka, sie sei eine Überlebende auf dem Weg nach Hause. Nachts blinkten die Sterne, und der Zug schlängelte sich durch Gebirgspässe, mühte sich keuchend bergan, seufzte oben erleichtert auf. Früh am Morgen fuhren sie über den Brenner, einen gefährlichen Pass, der einst von den Römern erbaut worden war. Vereinzelte Lichter leuchteten von der Ortschaft herüber.

Bei jedem Kontrollpunkt zeigte Vitka ihre falschen Papiere vor. Hin und wieder wurde sie verhaftet, aber schon am darauf folgenden Morgen war sie wieder auf freiem Fuß. Wer besaß schon genügend Mittel, eine Gefangene durchzufüttern? In Innsbruck trennte sie sich von Lebke. Lebke fuhr nach München und weiter nach Nürnberg. Vitka fuhr in westliche Richtung, zum Meer, dann nach Norden. Im Oktober erreichte sie Paris. Eine gebrochene Stadt, wie Jerusalem nach der Belagerung oder Moskau nach Napoleon. Der Körper war intakt – die Dächer entlang der Seine, die Alleen bei Sonnenuntergang –, aber die Seele war ihr genommen. Vitka las es in den Gesichtern der Menschen auf der Straße. Sie nahm sich ein Zimmer in einem billigen Hotel in St. Michel, auf dem linken Ufer der Seine. Sie verlangte ausdrücklich ein Zimmer in der Nähe der Feuerleiter: damit sie einen Fluchtweg hatte, falls es nötig sein sollte. Jeden Morgen setzte sie sich an ihren schmalen Schreibtisch und schrieb Briefe an die Rächer, wollte über jede Entwicklung auf dem Laufenden gehalten werden. In Briefen an Ruzka, die als Mittlerin fungierte, tat Vitka so, als wäre nicht von Gift, sondern von einem Medikament die Rede: *Ohne Medikament können wir die Krankheit nicht heilen.*

In diesem Winter reiste Vitka quer durch Deutschland, hielt Stippvisite bei ihren Soldaten. In Personenzügen, ohne Fahrkarte, hetzte sie von einem Waggon zum nächsten, nahm manchmal sogar in der Toilette Zuflucht, blieb dem Schaffner immer einen Schritt voraus. In Berlin oder München, blass in Baumwollkleid und Pelzmantel, blickte sie allen Leuten in die Augen. Kein Deutscher auf der ganzen Welt konnte sie dazu bringen, den Blick zu senken. Ihr graute vor den Deutschen, sie war überzeugt, dass sie nur Selbstmitleid verspürten. In manchen Städten mussten Deutsche auf Befehl der Amerikaner Massengräber öffnen. Auf einem Foto sieht man einen Deutschen im Anzug, der einen verkohlten Säugling anfasst, als müsste er ein überfahrenes Tier beiseite schaffen. Ganz besonders hasste Vitka die deutschen Frauen, die sich, wie sie sagte, für eine Tafel Schokolade an einen amerikanischen GI verkauften. Eine Stunde später stünden diese Weiber dann an der nächsten Ecke und jammerten über die schlechte Qualität der Schokolade.

Die Rächer wohnten in den billigsten Zimmern der billigsten Häuser der jeweiligen Stadt. Vitka beunruhigte die Atmosphäre in solchen Zimmern, das Elend, die Verzweiflung. Für die Juden war es sehr schwer, inmitten von Deutschen zu leben. Jeder von ihnen trug seinen eigenen Kriegsfilm mit sich herum, der ständig vor ihrem inneren Auge abrollte. Tausendmal am Tag, wenn irgendeine verregnete Ghettogasse oder ein feuchter Waldweg in Sicht kam, war die Erinnerung zentnerschwer. Die meisten von ihnen hatten mittlerweile deutsche Arbeitskollegen, falsche Identitäten, und alle warteten auf Abbas Befehl. Als Vitka kam, wollten sie Informationen haben. Sie mahnte die Leute zur Geduld. Manche bekamen Schreikrämpfe, andere brachen in Tränen aus. Vitka machte sich Sorgen. Die meisten Rächer, vor allem einige der ehemaligen KZ-Insassen, erschienen ihr zu ungeduldig, zu emotional, zu verstört, um ihre Mission zu erfüllen.

Anders war es in Nürnberg, wo Lebke mit Josef Harmatz und einem Partisanen namens Pinchas Ben-Tzur wohnte. Kurz nachdem sie in die Stadt gekommen waren, hatten diese Männer, allesamt kühle, entschlossene Denker, eine Wanderung in die ländliche Umgebung unternommen und Lager aufgespürt, in denen Amerikaner ehemalige Nazis gefangen hielten. Ein weibliches Mitglied der Rächer bewarb sich in Stalag 13, einem früheren Gefangenenlager der Deutschen, als Dienstmädchen. Pinchas erhielt eine Anstellung im Nürnberger Wasserwerk und lernte schnell, wie die Leitungen liefen und wo sich die Haupthähne befanden. Lebke trieb mit Gelegenheitsjobs Geld auf. Harmatz sammelte Neuigkeiten von außerhalb. Als Vitka Nürnberg verließ, hatte sie das Bild dieser Männer vor Augen, die nach Einbruch der Dunkelheit allein unterwegs waren und sich ein Labyrinth von Fluchtwegen schufen – Straßen, Plätze, Brücken.

Vitka war bereits wieder in Paris, als Abbas Nachricht sie erreichte: »Bin verhaftet. Weiter mit Plan B.« Offensichtlich brauchte man für die Umsetzung von Plan A mehr Gift, als sich gefahrlos in Europa beschaffen ließ. Plan B, für den man geringere Dosen Gift benötigte, war noch immer realisierbar. In den folgenden Wochen dachte Vitka sich eine Möglichkeit aus, wie sich in den Lagern, in denen Nazis eingesperrt waren, das Brot vergiften ließ. Falls alles nach Plan lief, würden die Rächer in fünf Städten gleichzeitig zuschlagen. Als die Rächer Abbas Nachricht erhielten, wurden manche sehr wütend, fragten sich, wie er sich bloß hatte gefangen nehmen lassen können. Für viele war er eine Art Vater geworden. Jetzt fühlten sie sich hilflos, führerlos, allein; sie waren nicht imstande, derlei Unwägbarkeiten zu ertragen. Nur in Nürnberg nahmen die Männer, die in den

Wäldern hart geworden waren, die Nachricht mit der Entschlossenheit entgegen, auf die Vitka zählte.

* * *

Lebke ging in eine Bäckerei in Nürnberg und versuchte dem Besitzer klar zu machen, warum er dringend bei ihm arbeiten musste. »Ich heiße Julian Brooklyn«, erklärte er. »Ich bin Pole, bin erst vor kurzem aus einem Arbeitslager frei gekommen. Ich werde nur so lange in Nürnberg bleiben, bis mein Visa gekommen ist. Dann reise ich nach Kanada aus. Mein Vater besitzt eine Bäckerei in Montreal. Ich will lernen, wie das Ganze funktioniert. Wenn ich jeden Arbeitsgang erklärt bekomme, arbeite ich sogar umsonst.«

Durch ein Fenster sah Lebke bewaffnete Wachposten, die Pakete untersuchten. Jeden Tag lieferte die Bäckerei Brot nach Stalag 13, wo man achttausend Nazis gefangen hielt, ehemalige Wachen in den Vernichtungslagern sowie Mitglieder der Einsatzgruppen, jener mordenden Sonderkommandos im Osten. Diese Information kam von der Jüdin, die eine Stelle als Dienstmädchen im Lager angenommen hatte. Nachdem er sich Lebke gründlich angesehen hatte – Stummel anstelle von Fingern, harte blaue Augen –, sagte der Bäcker: »Tut mir Leid, keine Arbeit.« Am darauf folgenden Morgen kam Lebke wieder. Diesmal mit einer Flasche Wodka und einer Stange Zigaretten. Er fing noch am selben Nachmittag an zu arbeiten.

Nürnberg war damals ein Trümmermeer, nur hier und da war noch ein Gebäude den Bomben entgangen, ragte aus den Ruinen. In den Außenbezirken regte sich allmählich wieder das Leben, wurden aus Trümmerhaufen Gebäude, aus Gebäuden Straßenzüge, aus Straßenzügen Stadtviertel, aus Stadtvierteln Städte. In einem Dorf am Stadtrand teilte sich Lebke eine Wohnung mit Pinchas Ben-Tzur und Josef Harmatz, dem Anführer der kleinen

Gruppe. Nacht für Nacht, wenn diese Männer von der Arbeit nach Hause kamen, erzählten sie einander voller Groll ihre Beobachtungen. »Die Deutschen hatten Kinderwägen für ihre Kinder, sie hatten Milch, um sie zu füttern, und trotzdem regten sie sich noch darüber auf, dass die Milch zu wenig Fett enthielt«, schrieb Harmatz. »Und unsere Kinder packten sie an den Beinen, schleuderten sie gegen Telefonmasten und in Verbrennungsöfen.«

Nachts redeten sie in Kneipen weiter, blätterten in Zeitungen, lasen Artikel laut vor. Sie unterhielten sich über den Prozess in der Stadt gegen einundzwanzig führende Nazis. Eine Zeit lang erwogen die Anführer der Rächer, einen Partisanen in den Gerichtssaal eindringen zu lassen. Die Gegenwart eines Juden hätte den Leuten sagen sollen: »Ihr habt versucht uns umzubringen, aber wir sind noch da.« Ein Kundschafter, der sagte, dass der Gerichtshof streng bewacht wurde, brachte sie dazu, von der Mission abzusehen. Am Ende wurden die meisten Angeklagten ohnehin zum Tode verurteilt. Als er sein Urteil vernahm, verglich Hans Frank, der Verantwortliche für die nationalsozialistische Besatzungspolitik, sich mit einem Märtyrer der frühen Kirche. Die Zeitungen berichteten, er habe *Das Lied von Bernadette* gelesen. Julius Streicher, ein Nationalsozialist der ersten Stunde, beklagte sich, dass er mit anhören müsse, wie die Galgen aufgebaut wurden. »Einen Menschen aufzuhängen ist in Ordnung«, sagte er, »aber muss man ihn zuvor noch quälen?« Als Streicher dann den Galgen bestieg, rief er »Purim 1946«, auf das jüdische Fest Bezug nehmend, das die Hinrichtung des Prinzen Hamin feiert, der in alter Zeit versuchte die Juden zu töten. Die Leichen der Hingerichteten wurden in den Krematorien von Dachau verbrannt.

Jeden Tag lernte Lebke einen anderen Arbeitsschritt des Bäckerhandwerks, das Anheizen der Öfen, das Säubern von Blechen, das Einfrieren von Kuchen. Oft arbeitete er mit den Frauen zusammen, mit Haarnetz und Handschuhen. Bald hatte er sich in die Küche vorgearbeitet und backte Brot. Die Arbeit, das Kneten und Formen, dauerte die ganze Nacht. Nach fünf Minuten war Lebke über und über mit Mehl bestäubt. Er hörte, was die Köche in den anderen Teilen der Küche redeten, wenn sie Kuchen und Torten backten und sie auf lange Eisentische zum Abkühlen legten. Hin und wieder klopfte einer der Bäcker Lebke freundschaftlich auf den Rücken und sagte: »Julian Brooklyn, mein Freund!« Lebke bemühte sich, seine Abneigung zu verbergen, und lächelte zu ihrem freundlich gemeinten Geplauder. Aber in Wirklichkeit war für ihn jeder Deutsche der mögliche Mörder seiner Angehörigen. Nacht für Nacht notierte er sich Variationen im Arbeitsrhythmus und im Schichtwechsel, versuchte den perfekten Plan auszutüfteln. Er dachte daran, Gift in den Teig zu kneten oder ins Mehl zu schütten. Aber das verwarf er wieder. Wenn das Brot in den Ofen kam, machte die Hitze das Gift womöglich unschädlich. Am Ende beschloss er, die zum Abkühlen ausgelegten Brotlaibe mit dem Gift zu bestreichen.

Kurz vor der Morgendämmerung trat der Besitzer der Bäckerei für gewöhnlich neben Lebke, nickte anerkennend und sagte: »Gute Arbeit, Julian. Gute Arbeit!« Dann gab er Lebke die Schlüssel und trug ihm auf, die Tür hinter sich abzuschließen. In diesen Stunden, in denen Lebke die Bäckerei für sich allein hatte, überließ er sich der puren Freude an der Arbeit, an guter Arbeit. Wenn er zu lange blieb, kam ein Wachposten die Treppe herauf, um nachzusehen, ob alles in Ordnung war. Der Nachtwächter blieb, bis Lebke nach Hause ging. Wenn Lebke schließlich in den blassen Morgen hinaustrat, warteten draußen bereits die Lieferwagen. Tag für Tag wurden zehntausend Laib Brot nach Stalag 13 gebracht. Neuntausend Laib Schwarzbrot für die Häftlinge und tausend Laib Weißbrot für ihre amerikanischen Bewacher.

Auf seinem Weg nach Hause ging Lebke manchmal am Stadion vorbei, in dem die Nazis ihre Versammlungen abgehalten hatten. Es war gespenstisch im Morgengrauen, eine Ruine aus einer anderen Zeit. Lebke überlegte, wann es am günstigsten sein mochte, das Brot zu vergiften. Wahrscheinlich am Morgen, in jener kurzen Zeitspanne, in der er allein war in der Bäckerei, bevor die Lastwagen kamen. Um die Polizei auszutricksen, würde er sich von den Wachen verabschieden, aus dem Haus gehen und sich dann wieder hineinschleichen.

Nachdem Lebke mehrere Monate in der Bäckerei zugebracht hatte, sagte er zu Harmatz: »Wenn ihr ernst machen wollt, gut. Aber macht schnell.« In Deutschland zu leben, mit dem Feind zusammenzuarbeiten, dieses Scheinleben zu führen, das alles machte ihn langsam kaputt.

Harmatz legte das Datum fest. Samstag, der 13. April 1946. Am Wochenende hatten weniger Wachposten in der Bäckerei Dienst, und in der besagten Nacht würde Vollmond sein, sodass Lebke genügend Licht haben würde. Am 11. April sollten die Rächer, die in Nürnberg wohnten, aber nicht unmittelbar an der Vergiftungsaktion beteiligt waren, nach Lyon fahren, wo Vitka sie erwarten würde. Das Gift war vor ein paar Tagen angekommen – Arsen, auf dem Schwarzmarkt gekauft, von einem französischen Apotheker, der es an einer Katze ausprobiert hatte. Das Arsen wurde von einem palästinensischen Soldaten der jüdischen Brigade nach Nürnberg geschmuggelt, der es in Wärmflaschen gefüllt am Leib trug. Der Soldat ging schweißgebadet in Lebkes Wohnung, zog sein Hemd aus, löste die Wärmflaschen ab und brach zusammen.

Während der darauf folgenden Tage schmuggelte Lebke das Gift in die Bäckerei, versteckte die Flaschen unter den

Bodenbrettern. Am 13. April, lange vor Beginn der nächsten Schicht, benutzte er seine Schlüssel, um Pinchas hereinzulassen – die Treppe hinauf, vorbei an Tischen und Öfen zu einem Hinterzimmer, in dem Mehlfässer an der Wand standen. »Das hier ist leer«, sagte Lebke. »Rein mit dir.« In seinem Fass sitzend, hörte Pinchas Lebke fortgehen. Während der nächsten paar Stunden horchte er gespannt auf jedes Geräusch – eine Maus im Mauerwerk, ein Ruf vor dem Haus, ein Flugzeug am Himmel, Ofentüren, die auf- und zugemacht wurden, das Klappern von Blechen.

In der Nacht kreuzte Lebke mit zwei Männern auf. Am Ende konnte er nur einen von ihnen in die Bäckerei schleusen, einen ehemaligen Partisanen, der sich in einem der Vorratsräume versteckte. Während Lebke arbeitete, als sei dies eine Nacht wie jede andere, kam er fast um vor Sorge: Würden drei Männer genügen? Sie mussten in relativ kurzer Zeit neuntausend Brotlaibe vergiften. Diese Zeitspanne – als Lebke fieberhaft am Überlegen war – war der Augenblick, auf den Abba und Vitka und Ruzka so lange gewartet hatten: Juden, die sich für die an ihnen begangenen Verbrechen rächten.

Wer steht für mich auf gegen die Bösen?
Wer steht auf für mich gegen die Übeltäter?

Wie die meisten großen Momente zerfiel er jedoch in die vielen kleinen Momente drumherum. Haben wir auch genügend Gift? Wird die Zeit reichen? Komme ich rechtzeitig in die Bäckerei zurück? Das ist es, was Soldaten davor bewahrt durchzudrehen, wenn die Dramatik des großen Bildes sich im Gedränge all der kleinen Bilder verliert. Bevor Lebke wusste, wie ihm geschah, legte ihm sein Boss freundschaftlich den Arm um die Schultern und sagte: »Gute Arbeit, Julian. Gute Arbeit!«

Er überließ Lebke die Schlüssel und ging.

Einige Minuten später ging Lebke hinunter ins Erdgeschoss, verabschiedete sich vom Nachtwächter und verschwand um die nächste Ecke. Schatten verrieten ihm, dass der Nachtwächter nach Hause ging; in wenigen Minuten würde seine Ablösung hier sein.

Lebke rannte zum Vordereingang, hantierte mit den Schlüsseln und sperrte die Tür auf. Im ersten Stock angelangt, blieb er keuchend zwischen den Öfen stehen. Dann ging er ins Hinterzimmer. Pinchas steckte nun bereits fünfzehn Stunden in dem Fass. Als er herauskletterte, hatte er weiche Knie. Er massierte sich die Beine und folgte Lebke durch die Räume. Der zweite Mann kam aus dem Vorratsraum. Lebke kroch in ein Versteck unter den Bodenbrettern und tauchte mit den Giftflaschen wieder auf. Er goss ihren Inhalt in große Metallschüsseln. Das Gift war klar, völlig geruchlos. Pinchas legte das noch ofenwarme Schwarzbrot auf den langen Eisentischen aus. Draußen blies ein heftiger Wind. Die Männer arbeiteten schnell, in einer Art Fließbandsystem, der eine legte das Brot zurecht, der zweite bestrich es mit Gift, der dritte legte es auf die Tische zurück. Jedes Geräusch verursachte Lebke heftiges Herzklopfen. Nach zwei Stunden hatten die Männer mit Hilfe kleiner Pinsel dreitausend Brotlaibe mit Gift bestrichen.

Plötzlich peng! Ein lauter Knall. Lebke blickte auf, von seinem Pinsel tropfte Gift. Er schluckte, ging durch den Raum und lugte aus dem Fenster. Ein Fensterladen. Der Wind hatte ihn losgerissen und gegen die Mauer geschleudert. Der Wachposten würde trotzdem heraufkommen und nachsehen. Er würde die Backstube durchsuchen und das Gift finden.

»Dann wollen wir dafür sorgen, dass er auch etwas findet«, sagte Lebke.

Er stopfte mehrere unvergiftete Brote in eine Tasche und

stellte sie neben ein offenes Fenster. Die Wachposten würden, wenn sie auf das Brot stießen, annehmen, dass jemand eingebrochen war. Lebensmittel waren knapp im Nachkriegsdeutschland, und derartige Diebstähle waren an der Tagesordnung.

Pinchas stieg in das leere Fass zurück, und der andere Mann kletterte aus dem Fenster – seine Arbeit war getan. Lebke versteckte rasch die Giftflaschen und kroch unter den Bretterboden. Wenige Minuten später knarzten die Dielen. Der Wachposten ging durch den Raum. Der Schein einer Taschenlampe tanzte über die Wände. Weil er kein Risiko eingehen wollte, rief der Wachposten einen Polizisten. Der Polizist fand neben dem offenen Fenster den Sack mit den Broten, seufzte und sagte: »Einbruch.«

Als der Wachposten und der Polizist gegangen waren, kroch Lebke unter den Dielen hervor. Der Himmel vor dem Fenster wurde grau. Die Lieferwagen würden bald kommen. Lebke sorgte dafür, dass das Brot auf den richtigen Blechen lag. Er umarmte Pinchas. Die Männer kletterten aus dem Fenster, übers Dach und über eine Regenrinne hinunter auf die Straße. Lieferwagen rumpelten langsam näher. Auf den Straßen war schon Betrieb, Männer, die zur Arbeit gingen, Bauarbeiter, Autos, Busse. Ein Taxi kroch vorüber. Lebke winkte es heran. Er sagte, er wolle zur tschechischen Grenze. Der Fahrer sah ihn an.

»Keine Sorge«, sagte Lebke. »Ich habe Geld.«

* * *

Am darauf folgenden Nachmittag ging eine junge Frau allein hinaus aufs Land. Sie sah aus wie die Frau eines Soldaten, trug Lederschuhe und ein Kleid mit hohem Kragen. Ihre Augen waren grün, und ihr braunes Haar fiel ihr auf die Schultern. Es war Frühling, die Straße war erfüllt vom Lärm amerikanischer Lastwagen, Soldaten saßen darauf und genossen das schöne Wetter. Bauernhäuser sah man in der Ferne. Holzschilder wiesen den Weg nach Stalag 13. Das Gefangenenlager jenseits der Felder befand sich in einem Bereich, der mit Stacheldraht, Mauern und Türmen umgeben war. Die Straßen in der Nähe des Lagers waren von kleinen Einfamilienhäusern gesäumt, in denen es Zimmer zu mieten gab. Die meisten Zimmer waren an die Ehefrauen gefangener Nazis vermietet, die den Ausgang der Prozesse abwarteten. Das Mädchen ging von Haus zu Haus, klopfte an jeder Tür. Immer bat sie, mit der Frau eines Gefangenen sprechen zu dürfen. Kam die Frau dann an die Tür, wurde das Mädchen traurig und weinerlich. Ihr Deutsch war sehr schlecht. »Ich habe ganz schreckliche Geschichten gehört«, sagte sie. »Eine Seuche im Lager. Männer krank. Ist das wahr? Bitte, mein Mann ist im Lager. Ein Nazi aus Polen. Wir sind beide Polen. Bitte. Lebt er noch? Sagen Sie es mir. Bitte.«

Eine der Frauen legte den Arm um das Mädchen, trocknete ihr die Tränen mit einem Taschentuch. Ja, es ist schrecklich. Viele der Männer sind im Krankenhaus. Manche sind todkrank. Die Amerikaner sagen, das Essen sei vergiftet worden. Man weiß nichts Bestimmtes.

Das Mädchen ging weiter, gesenkten Kopfes, mit hängenden Schultern, wirkte am Boden zerstört. In seinen Augen jedoch lag der Schimmer eines Lächelns. Das Mädchen war Jüdin, aus Wilna, Rachel Glicksman, die Abba daran gehindert hatte, mit ihnen in die Kanalisation zu steigen. Sie hatte mit ihrer Mutter zusammen das KZ überlebt und die Bricha unterstützt. Ihre Mutter war bereits in Palästina. Rachel war noch in Europa geblieben, weil sie hoffte, sich den Rächern anschließen zu können. Man schickte sie nach Nürnberg, als Frau eines NS-Kriegsverbrechers. Sie sollte herausfinden, was passiert war, nachdem das Brot ausgeliefert worden war. Im Laufe des Tages erfuhr sie dann, dass in Stalag 13 tatsächlich etwas Fürchterliches geschehen war. Sie merkte es den amerikanischen Wachsoldaten an, obwohl sie ihr nichts sagten, sondern sofort abwinkten, wenn sie Fragen stellte. In der Nacht davor hatte man Hunderte von Deutschen eiligst ins Krankenhaus gebracht. Panik war ausgebrochen. Niemand konnte sich erklären, was passiert war. Vor Sonnenuntergang machte Rachel sich wieder auf den Weg in die Stadt. Um Mitternacht saß sie bereits in einem Zug nach Frankreich.

Wenige Tage später stand die Geschichte in allen Zeitungen. Die Rächer saßen beieinander, lasen die Artikel, erörterten jeden Satz. Am 24. April 1946 stand in der *New York Times:*

GIFTANSCHLAG AUF NAZIS!
2238 Personen krank

Amerikanische Agenten finden Flaschen mit Arsen in Nürnberger Bäckerei, die Brot an Gefangenenlager lieferte

Deutschland, Nürnberg, 22. April (AP)

–Verantwortliche der amerikanischen Streitkräfte sagten heute Abend, dass noch mehr Kriegsgefangene mit Arsen vergiftet wurden, sodass die Anzahl der Betroffenen mittlerweile schon auf 2238 gestiegen ist. Der mysteriöse Anschlag richtete sich gegen 15000 NS-Kriegsverbrecher, die in einem Lager in der Nähe von Nürnberg inhaftiert sind.

Es wurde nie geklärt, wie viele Menschen bei dem Anschlag ums Leben kamen. Ihre Zahl ändert sich, sooft von diesem Ereignis erzählt wird. Die *New York Times* behauptete, dass überhaupt niemand starb, dass die KZ-Schergen im Krankenhaus gerettet werden konnten. Bis zum heutigen Tag glauben die Rächer, dass diese offizielle Version eine Erfindung der Amerikaner war, die für die Nazis die Verantwortung trugen.

Aber ist es denn von Belang, wie viele Deutsche genau getötet wurden? Wenn man jemand ist, der sich fest an Buchstaben klammert, der Rezepte aufhebt und sich die Ergebnisse aller Boxkämpfe notiert, wenn man Tabellen und Statistiken braucht, dann ist es wohl wirklich von Belang. Aber für diejenigen von uns, die sich für Geschichten interessieren, für die Leidenschaften unter der Oberfläche, nicht für Statistiken, für die ist es nicht so wichtig, ob ein Mensch oder Tausende in Stalag 13 starben. Schließlich geht es uns hier nicht um die Deutschen, sondern um die Juden. Und Abba ging es nie wirklich darum, Leichen zu hinterlassen; er wollte eine Geschichte hinterlassen. Seine Aktion galt der Zukunft, der künftigen Generation und den Generationen nach ihr. Nach einem Krieg, in dem man Juden erniedrigte, aushungerte, zu Millionen in Tötungsfabriken umbrachte, kämpfte diese zerlumpte Gruppe, angeführt von einem Fanatiker namens Kovner, unermüdlich weiter. Ihre bloße Existenz war ihr Triumph. Sie hat der Nachwelt vor allem die Legende ihres Kampfes hinterlassen, damit diese im Rückblick sagen kann: »Hier hat ein Kampf stattgefunden.«

* * *

Jeden Morgen, wenn Abba aufwachte, musste er sich ins Gedächtnis rufen, dass er in einem Gefängnis in Kairo saß. Er war schon seit vier Monaten in dieser verstaubten Zelle, von der man in einen klaren blauen Wüstenhimmel blickte. Am Morgen trug der Wind den Geruch von Märkten, Gewürzen und Düften herüber. Abba in ägyptischer

Gefangenschaft; der Symbolgehalt war ihm durchaus bewusst. Die meisten der Männer im Gefängnis waren Deutsche, Soldaten, die die Briten in Nordafrika gefangen genommen hatten. Wenn Abba auf seiner Pritsche lag, hörte er, der von den übrigen Insassen isoliert war, die Soldaten Deutsch sprechen. Es gab nichts anderes zu tun, als vor sich hin zu schwitzen und nachzudenken. Im Geiste ging Abba noch einmal die Stunden vor seiner Festnahme durch – das Schiff, die Soldaten – und versuchte herauszufinden, wer ihn verraten hatte. Er dachte auch an die Rächer, fragte sich, ob seine Nachricht angekommen war, ob Vitka Plan B ausgeführt hatte. Hin und wieder verlor er jedes Zeitempfinden, und er wusste nicht mehr, ob er seit einer Woche, einem Monat oder einem Jahr im Gefängnis war. Er fühlte sich von aller Welt verlassen, von allen vergessen. Nachts konnte er Kamele hören, die in der Wüste brüllten, und die Schiffe draußen auf dem Meer.

Dann kehrten seine Gedanken allmählich immer mehr nach Palästina zurück. Wie ein Geschenk bekam er seine jugendliche Leidenschaft wieder, all die Pläne, Träume – erst jetzt, nachdem die Melancholie der Erfahrung ihn berührt hatte. Er dachte an das Leben in einer jüdischen Gemeinde, an Früchte, die man säte und erntete, an Kinder, die zur Welt kamen. Die Kriegswut hatte ihren Griff gelockert, als hätte sich eine Faust geöffnet. Ganz plötzlich lag der Racheplan hinter ihm, als wäre Abba ein Taucher, der vom Meeresboden an die warme Oberfläche steigt, dorthin, wo die Sonne scheint.

Im Frühling 1946 wurde Abba – wahrscheinlich dank der Fürsprache jüdischer Anführer in Palästina – nach Jerusalem gebracht. Bilder dieser Stadt hängen in jeder arabischen Wohnung in Palästina und in Tausenden von jüdischen Wohnzimmern. Man sieht sie auf Kupferstichen und Holzschnitten, die alle dieselben Mauern und Türme zeigen. Die

Stadt erscheint einem so bekannt, dass man sie kaum noch wahrnimmt. Ein Wust an Erwartungen verstellt den Blick. Man kann nur hoffen, zufällig auf sie zu stoßen, in einem kurzen Augenblick, wenn unser Gedankenstrom unterbrochen ist. Andernfalls muss man die Stadt mit Abbas Augen sehen, durch die vergitterten Luken eines Gefängniswagens. Für Abba waren die Mauern und Kirchen wie ein Willkommensgruß am Ende einer langen Reise – Jerusalem aus dem Exil betrachtet. »Ohne das Jerusalem Litauens«, sagte er, »gibt es überhaupt kein Jerusalem.«

Das britische Gefängnis befand sich in der Altstadt, in der Nähe des Jaffators. Es war aus demselben staubigen Stein gebaut, aus dem die Klagemauer besteht. Jenseits der mit Stacheldraht abgesicherten Gefängnisfenster waren die verschwiegenen, geheimnisvollen Gassen des armenischen Viertels. Nach wenigen Wochen wurde Abba wieder auf freien Fuß gesetzt. Warum, sagte man ihm nicht.

In den nächsten Tagen sah Abba sich zum ersten Mal eingehend in Palästina um. Es war nicht, wie er es sich vorgestellt hatte – in der alten zionistischen Literatur heißt Palästina »ein Land ohne Volk für ein Volk ohne Land«. Jetzt musste er sich wohl oder übel eingestehen, dass sehr wohl Menschen in diesem Land lebten, nämlich Araber. Er spürte die Spannung in den Straßen, die Elektrizität eines bevorstehenden Krieges.

Eines Abends setzte er sich hin und schrieb Vitka einen Brief. Sie sollte die Rächer nach Palästina bringen. Sie würden weiterkämpfen. Auf einem anderen Schlachtfeld.

★ ★ ★

Jeden Nachmittag ging Vitka, die im Frühjahr 1946 in Lyon angekommen war, zum Bahnhof und wartete auf Mitglieder der Rächer. Sie kamen mit Neuigkeiten: Nürnberg war die einzige Stadt, in der Plan B ausgeführt worden war.

In Dachau hatte jemand der Polizei einen Tipp gegeben; die Rächer hatten es mit knapper Not über die Grenze geschafft, die Behörden waren ihnen dicht auf den Fersen. In den anderen Städten waren Fehler passiert, hatte man das Ziel knapp verfehlt und musste schleunigst das Weite suchen. Irgendetwas war immer dazwischen gekommen. Diese Fehlschläge bestätigten nur, was Vitka von Anfang an gewusst hatte – dass nur eine besondere Art von Soldat ein solches Leben führen kann: im Geheimen Pläne schmieden, niemals die Belohnung aus dem Auge verlieren. Die meisten Kämpfer waren nicht in der Lage, die Mission auszuführen.

Binnen weniger Tage langten über fünfzig Rächer in Lyon an. Vitka arrangierte eine Versammlung. Die meisten Kämpfer waren versessen auf eine zweite Chance, erhofften sich neue Befehle: Plan C. Für sie war die Stadt nur eine Durchgangsstation, ein Ort, an dem man verharrt, bis die Wogen sich geglättet haben. Vitka holte ein Schriftstück aus der Tasche. Abbas Brief. Sie las ihn laut vor. Abba forderte die Rächer auf, nach Palästina zu reisen und mit ihm einen Kibbuz zu gründen. Der Brief enthielt keine Einzelheiten, aber sein Ton legte nahe, dass die Rache nun in eine neue Phase einmünden würde. Abba schien ihnen sagen zu wollen: »Kommt heim.«

Als Vitka aufgehört hatte zu lesen, blieb es einen Moment lang still, dann wurden Stimmen laut.

Was soll das heißen?

Will Abba alles hinschmeißen?

Leute, die sich auf Abba verlassen hatten, auf seine Stärke, seine Führerqualitäten, wandten sich nun vehement gegen ihn. Manche nannten ihn einen Verräter.

Als Ruzka ein paar Monate später davon erfuhr, sagte sie: »Sollte mir einer begegnen, der so etwas denkt, dann spucke ich ihm ins Gesicht. Wenn jemand innerhalb von vier Monaten einen Mann, den alle als Idol feiern, zum Verräter macht, verstehe ich die Welt nicht mehr.«

Der Streit dauerte Tage. Am Ende beschlossen die Rächer, mit Abba persönlich zu sprechen. Vielleicht rief er sie wegen eines neuen Plans nach Palästina. Vielleicht würde er sie in ein, zwei Monaten erneut nach Deutschland schicken.

Die Gruppe reiste nach Marseille, wo sie sich unter die jüdischen Flüchtlinge mischte, die nach Palästina unterwegs waren. Tagelang warteten sie auf ein Schiff. Nachts schliefen sie am Strand. Vitka verbrachte viel Zeit mit einem blonden Mädchen namens Lena, das für die Rächer in einem Gefangenenlager als Dienstmädchen gearbeitet hatte. Irgendwie war Lena an eine Kamera gekommen. Sie machte Dutzende von Fotos, dokumentierte so die Reise nach Palästina. Ein Bild zeigt das Schiff, das in Frankreich im Hafen liegt, mit der Besatzung an Deck. Die meisten Matrosen waren Amerikaner, ehemalige Offiziere der US Marine, die Mitleid empfanden mit den Kriegsopfern. Zum ersten Mal betrachteten sich viele von ihnen als Juden. Sie meldeten sich freiwillig, die Flüchtlinge durch die britische Blockade zu bringen. Auf Lenas Bildern sehen sie aus wie die amerikanischen Soldaten in den Kriegsfilmen, kurz geschnittene Haare, hohe Wangenknochen, naiv, fröhlich, von der Geschichte unberührt.

Auf einem Foto steht Vitka mit wehenden Haaren an Deck. Flüchtlinge starren zum Horizont. Vitka konnte auf zehn Meter Entfernung einen Partisanen von einem Überlebenden unterscheiden. Die Partisanen waren Soldaten, gewohnt, Befehle zu erteilen und zu befolgen. Die Überlebenden waren traumatisiert, sie saßen still, bis man sie aufforderte aufzustehen, blieben stehen, bis man sie aufforderte sich hinzusetzen. An Deck verschmolzen die vielen Flüchtlinge zu einem einzigen, hilfsbedürftigen Wesen. Ein seltsamer Mann war bei ihnen. Er stellte ihnen Fragen, trat dann beiseite und machte sich Notizen. Vitka fragte einen der Matrosen, wer dieser Mann war.

»Der amerikanische Schriftsteller Irving Stone«, sagte der Matrose. »Er schreibt über die Flüchtlinge.«

Vitka war von Irving Stone schockiert. Nach ein paar Tagen auf dem Schiff ohne Nahrung und ohne Schlaf, erzählt sie, schien er genauso zu leiden wie jemand, der zwei Jahre in Auschwitz verbracht hatte.

Je weiter südlich sie kamen, desto wärmer wurde der Wind, auch die Farbe des Wassers änderte sich. Vögel kreisten in Formationen über dem Schiff, die Vitka von der russischen Luftwaffe her kannte. Manchmal tauchte einer der Vögel in das gekräuselte Kielwasser, um einen Brocken aus den Essensresten zu ergattern, die über Bord gekippt worden waren. Auf einem Foto blickt Vitka in den Wind, während Vögel hinter ihr am Himmel kreisen und eine Aureole um ihren Kopf bilden.

Eines Nachmittags forderte einer der Matrosen die Flüchtlinge auf, sich bereit zu halten – die ersten Schiffe der britischen Blockade tauchten am Horizont auf. Die Flüchtlinge und einige Besatzungsmitglieder stiegen in ein Fischerboot um, das ihnen aus Palästina entgegengekommen war. Die Matrosen wollten nicht riskieren, das große Schiff zu verlieren, das schließlich noch Tausende von Flüchtlingen transportieren sollte. Es gibt ein Foto von Vitka, wie sie in das Fischerboot steigt und dabei in die Kamera lächelt – ein Sommerabenteuer. Weitere Fotos, Stunden später aufgenommen, zeigen, wie das überfüllte Boot von britischen Kriegsschiffen eingekreist wird. Je näher die Briten rücken und je enger die Schlinge um das Fischerboot wird, desto dunkler sind die Fotos. Auf einem Schnappschuss ragt bedrohlich das Deck eines Kreuzers vor ihnen auf, wie eine Sonnenfinsternis. Auf einer weiteren Aufnahme sind britische Matrosen an Bord gekommen. Einige Juden raufen mit den Matrosen. Am Rand des Fotos steht Vitka, die den Kopf in den Nacken wirft und einen jungen englischen Offizier skeptisch ansieht.

Die Briten nahmen das Boot ins Schlepptau, zogen es nach Haifa. Der Hafen war voller Juden, Gesichter aus Polen, dem Ghetto, dem Wald. Vitka hörte sie die Namen verschwundener Orte rufen.

Die Wüste

*A*bba und Ruzka standen ebenfalls auf dem überfüllten Pier, als das Boot in den Hafen geschleppt wurde. Ruzka konnte die Flüchtlinge an Deck sehen. Inmitten des Gedränges stand Vitka.

Die Flüchtlinge gingen von Bord. Bewaffnete britische Soldaten bildeten eine Barrikade, hielten die Menge zurück. Einige Juden beschimpften die Soldaten. Eine Woche zuvor hatte der Irgun, eine jüdische Untergrundorganisation im König-David-Hotel in Jerusalem, in dem sich das britische Hauptquartier befand, eine Bombe gezündet. Als Gegenreaktion hatten die Briten die Verantwortlichen der Jewish Agency verhaftet, eine Aktion, die die Juden den Schwarzen Sabbat nannten. Als die Flüchtlinge vorbeigingen, versuchten einige Juden die Soldaten beiseite zu drängen. Andere riefen Ortsnamen oder hielten den Neuankömmlingen Wasser und Nahrung hin: Grapefruit, Orangen, Brot. Die Soldaten trieben die Menge zurück und bugsierten die Flüchtlinge in Busse, die sie nach Atlit bringen würden. Als Vitka den Pier überquerte, packte ein britischer Soldat sie am Handgelenk. Einen Augenblick später stand sie vor Abba und Ruzka.

Abba, der bereits ein paar Schulden bei den jüdischen Anführern in Palästina eingetrieben hatte, konnte Vitka vierundzwanzig Stunden Freiheit erkaufen. So fuhren Ruzka, Abba und Vitka am Nachmittag nach Haifa, das vom Meer aus terrassenförmig den Hügel erklimmt, ähnlich einem Fußballstadion, wobei Lichtverhältnisse und Ausblick auf die Stadt an jeder Straßenbiegung wechselten. Sie hatten sich so viel zu erzählen, dass sie gar nichts sagten, sich einfach durch die staubige Stille treiben ließen. In einem Fischlokal in den Hügeln aßen sie zu Abend.

Am Morgen fuhren sie dann ins Landesinnere, wo Vitka in Atlit erwartet wurde. Nun war sie allein, stand mit anderen Flüchtlingen in einer Warteschlange vor britischen

Wachsoldaten, die im grellen Licht blinzelten. Ihr freier Tag machte es nur noch schwerer. In einer dampfigen Lagerhalle aus Wellblech wurden Frauen und Männer getrennt. Vitka musste sich ausziehen und duschen, bis die Läuse von ihrem Körper abfielen. In dieser Nacht schlief sie in einem sauberen, harten Bett. In den Baracken drängten sich europäische Juden, auch Rächer waren darunter. In den Räumen herrschte eine schwüle Hitze. Die Leute packten Hemden, Briefe, Bücher in Taschen, die sie an die Dachsparren hängten. In einer Baracke gab es einen Plattenspieler, dazu eine einzige Platte, von Mozart. Seit Jahren war er von Leuten, die Atlit verlassen durften, an Neuankömmlinge weitergegeben worden. Für viele Juden wurde die Mozart-Sinfonie zur Begleitmelodie ihrer Tage im Lager – die Trommelschläge klangen wie die Stiefel der Wachsoldaten, die Bläser wie der Chor der Gefangenen, darüber, wie die Hügel jenseits des Zauns, die Streicher. Und die Stille zwischen den Noten stand für all das, was ungesagt blieb.

* * *

Man hatte einen Beamten bestochen, und so kam Vitka bald aus Atlit frei. Am selben Nachmittag fuhr sie per Anhalter nach Ein Hachoresh, dem Kibbuz, in dem Abba und Ruzka lebten. Ein Hachoresh befindet sich acht Kilometer südlich von Haifa, ein ordentlich geführter Kibbuz mit sauberen Gärten und Zypressen, mit Wegen zwischen weißen, niedrigen Häusern. Hunde dösen unter den Bäumen, und schmutzige Geräte lehnen neben den Eingangstüren. Es gibt dort einen Speisesaal, wo nach den Mahlzeiten die Tische zurückgeschoben und Diskussionen abgehalten werden, die manchmal die ganze Nacht lang dauern. Von den Gärten aus sieht man Haine und Weingärten und in der Ferne den stoppeligen braunen Boden des Jordantals.

Man lebte damals in ständiger Furcht vor arabischen Überfällen, weshalb ein hoher Zaun die Siedlung umgab. Nacht
für Nacht hielten die Bauern, Gewehre geschultert, abwechselnd Wache.

Der Kibbuz war 1920 von achtzig jüdischen Familien gegründet worden, die meisten davon aus Polen, allesamt
Mitglieder der Jungen Garde. Diese Menschen – sie nannten sich selbst Pioniere – wollten eine klassenlose Gesellschaft ohne Einschränkungen aufbauen, einen neuen
Typus von Juden schaffen, eine Art Renaissanceheld,
furchtlos, intellektuell. Einer, der morgens die Felder pflügt
und nachmittags Bücher schreibt. Auf den Feldern kleideten die Pioniere sich wie russische Bauern, trugen kragen-
lose Hemden und schwere Stiefel. Sie waren nicht religiös.
Für sie waren die Rituale der Synagogen Produkte der
Diaspora. In Palästina würden die Menschen aufgrund ihrer Geburt und indem sie Hebräisch redeten und das Land
bestellten, Juden sein. Sogar im gelassensten dieser Pioniere war eine starke utopische Ader, das Versprechen, die alten Unterschiede aufzugeben. Der gesamte Besitz wurde
geteilt, sogar die Kinder, die nicht bei ihren Eltern, sondern
in einem Gemeinschaftshaus aufgezogen wurden. Die Jungen und Mädchen duschten gemeinsam. »Vielleicht werden wir die erste Jugend sein, die für immer jung sein wird,
der Menschheit erste Chance, nicht zu scheitern«, heißt es
in einer frühen Stellungnahme der Jungen Garde. »Wir
wollen in ferne Berge und Wüsten gehen und dort in Einfachheit, Schönheit und Wahrheit leben.«

In Israel versuchten diese Menschen nicht, mit der alten
Heimat wieder in Kontakt zu treten; sie hingen einer anderen Beziehung an, einer, von der sie glaubten, sie habe
schon immer bestanden. Der Bund Abrahams existiert zu
allen Zeiten, Präsens. Manche von ihnen zitierten die Bibel: »Gott der Herr schloss den Bund nicht mit unseren Vä-

tern, sondern mit uns selbst, mit uns, die wir heute hier leben.«

Abba war von Anführern der Jungen Garde mit dem Versprechen in diesen Kibbuz geschickt worden, es sei genügend Platz vorhanden, um die gesamte Partisanentruppe dort anzusiedeln. Ruzka verließ Eilon, wo sie fast ein Jahr lang gewohnt hatte, und zog hierher. Als Vitka kam, lebte sie mit Abba in einem Haus, das jemandem gehörte, der schon lange im Kibbuz gelebt hatte – ein Willkommensgeschenk. Einen Monat später zogen sie und Abba vorübergehend in eine Hütte, die in der Sonne schmorte. Da es am Nachmittag viel zu heiß darin war, dösten sie draußen im Garten. Alle paar Tage tauchte ein anderes Mitglied der Rächer bei ihnen auf.

Frühmorgens arbeiteten die Mitglieder der Gruppe in den Rübenfeldern. Nachts versammelten sie sich unter dem aufgehenden Mond. Flüsternd redeten sie über ihre Rache. Mehrere Kämpfer wollten Gift kaufen und nach Europa zurückkehren. Einige sprachen davon, sechs Millionen Deutsche umzubringen. Abba mahnte sie zur Besonnenheit. Solche Pläne konnten nur in bestimmten historischen Momenten Erfolg haben, nach dem Krieg und vor dem Frieden, während Deutschland noch im Chaos versank – keine Polizei, keine Regierung, keine Grenzen. Dieser Moment war vorüber. Winston Churchill redete von einem Eisernen Vorhang quer durch Europa, und Westdeutschland wurde gerade neu aufgebaut, als Bollwerk gegen den Kommunismus. Der Kalte Krieg hatte begonnen; da war kein Platz mehr für die Rächer. »Ihr könnt hier weiterkämpfen«, sagte Abba. »Und zwar für die Zukunft, nicht für die Vergangenheit.«

Die meisten Rächer überzeugte Abbas Einstellung. Und wer nicht seiner Meinung war, war zumindest zu müde, um nach Europa zurückzugehen. Jeder wollte endlich ein normales Leben führen. Im Laufe der Zeit drifteten viele dieser Männer und Frauen einfach auseinander. Diejenigen unter ihnen, die das KZ überlebt hatten, konnten das Kibbuzleben nicht ertragen; dass sie vor Sonnenaufgang aufstehen mussten, und das innerhalb von Zäunen und Wachtürmen, erinnerte sie viel zu sehr an das Leben im Lager. Andere vermissten die Lichter der Großstadt. Mehrere Rächer ließen sich in Haifa oder Tel Aviv nieder, wo sie auf ihren Balkonen saßen und die großen Schiffe nach Europa segeln sahen.

Einige wenige Rächer ließen sich allerdings nicht überzeugen. Sie nannten Abba einen Verräter, sagten, er sei im ägyptischen Gefängnis weich geworden. Hinter jedem seiner Argumente witterten sie einen Trick. In den Feldern riefen sie: »Ein Deutscher für jeden Juden.« Die meisten von ihnen waren keine Partisanen, hatten nicht im Ghetto oder im Wald gekämpft, sondern das KZ überlebt. In Palästina brachte man es fertig, dass diese Überlebenden sich schämten. Man warf ihnen vor, dass sie sich, wie Abba es ausgedrückt hatte, wie Schafe – namenlos, zahllos – in den Tod hatten treiben lassen. In anderen Worten, diese Menschen mussten etwas beweisen. Und da kam Abba und versuchte ihnen das Einzige zu nehmen, was sie hätte erlösen können – ihre Rache.

Man überließ es Ruzka, der Kleinen, der alle vertrauten, diese Leute dazu zu bringen, in Palästina neu anzufangen. Sie redete mit Rachel Glicksman, die jetzt im Kibbuz lebte. Es sei an der Zeit, sagte sie, nach vorne zu schauen. »Ihr könnt euer Leben nicht nur auf Hass aufbauen«, sagte sie. »Ihr könnt nicht nur mit dem Tod leben.«

»Wie kommst du dazu, von mir zu verlangen, dass ich den Kampf aufgebe?«, fragte Rachel.

»Jeder Kibbuz, jedes Dorf, jeder Einzelne ist der Untergrund, der Kampf«, sagte Ruzka. »Aber in diesem Land kämpfen wir für das Leben, nicht für den Tod.«

Eines Nachmittags ließen zehn Rächer Abba wissen, dass sie nach Deutschland zurückkehren und weiterkämpfen würden.

»Es ist zu spät dafür«, sagte Abba.

Sie beschimpften Abba, versprachen, nie mehr ein Wort mit ihm zu reden – sie würden ihr Versprechen halten. Am Abend waren sie fort.

Rachel Glicksman machte sich als letztes Mitglied dieser abtrünnigen Gruppe nach Europa auf, um sich dort ihrem Ehemann anzuschließen, einem Überlebenden, den sie kurz nach Kriegsende in Ponteba kennen gelernt hatte. Auf dem Weg zum Flughafen wurde Rachel von einem Polizisten verhaftet; er hatte einen Hinweis erhalten. Er stellte sie vor die Wahl. Ins Gefängnis oder nach Hause.

»Ihr könnt euch denken, was ich tat«, sagt Rachel heute. »Ich ging nach Hause.«

Nach wenigen Monaten hatte die deutsche Polizei die übrige Gruppe aufgespürt. Es ist nicht ganz klar, was schief gelaufen war – keiner der Gruppe will darüber reden. Sie schütteln nur den Kopf und sagen: »Schlimm. Sehr schlimm.« Einige Rächer wurden bei einem Banküberfall verhaftet; sie brauchten Geld für Waffen und Gift. Rachels Mann verbrachte drei Jahre in einem deutschen Gefängnis. Als er nach Tel Aviv zurückkam, war Israel bereits ein Staat geworden – der Krieg war vorbei. »Er hat ihn verpasst«, sagt Rachel. Wie es letztendlich zu diesen Verhaftungen kam, bleibt ein Rätsel. Wenn einer dieser Kämpfer stirbt, erschüttert das die ganze Gruppe. Wieder ein Geheimnisträger weniger, wieder ein Gedächtnis weniger, das die Geschichte bewahrt; bald wird sie im Strudel der Zeiten verloren gehen.

* * *

Vitka im Kibbuz

Jeden Tag vor Sonnenaufgang arbeiteten Abba und Vitka
und Ruzka in den Feldern mit den Kibbuzniks, von denen
die einen bereits vor dem Krieg aus Europa gekommen
waren, die anderen aus Palästina stammten. Während sie
Trauben pflückten, unterhielten sich die Bauern über die
Weinstöcke hinweg, die sich unter ihrer Last bogen. Sie
redeten über die politische Lage in Palästina, über die
Hagana und die anderen jüdischen Untergrundarmeen,
die die Briten aus dem Land treiben wollten. Für die Briten, die an die hunderttausend Soldaten im Land stationiert hatten, wurde Palästina langsam zu kostspielig. Eines
Nachts sprengte die Hagana, um den Status quo zu erschüttern, sechzehn Brücken in die Luft. In anderen Nächten wehrten sich jüdische Soldaten gegen arabische Angriffe oder zogen ihrerseits zu Überfällen aus. Wenn Vitka
bei der Feldarbeit war, sah sie manchmal fern am Horizont
einen Araber mit weißer Kopfbedeckung seinen Acker be-
stellen, wie ein Echo aus vergangenen Zeiten.

313

Hin und wieder machten die Arbeiter in den Weingärten eine Pause. Unter Bäumen sitzend, tranken sie aus Krügen, von denen das Wasser perlte. Die ehemaligen Partisanen lagen im Gras und verloren sich in alten Erinnerungen: das Ghetto, der Wald. Die Kibbuzniks hingen förmlich an ihren Lippen. Manchmal konnte es passieren, dass einer der Alteingesessenen, wenn Abba aufstand und sagte »Zurück an die Arbeit«, den Kopf schüttelte und ihn bat: »Nein. Erzähl uns die Geschichte von Wittenberg zu Ende.« Einer der Kibbuzniks hatte welliges blondes Haar und wunderschöne blaue Augen. Sein Name war Avi Marle, ein Immigrant, der vor dem Krieg aus Österreich nach Palästina gekommen war. Er war sich seines Glücks bewusst. Er sprach von dem Leben, der Kultur und der Tradition, die er hinter sich gelassen hatte. Für ihn hatten die Geschichten der Partisanen die Faszination einer Tragödie, der er selbst um ein Haar entronnen war. In den Feldern wusste er es immer so einzurichten, dass er an Ruzkas Seite arbeiten konnte. Avi war ein Mann, mit dem sie reden konnte, dem sie vertraute, den sie schätzte, mochte. Bald heirateten sie.

Um etwa die gleiche Zeit begannen Abba und Vitka, obwohl sie nicht offiziell verheiratet waren, einander als Ehemann und Ehefrau zu betrachten. Sie hielten nichts von den Konventionen der Ehe, wollten nicht vor einen Rabbiner treten, um von ihm zu hören, was sie ohnehin schon wussten.

Die Paare zogen in Häuser, die kaum zwanzig Meter voneinander entfernt lagen. Nach Sonnenuntergang pflegte Ruzka in ihrem Garten zu sitzen und den Fledermäusen zuzusehen, die von Osten her geflogen kamen, um sich von den wilden Feigen zu ernähren, die auf den Bäumen wuchsen. Ihre unbeholfenen Landeversuche füllten die Nachtluft mit Energie. Dunst legte sich über die Felder. Ruzka konnte manchmal sehen, wie das Licht ausging in dem

Zimmer, in dem Vitka mit Abba schlief. War sie verwundert darüber, wie die Dinge sich entwickelt hatten? Betrachtete sie das andere Haus, das dem ihren so sehr glich, und fragte: »Welches Haus ist das meine? Wessen Leben lebe ich?« Ruzka war sehr vernünftig. Sollten ihr solche Gedanken jemals in den Sinn gekommen sein, dann hätte sie sich wohl gesagt: »Ja, das alles ist sehr eigenartig – aber was ist der Maßstab?«

* * *

1947 teilte die britische Regierung ihren Entschluss mit, sich aus Palästina zurückzuziehen. Sie überließ es der UNO, die Unordnung zu beseitigen. Am 29. November stimmten die Vereinten Nationen dafür, das Land in zwei Staaten aufzuteilen – einen arabischen und einen jüdischen. Der arabische Staat, auf dem westlichen Ufer des Jordan, würde Bethlehem und Hebron beinhalten. Der jüdische Staat würde sich entlang der Mittelmeerküste und dem See von Galiläa erstrecken – nur ein winziger Streifen Landes, aber die erste eigenständige jüdische Nation seit über zweitausend Jahren.

Im Kibbuz kamen die Arbeiter von den Feldern zurück, um die Entscheidung im Radio zu hören. Hin und wieder ging der Sender verloren, dann drehte einer der Bauern an der Frequenzskala herum, jagte Stimmen durch die Nacht. Abba hörte jedes Geräusch im Saal, Gemurmel, Rascheln von Papier. Im Abstand von wenigen Minuten gab jeweils einer der Delegierten, auf Spanisch oder Französisch oder Chinesisch oder Arabisch oder Portugiesisch, mit einer Stimme, in der Freude oder Wut oder überhaupt keine Regung schwang, seine Entscheidung bekannt – *Der souveräne Staat Brasilien stimmt für die Teilung.*

Mit manchen Wahlergebnissen hatte man gerechnet, Wetten abgeschlossen, bei anderen seine Meinung revidieren müssen. Im Kibbuz konnte nicht einmal der Weiseste das Ergebnis vorhersagen. Die meisten Länder Südamerikas stimmten für die Teilung, auch viele europäische Staaten. Als die letzte Stimme abgegeben worden war, wurde es lebendig im Saal. Eine männliche Stimme verkündete: »Die Generalversammlung der Vereinten Nationen hat mit dreiunddreißig Stimmen dafür, dreizehn dagegen und zehn Enthaltungen die Aufteilung Palästinas beschlossen.«

Die Bauern strömten nach draußen, rannten hinaus auf die Felder, dreckige Schaufeln schwenkend, jubelnd, von Hunden umbellt.

Am darauf folgenden Morgen wurde ein jüdischer Bus von Arabern beschossen. Fünf Fahrgäste kamen dabei ums Leben. In den darauf folgenden Wochen wurden Dutzende von Anschlägen verübt. Die Straße nach Jerusalem, die an Klippen vorbeiführte, auf denen arabische Dörfer lagen, wurde belagert. Sobald ein jüdischer Bus oder Lastwagen auftauchte, bewarfen Guerilla-Kämpfer ihn mit Bomben. Bis zum Jahresende konnten die hunderttausend Menschen im jüdischen Teil der Stadt nur noch mit Nahrungsmittelkürzungen überleben. Hin und wieder versuchten die Briten die arabische Sperre zu durchbrechen. Die meiste Zeit jedoch taten sie nichts anderes als den Frühling abzuwarten, den Tag, an dem sie aus Palästina abziehen würden. Die britische Marine blockierte allerdings noch immer die Küste und hielt Waffenladungen fern. Jüdische Soldaten, die sich nach Kräften wehrten, erhielten jeweils nur ein paar Patronen zugeteilt. Zionisten in Europa und Amerika sammelten stapelweise Ausrüstung, um sie nach Palästina zu schicken, sobald die Briten sich zurückgezogen hatten. In Tel Aviv bereitete sich die Jewish Agency, geleitet von David Ben-Gurion, auf den Krieg vor. Offiziere der Hagana wurden angewiesen, frisch Immigrierte auszubilden und neue Militärbrigaden zu schaffen. Die Zeit drängte.

Eines Nachmittags kam ein junger Offizier der Hagana zum Kibbuz und suchte nach Abba. Es war Shimon Avidan, der deutsche Jude, der damals Abbas Racheplan unterstützt hatte. Avidan war untersetzt, hatte dunkle Augen und helles Haar. Wie viele jüdische Soldaten trug er einen dünnen Schnurrbart nach Art eines arabischen Kriegers. Für Juden in Palästina waren die Araber zwar Feinde, aber zugleich Idole, mysteriöse Bestandteile einer heiligen Landschaft. Während der Kämpfe trugen nicht wenige Juden die arabische Kopfbedeckung. Avidan war beeindruckt gewesen von Abbas charismatischem Wesen, von seinen Reden, seinem Umgang mit der Sprache. Er fragte Abba, ob er das Kommando über eine der neuen Brigaden übernehmen wolle, der Givati-Brigade, die aus dreitausend Mann bestehen würde, die meisten von ihnen Immigranten.

Abba sollte die Rekruten erziehen. Sobald der Krieg ausbrach, sollte er eine kriegerische Schrift veröffentlichen, um die Soldaten anzufeuern, ihnen ins Gedächtnis zu rufen, wer sie waren und weshalb sie kämpften, ihnen den Preis der Niederlage vor Augen zu führen. Diese Aufgabe glich der Arbeit, die er in Wilna geleistet hatte. Auch dort hatte er Manifeste herausgegeben.

Vitka und Michael im Kibbuz

Abba sprach mit Vitka und Ruzka über sein neues Amt. Die Frauen sagten ihm, es sei seine Pflicht, seinem Land zu dienen. Ein paar Tage später schwang er sich auf einen Lastwagen und fuhr die Küstenstraße entlang zu einem Armeestützpunkt. In wenigen Monaten hatte er es vom Partisanenführer zum Offizier gebracht. In den kommenden Wochen würde er jeden Rekruten mit seiner Alles-oder-nichts-Rhetorik prägen, ihn weniger mit Taten als mit Worten ermutigen. Er ließ seine Jugend hinter sich und wurde erwachsen. Sein Leben als Dichter hatte begonnen, jene Zeit, in der die Soldaten Israels seine Bücher mit in den Kampf nehmen würden.

* * *

Im Kibbuz führten Ruzka und Vitka das typische Leben der Frauen in Kriegszeiten, erwachten jeden Morgen in denselben Häusern und zu denselben Feldarbeiten. Wenige Wochen vor Abbas Aufbruch hatte Vitka erfahren, dass sie schwanger war. Sie sagte es Abba nicht, weil sie Angst hatte, er würde sich der Brigade nicht anschließen. Nur Ruzka teilte ihr Geheimnis. Wenn Vitka arbeitete und ihr der Schweiß auf der Stirn stand, sah sie aus wie eine Skulptur, in den Feldern entstanden. Sie redete mit Ruzka über die Berichte in den Zeitungen, über Hinterhalte und Überfälle, über den Abzug der britischen Truppen, der unmittelbar bevorstand. In der Region gab es über fünfzig Millionen Araber und nicht ganz sechshunderttausend Juden. Die Frauen redeten mit Gelassenheit über diese Dinge, weil sie glaubten, dass dies die einzige Möglichkeit war, über das zu reden, was man fürchtet.

Am 14. Mai 1948, dem Tag, an dem die Briten ihre Truppen aus Palästina abzogen, versammelten sich die Menschen im Kibbuz erneut vor dem Radio. David Ben-Gurion hielt eine Ansprache, auf die alle seit langem gewartet hatten. »Einer historischen Vereinigung gemäß strebten die Juden über die Jahrhunderte hinweg danach, einst in das Land ihrer Väter zurückzukehren und einen eigenen Staat zu gründen«, sagte er. »Kraft des natürlichen und historischen Rechts des jüdischen Volkes und des Entschlusses der Generalversammlung der Vereinten Nationen proklamieren wir hiermit die Errichtung eines jüdischen Staates in Palästina mit Namen Israel.«

Als seine erste Amtshandlung setzte Ben-Gurion das Weiße Papier außer Kraft, das die Anzahl der nach Palästina einreisenden Juden begrenzte. Es war eine brüske, trotzige Geste, eine grollende Zurückweisung der verhassten Politik, die in den Monaten vor dem Zweiten Weltkrieg die Juden in eine Falle gesperrt hatte. Die jüdischen Flüchtlinge, die noch immer in Europa in der Falle oder in Internierungslagern in Zypern saßen, konnten jetzt legal nach Palästina einwandern. Während Ben-Gurion sprach, hörte man Explosionen im Hintergrund – die ägyptische Luftwaffe, die Tel Aviv bombardierte. Um Mitternacht, als die letzten britischen Schiffe aus Haifa ausliefen, standen die Menschen am Hafen und sahen sie durch das dunkle, aufgewühlte Wasser fortsegeln.

*   *   *

Tags darauf, am 15. Mai 1948, fielen sechs

Ruzka nach dem Krieg

arabische Armeen in Israel ein: Syrien und der Libanon von
Norden, von Westen Jordanien, der Irak und Saudi Arabien;
die größte Bedrohung aber kam aus dem Süden, von wo aus
Ägypten vierzigtausend Soldaten, dazu Flugzeuge und Panzer, in den Negev geschickt hatte. Tel Aviv war nur einen
kurzen Fußmarsch von Ägypten entfernt. Es war die größte
Stadt in Israel. Wenn sie fiel, war der Krieg für die Juden verloren. Die Givati-Brigade sollte sich der Invasion in den Weg
stellen. Manche kritisierten diese Entscheidung. Anders als
die meisten anderen Brigaden, die größtenteils aus palästinensischen Juden bestanden, waren in der Givati nur Immigranten und Rekruten. Unerfahrene Leute.

Die Brigadekämpfer gingen zu Fuß oder fuhren in Last-
wagen durch Städte und Siedlungen entlang der Küste. Bei
Ebbe konnten sie die Überreste alter Zivilisationen sehen.
Jubelnde Menschen säumten die Straßen. Nebel sammelte
sich in den Ebenen. Die Soldaten marschierten in den
Dunst hinein und wieder hinaus. Innerhalb weniger Wochen
gab es in Israel sechzigtausend uniformierte Einwohner.
Wer nicht in der Armee war, dessen Sohn oder Tochter oder
Enkelin war es. Wenn die Truppen durch eine Ortschaft zogen, geschah es ab und zu, dass ein Soldat seine Mutter entdeckte, vom Lastwagen sprang, durch die Menge lief, seiner Mutter einen Kuss gab, ihr ein paar Worte zuflüsterte
und zu seiner Einheit zurückrannte, wo seine Kameraden
ihn wieder in das im Schritttempo dahinfahrende Vehikel
zogen. Ägyptische Bomber donnerten über den Himmel.
Nachts wurden die Fenster der Stadt abgedunkelt.

Nachmittags, wenn die Soldaten beim Essen saßen, trat
Abba mager und unrasiert vor sie hin. Mit leidenschaft-
licher Stimme ermahnte er sie, niemals aufzugeben, ganz
gleich, wie schwierig es sein würde, denn eine Niederlage
käme dem Ende des jüdischen Volkes gleich. Er zitierte
Aussprüche aus feindlichen Lagern. Azzman Pasha von der

Abba marschiert neben David Ben-Gurion 1948

Arabischen Liga zum Beispiel hatte mit einem Vernich-
tungskrieg und einem gewaltigen Blutbad gedroht, »das
von sich reden machen wird wie die Massaker der Mon-
golen«.

»Wir haben diesen Krieg nicht gewollt«, sagte Abba.
»Aber wir werden ihn zu Ende bringen.«

* * *

Ägypten erklärte Israel am 11. Mai den Krieg, drei Tage
vor dem britischen Rückzug. Die ägyptischen Soldaten
auf ihrem Weg aus El-Arisch, einer Stadt in der Wüste
Sinai, paradierten an König Faruk vorüber, dem 28-jäh-
rigen Monarchen des Landes. Faruk mit seinen dunklen
Augen und dem verwegenen Oberlippenbärtchen sah aus,
als verbringe er die meiste Zeit in Nachtclubs. Am liebs-
ten trug er Smoking. Zu diesem Anlass jedoch hatte er
sich wie ein deutscher Feldmarschall gekleidet. Er brachte
eine Briefmarke heraus, um den Einmarsch in Palästina

zu verewigen. Einige Tage zuvor hatte Premierminister Nokrashy Pascha zu ihm gesagt: »Es wird keinen Krieg mit den Juden geben. Es wird nur eine harmlose Parade werden.«

Auf ihrem Weg nach Israel marschierten die Ägypter vorbei an felsigen Gipfeln und über flammend rote Hochebenen, wo Wadis aussehen wie Sprünge im hauchdünnen Porzellan. Sie marschierten durch Städte, die aus Flachdachhäusern und dornigen Gärten bestanden. Mädchen warfen Blumen von Balkonen, junge Männer jubelten ihnen zu. Als die Armee die Grenze überschritten hatte, wandte sich ein kleines Bataillon ins Landesinnere, während das größere weiter die Küste entlang marschierte, durch Dörfer mit biblischen Namen. Gaza, Majdal, Beer Sheva. Mitte Mai hatten die Ägypter Dutzende jüdischer Siedlungen von der Außenwelt abgeschnitten. In einer Depesche an König Faruk schrieb der Premierminister: »Wir werden in zwei Wochen Tel Aviv erreichen.«

★ ★ ★

Die Ägypter stießen zum ersten Mal in Kfar Darom auf Widerstand, einem Kibbuz, der von dreißig orthodoxen Juden verteidigt wurde. Als ägyptische Soldaten die Einzäunung erreichten, feuerten die Kibbuzniks ihre Gewehre ab. Als sie keine Patronen mehr hatten, füllten sie ihre Beutel mit TNT und warfen sie wie Handgranaten. Die Ägypter bevorzugten Sturmattacken und Gefechte auf offenem Feld. Die Nerven der muslimischen Soldaten waren von den nächtlichen Überfällen, die schon bald zu einer israelischen Spezialität wurden, aufs Äußerste strapaziert. Als Kfar Darom die Stellung nicht mehr länger halten konnte, zogen die Juden sich zurück, und zwar nachts, in Lastwagen ohne Scheinwerfer. Am Morgen darauf nahmen die Ägypter den Kibbuz fünf Stunden lang unter Beschuss, bevor ihnen klar wurde, dass die Bewohner längst das Feld geräumt hatten.

★ ★ ★

Am 19. Mai erreichten die Ägypter Yad Mordechai, einen Kibbuz oberhalb des Gazastreifens. Von polnischen Einwanderern gegründet, hatte man die Siedlung nach Mordechai Anielewicz benannt, dem Anführer des Aufstands im Warschauer Ghetto. Tel Aviv befand sich nur sechzig Kilometer von der Siedlung entfernt. Die Givati-Brigade hatte noch nicht Stellung bezogen, brauchte noch ein paar Tage, um eine Verteidigungslinie aufzubauen. Für den Augenblick war der Kibbuz, den lediglich eine Hand voll entschlossener Männer verteidigte, das einzige Hindernis zwischen dem Feind und Israels Großstädten. In den Feldern wurden Schützengräben ausgehoben. Die Siedler empfingen das ägyptische Heer am Zaun und kämpften Mann gegen Mann. Die Ägypter schickten Panzer und Artillerie gegen sie aus, aber jeder Angriff wurde von den verzweifelt kämpfenden, in aller Härte zum Gegenangriff ausholenden Juden zurückgeworfen. Nachts bombardierten feindliche Flugzeuge die kleinen Häuser des Kibbuz. Am Ende waren die Ägypter einfach zu zahlreich und zu gut ausgerüstet. Am 24. Mai evakuierten israelische Kommandos die überlebenden Siedler. Tags darauf ließ König Faruk sich in den Trümmern von Yad Mordechai fotografieren. In ägyptischen Zeitungen stand, König Faruks Armee habe einen großartigen Sieg errungen. In den fünf Tagen, die Ägypten brauchte, um den Kibbuz einzunehmen, hatte die Givati-Brigade eine Verteidigungsfront gebildet.

★ ★ ★

Ashdod ist eine staubige, im Süden gelegene Stadt mit gedämpften Farben, schachtelförmigen Häusern und

Straßen, die am Meer enden. Die ägyptische Armee fand sie verlassen vor, leere Straßen, die auf leere Plätze zuliefen. Die ägyptischen Soldaten erreichten eine Brücke im Stadtzentrum. Eine Bombe ging hoch. Die Brücke stürzte ein. Granaten pfiffen über die Schlucht. Soldaten der Givati-Brigade erschienen am jenseitigen Ufer und feuerten Gewehre ab. Vier Flugzeuge der Marke Messerschmitt kamen von Norden, brausten über die Gebäude hinweg und nahmen die ägyptischen Linien unter Beschuss. Man hatte die Flugzeuge, die ersten der israelischen Luftwaffe, als Schrottware gekauft und in Werkstätten wieder zusammengebaut. Die Israelis jubelten den Piloten zu, von denen die meisten während des Zweiten Weltkriegs in der Royal Airforce gedient hatten. Für die Ägypter war es ein Schock. Der Himmel gehörte ihnen nicht mehr allein.

* * *

Während die Armeen kämpften, pendelten Mitglieder der Vereinten Nationen zwischen den Lagern hin und her und versuchten einen Kompromiss auszuhandeln. Nach wochenlangem Hin und Her arrangierte die UNO einen Waffenstillstand, der am 11. Juni 1948 bei Sonnenuntergang in Kraft trat. Für Israel waren die schwierigsten Tage des Unabhängigkeitskriegs vorüber. Mit wenig Waffen und wenig Munition hatte seine Armee Angriffen von allen Seiten standgehalten. Nur in Jerusalem, wo sie den gut ausgebildeten Soldaten Jordaniens gegenüberstanden, erlitten die Israelis eine größere Niederlage und waren deshalb gezwungen, das jüdische Viertel der Altstadt aufzugeben. Bis die Kämpfe wieder aufgenommen werden sollten, hatten die Israelis einige Tage Zeit, die Ausrüstung ins Land zu schaffen, die in europäischen und amerikanischen Lagerräumen für sie bereit lag – Patronen, Maschinengewehre, Kanonen, Flugzeuge, Panzer. Zudem riefen sie viele der hunderttausend Flüchtlinge, die seit Kriegsbeginn ins Land gekommen waren, zu den Waffen und bildeten sie aus. Auf dem Feld würden israelische Soldaten gegenüber den arabischen nun in der Mehrzahl sein. »Ich wusste, dass wir gewonnen hatten«, sagte Ben-Gurion später. »Sie konnten uns nicht besiegen. Die Frage war nur, wie weit wir gehen konnten.«

* * *

Im Frühling rückte die irakische Armee bis wenige Meilen vor Ein Hachoresh vor. Wenn Ruzka und Vitka nachts im Freien standen, konnten sie die Minenwerfer aufblitzen sehen wie Wetterleuchten. Der Geruch von Diesel und verbrannten Feldern lag in der Luft. Vitka brachte ihr Kind während der Waffenruhe zur Welt; sie hatte Abba erst wenige Wochen zuvor von ihrer Schwangerschaft erzählt. Wenn eine ehemalige Partisanin ein Kind zur Welt brachte, war das wie ein Wunder. Im Wald hatten die meisten dieser Mädchen keine Regel mehr bekommen. Sie dachten, der Krieg hätte sie unfruchtbar gemacht. Wenn sie Kinder bekamen, war es für sie, als könnten sie damit das Werk der Deutschen ungeschehen machen. Abba sah sein Kind zwei Wochen später, während seines Heimaturlaubs. Als er es in den Arm nahm, zerbrach etwas in ihm. Sie benannten das Kind nach Abbas Bruder Michael, der von polnischen Partisanen im Naroczwald getötet worden war.

* * *

Als die Waffenruhe zu Ende war, wurde zehn Tage lang weitergekämpft, dann ruhten die Waffen erneut. Als die zweite Waffenruhe zu Ende war, wandte sich die Givati-Brigade nach Süden, fest entschlossen, die ägyptische Armee zum Rückzug zu zwingen und jüdische Siedlungen hinter den Linien zu befreien. Es gab Überfälle und Feuergefechte, Nebel, der aufkam, Gewehre, die aufblitzten. Die Israelis nahmen Dörfer und Städte ein, auch die Karawanserei Beer-Sheva. Im Sommer 1948 hatten sie die Ägypter in die Falujasenke getrieben, ein Tal, das von Wüstenhügeln überschattet wurde. Obwohl man sie besiegt und eingekreist hatte, weigerten die Ägypter sich, den Rückzug anzutreten.

Nacht für Nacht saß Abba im Zelt und schrieb Kundgebungen, die ins Arabische übersetzt, auf Flugblätter gedruckt und per Flugzeug über der Falujasenke abgeworfen wurden.

Die Israelis arrangierten eine Zusammenkunft mit dem »Tiger«, dem ägyptischen Oberbefehlshaber, der in Wirklichkeit Said Tasha Bey hieß. »Der Tiger« war ein stämmiger kleiner Mann mit strahlenden Augen und einem Gesicht wie ein Ausrufezeichen. Bei diesem Treffen drängte der israelische General Yigal Allon den Ägypter zur Kapitulation und sagte: »Sie haben alles verloren, bis auf Ihre Ehre. Es ist nicht ehrenrührig, nach erbittertem Kampf zu kapitulieren.«

Der Tiger entgegnete, er würde sich erst ergeben, wenn er seine letzte Kugel abgefeuert hätte.

* * *

An jeder Front war der Feind zurückgeschlagen worden. Nur der südliche Teil Israels und der uralte Zankapfel Jerusalem waren in Feindeshand. Die UNO würde bald eine dritte Waffenruhe erzwingen und dann einen dauerhaften Staat festlegen, dessen Grenzen von den Endpositionen der Armeen bestimmt würden. Blieben die Ägypter südlich von Ashdod stehen, würden die Israelis den Negev verlieren, dazu Dutzende von jüdischen Siedlungen und den Zugang zum Roten Meer. Aber der einzige Weg nach Süden führte die Küstenstraße entlang, die von ägyptischen Regimentern belagert war. Ein Sturmangriff würde den Tod Tausender Israelis bedeuten. Jüdische Anführer suchten verzweifelt nach einer Möglichkeit, den Feind zu umgehen.

* * *

Wochen vergingen. Der Wind wurde schneidend kalt. Abba liebte die Wüstennächte – einsam, windgepeitscht, endlos, leer. Er machte sich auf den Weg, ein Offizier, der seine Truppen inspizierte. Diese Nächte waren ganz anders als die Nächte in den Wäldern Europas. In Europa verdeckten Bäume den Himmel, und der Wind rauschte in den Blättern. In Palästina war die Landschaft ohne Schatten, da gab es keinen Schlupfwinkel, keinen Windschutz. Von einer Anhöhe aus sah Abba die Brigade lagern. Die Zelte schimmerten im Mondlicht. Eine jüdische Armee wappnete sich für die letzte Schlacht. Es war der Höhepunkt seines Kampfes. Was auch geschieht, sagte er sich, die Zukunft wird besser werden als die Vergangenheit.

* * *

Jenseits der Wüste, im Konferenzraum einer Kaserne, kam ein Offizier auf die Lösung des ägyptischen Problems. Als er sich Luftaufnahmen der Negev-Wüste ansah, entdeckte der Offizier, der zufällig ein angesehener Archäologe war, eine gespenstische Struktur, die sich unter dem Sand dahinwand. Er hielt die Fotos ins Licht. Ja. Eine Straße. Er stellte Nachforschungen an und fand heraus, dass die Römer vor zweitausend Jahren eine Straße durch diese Wüste gebaut hatten. Yigal Allon schickte Soldaten aus, die Untersuchungen anstellen sollten. An manchen Stellen lag die Straße frei. Doch größtenteils war sie unter einer etwa einen halben Meter dicken Sandschicht begraben. Während der folgenden drei Nächte legten Hunderte von israelischen Soldaten im kalten Wind sechzig Kilometer Straße frei. Sie führte in weitem Bogen an der ägyptischen Armee vorbei von Beer-Sheva nach El Aluja. Die Israelis legten Draht auf die Straße, damit die Panzerketten sich nicht in den alten Steinen verfingen.

★ ★ ★

Am 25. Dezember beschoss die israelische Marine – ein paar rostige Schiffe, die man in schrottreifem Zustand gekauft hatte – die Ägypter, die die Küstenstraße belagerten. Durch diesen Angriff vom Meer aus lenkten die Israelis den Feind ab, brachten ihn dazu, sich nicht mehr auf die Wüste zu konzentrieren, wo die israelischen Soldaten die alte Straße entlang schlichen. Am folgenden Morgen griffen die Israelis den Feind von hinten an. Die Ägypter, vollkommen überrumpelt, flohen über den Strand in die Wüste Sinai. In Ortschaften, wo man sie wenige Monate zuvor noch jubelnd empfangen hatte, bewarf man sie nun mit Steinen. Die Israelis blieben ihnen dicht auf den Fersen, eine Entwicklung, die das Ausland verblüffte. Bislang hatten die Israelis einen Defensivkrieg geführt, sich nie außerhalb ihrer Grenzen gewagt. Nun waren sie in ein souveränes Land eingedrungen, rückten bis nach El-Arisch vor, der Wüstenstadt, von der aus die Ägypter ihren Vormarsch begonnen hatten.

Die britische Regierung sandte eine Botschaft: Falls Israel seine Truppen nicht zurückzog, seien die Engländer gezwungen, das Militärbündnis einzuhalten, das sie vor dem Zweiten Weltkrieg mit Ägypten geschlossen hatten und das sie dazu verpflichtete, Ägyptens Grenzen zu verteidigen. Wenige Stunden später entsandte die Royal Airforce sechs Kampfflugzeuge in den Negev. Jüdische Piloten empfingen sie am Wüstenhimmel. Alle sechs Flugzeuge wurden abgeschossen. Die Briten stellten rasch ein Ultimatum: Israel hatte vierundzwanzig Stunden Zeit, um sich aus dem Sinai zurückzuziehen. In den folgenden Stunden fuhren die jüdischen Soldaten auf Panzern und Lastkraftwagen hinter die Grenze zurück. Obwohl monatelang kein offizielles Waffenstillstandsabkommen unterzeichnet wurde, war der Kampf vorbei. Den Israelis war er teuer zu stehen gekommen. Sechstausend Juden waren gefallen – ein Prozent der Bevölkerung des neuen Staates.

* * *

An einem kühlen, wolkenlosen Nachmittag im Spätherbst machte Abba sich nach Norden auf, zu Fuß und per Anhalter. Jeder Soldat, dem er begegnete, hatte eine Geschichte zu erzählen. Er hörte mit geschlossenen Augen zu. Manchmal sah er auf die Straße, die unter seinen Stiefeln schnell wegglitt. Er rauchte. Er sah Lastwagen und Panzer, Männer, die im Schatten standen, ein hübsches Soldatenmädchen mit einem rosa Hemd unter ihrer grünen Uniform. Fahrer winkten und hupten. Hin und wieder flog ein israelisches Flugzeug über den Himmel. Das Meer glitzerte. Außerhalb von Tel Aviv nahm der Verkehr ab. Ein paar europäische Autos, die nach Haifa fuhren; ein kaputter Lastwagen am Straßenrand. Ein Soldat an einer Kreuzung, der per Anhalter heimfahren wollte. In jedem Gesicht erkannte Abba die Züge eines verlorenen Freundes. Er stieg aus dem Wagen und ging zu Fuß weiter. Die Straße war warm. Er wandte sich landeinwärts, das Gewehr geschultert. Die letzten Sonnenstrahlen erreichten die Täler. Als er aus dem hohen Gras trat, sah er den Kibbuz, seine Weingärten und Pfade, die Lichter, die in den Häusern mit den roten Dächern angingen. Der Wind strich über die Felder.

Danach Im Sommer 1998 flog ich nach Israel, wo ich in Jerusalem blieb und mich mit den ehemaligen Partisanen traf, die noch im Land lebten, jenen Kriegsgeschichten nachspürte, die ich zum ersten Mal als Kind gehört hatte, bei den Besuchen im Kibbuz. Während des Flugs las ich Bücher über Israel und dachte an die Zeit zurück, die ich mit Ruzka und Vitka und Abba verbracht hatte: Ruzka bei uns daheim in Illinois, als ich mit ihr an den Michigansee fuhr, dessen Größe sie bestaunte; ich dachte an ihre Neugierde, daran, wie sie alles, was sie ansah, neu schuf, an Vitka in New York, in einem chinesischen Lokal auf der Upper West Side, wo wir über das Jazzkonzert redeten, das sie in Greenwich Village gehört hatte; an Abba, einen distinguierten, grauhaarigen Herrn, der mich durch die National Gallery of Art in Washington D. C. führte und andächtig das dramatische Licht auf jedem Gemälde bemerkte; wie er später mit meiner Familie in seinem Hotelzimmer saß und sich nicht zurückziehen wollte, obwohl er müde war, sich stattdessen ein Kissen mit ins Badezimmer nahm, in der Badewanne ein kurzes Schläfchen hielt und zwanzig Minuten später ausgeruht zur Unterhaltung zurückkehrte.

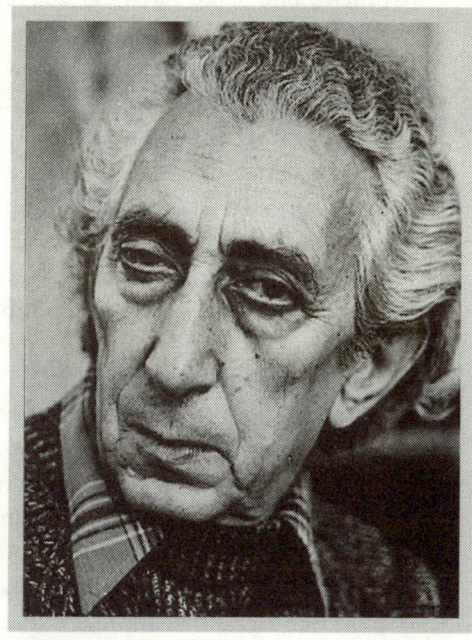

Abba 1980

Abba starb 1987, an Kehlkopfkrebs, nachdem er lange dagegen angekämpft hatte. Als mein Vater und meine Mutter ihn im Krankenhaus in Israel besuchten, bat er eine Krankenschwester, ihm aus dem Bett auf einen Stuhl zu helfen, obwohl es ihm Schmerzen bereitete. Er hielt es für unpassend, einen Besucher im Bett liegend zu empfangen. Einige Wochen zuvor hatten ihm die Ärzte des Sloan-Kettering-Krankenhauses die Stimmbänder entfernt. Dieser Mann, der von der Macht seiner Stimme gelebt hatte, der vor den Partisanen im Ghetto gestanden hatte, vor Soldaten in der Wüste und ihnen zornige Worte entgegengeschleudert hatte, musste seine letzten Tage schweigend zubringen. Mittlerweile war Abba in Israel zum Nationalhelden geworden, zum Symbol für den Widerstand. Seine Dichtung hatte ihm die höchsten Auszeichnungen eingebracht, und seine eigene Geschichte war ein Teil der Nationalgeschichte geworden. Mehrere Jahre zuvor hatte er das Diaspora-Museum in Tel Aviv eingerichtet. Im Museum gibt es Bilder von jüdischen Städten und Synagogen in Europa zu sehen. Abba war der Meinung, es genüge nicht, ausschließlich über das Gemetzel des Holocaust Bescheid zu wissen. *Wie soll man wissen, was man verloren hat, wenn man nicht weiß, was man hatte?* Für ihn waren die unterschiedlichen Studienbereiche – die Juden in Europa, die Tragödien des Kriegs, der Triumph Israels – verschiedene Szenen eines einzigen Epos.

Im Museum befindet sich mein liebstes Ausstellungsobjekt. Ich nenne es: »Nicht zu glauben, dass das ein Jude ist!« Ein Fernsehbildschirm lässt die Namen und Gesichter berühmter Persönlichkeiten aufblitzen. Diese Berühmtheiten, die sich ansonsten überhaupt nicht gleichen, haben eines gemeinsam: Es sind alles Juden. Jackie Mason. Amadeo Modigliani. Marcel Proust. Während man vor den flimmernden Bildern steht, sagt man sich: »Aber ja, der Nach-

name sagt doch alles.« Oder: »Freud! Das weiß doch jeder!«
Oder: »Was? Das gibt's doch nicht! Nicht zu glauben, dass
der Jude ist!« Ich mag die Idee zum einen deshalb, weil sie
komisch ist, zum anderen, weil sie ein jüdisches Bedürfnis
stillt. Nun, ich kann natürlich nur für mich sprechen, und
vielleicht noch für meine Tante Renee. Wir beide, meine
Tante Renee und ich, wissen nämlich, dass eine Geschichte nicht für alle Geschichten steht, dass es ebenso viele unterschiedliche Juden und Schicksale gibt, wie es unterschiedliche Menschen gibt. Für mich ist Abba ein Beispiel
für die Bandbreite menschlicher Erfahrung. Er ist ein
Mann, der kein Durchschnittsleben führte. In Amerika, zumindest in dem Teil des Landes, wo ich aufgewachsen bin,
gibt es eine akzeptierte Version dessen, was den Juden im
Zweiten Weltkrieg widerfahren ist. Es ist die Geschichte
von Güterwaggons und Todeslagern. Es ist eine durch Filme sanktionierte Geschichte, durch Regisseure wie Steven
Spielberg oder Roberto Benigni, jenen unverbesserlichen
italienischen Komiker. Es ist eine wichtige Geschichte; vielleicht die wichtigste überhaupt. Sie erzählt, was während
des Krieges mit der großen Mehrheit der Juden geschah.
Und doch: Es ist nicht die einzige Geschichte. Manchmal,
wenn ich mir ein Foto von Abba ansehe, wie er mit kalten,
harten Augen, ein Gewehr in der Hand, im Wald steht, denke ich mir: »Nicht zu glauben, dass das ein Jude ist.«

★ ★ ★

Als mein Flugzeug in Israel landete, holte mich Michael
Kovner, Abbas und Vitkas Sohn, vom Flughafen ab. Er trug
zerrissene Jeans und ein zerschlissenes Arbeitshemd. Ich
sah ihn auf eine Weise an, die ihm die Frage entlockte: »Wie
sehe ich aus? Wie ein Prolet, nicht?« Michael ist gut ausse-
hend, mit warmen braunen Augen, einem sonnengebräun-
ten Gesicht und einem gewinnenden Lächeln. Ich habe vie-

le schlechte Witze erzählt, nur um ihn lächeln zu sehen. Michael war vor kurzem fünfzig geworden, was bedeutete, dass Israel ebenfalls fünfzig geworden war. Er kam während der ersten Waffenruhe zur Welt. Am Flughafen war auch Michaels Schwester Schlomit, die neun Jahre später geboren wurde. Sie wartete auf ihre Schwiegereltern, die im selben Flugzeug gekommen waren. Wir unterhielten uns ein paar Minuten mit ihr und gingen dann hinaus zu Michaels Lastwagen.

Auf der Ladefläche lagen ein Dutzend Bilder, eigenwillige Darstellungen von Feldern, Hügeln und Tälern. Michael ist Maler. Ich habe drei seiner Bilder in meiner New Yorker Wohnung hängen. Sie zeigen die staubigen Häuser Jerusalems oder die sonnigen Felder des Kibbuz. Auf dem Weg nach Jerusalem blickte ich durch die Autofenster hinaus in die Landschaft.

Michael sagt, es sei seine Mission, Israel zu malen, aber nicht, wie die Touristen es sehen, sondern wie es wirklich ist – ein Land, in dem Leute aufstehen und zur Arbeit gehen. In der letzten Zeit malt er Heuhaufen. Als junger Mann im Kibbuz brachte er die Mädchen dazu, mit ihm ins Heu zu gehen. »Siehst du«, meinte er lächelnd, »es sind nicht nur Bilder über das Leben auf dem Lande.«

Michael diente in einer Elitetruppe, die Geiseln aus Entebbe befreite. Es war dieselbe Einheit, in der auch Ehud Barak und Benjamin Netanyahu dienten. Der Sohn von Abba und Vitka zu sein zwingt zu einer gelegentlichen Mutprobe. Ich unterhielt mich mit einigen von Michaels ehemaligen Kameraden, sah sie Schulter an Schulter durch die engen Gässchen der Altstadt Jerusalems gehen. Und sie erzählten mir von den mutigen Aktionen, die Michael mit seiner Einheit unternahm, von denen er aber nicht will, dass ich sie hier erwähne. Er zieht die einfachen Erinnerungen an seinen Militärdienst vor. Einmal fragte ich ihn – es war in New York, und wir fuhren am Hudson River entlang –, ob es unheimlich sei, sich als Soldat über die Grenze in den Libanon oder nach Jordanien zu schleichen, um dort eine Mission zu erfüllen. »Nur beim ersten Mal«, antwortete er. »Weil das der Zeitpunkt ist, wo man erschossen werden kann. Danach ist es das reinste Picknick.« Eine Geschichte, die er mir einmal erzählte – sie spielt in einem wilden Schneesturm auf den Golanhöhen: Er saß eine Woche lang in einem winzigen Zelt fest, ernährte sich aus Dosen und las zum Zeitvertreib den *Zauberberg* –, veranlasste mich, ebenfalls dieses Buch zu lesen und mir dabei vorzustellen, ich wäre ein Soldat, der im Schnee feststeckte.

Während seiner Militärzeit weigerte sich Michael, auf der Westbank eingesetzt zu werden. Er sagte, er wolle kein Besatzungssoldat sein. Man entsprach seinem Wunsch, verpflichtete ihn allerdings einige Jahre mehr für den aktiven Dienst. Wenn Michael über seine Ansichten redet, die extrem links sind, dann schüttelt Vitka den Kopf und sagt: »Du bist naiv, Michael. Du hast immer schon zur Mehrheit gehört. Du weißt so wenig über das wirkliche Leben.«

In Jerusalem mietete ich mir in der alten deutschen Kolonie eine Wohnung. Tag für Tag fuhr ich in einem Mietwagen zum Haus eines ehemaligen Partisanen oder Mitglieds der Rächer. Hin und wieder begleitete Michael mich zu den Interviews. Wenn jemand kein Englisch sprach, übersetzte er für mich. Nachts gingen wir in ein Café, wo uns der Ober Wassermelone servierte, außen blaugrün, innen köstlich rot und saftig. Wir aßen sie zusammen mit Käse. Zu meinem Geburtstag schenkte Michael mir ein kleines Bild, auf dem ein Orangenhain im Kibbuz zu sehen war.

Im August unternahm ich mit Michael und einem seiner Freunde, einem Historiker, eine Tour zu den Orten, wo Abba im Unabhängigkeitskrieg gekämpft hatte. Ashdod, Yad Mordechai und Irak-Sudan, eine Polizeifestung, die die Ägypter besetzt hatten. Es war eine Schlüsselposition, und die Israelis hatten dort viele Kämpfe auszufechten. Die Fassade trägt die Narben von Einschusslöchern. Innerhalb des Gebäudes, das nun ein Museum der Givati-Brigade ist, hängen Fotos von Abba. Als ich dort war, marschierte eine Einheit Rekruten durch die Gänge, und ihre Schritte hallten über den Steinboden. Sie waren sehr jung. In einem der Säle sahen sie sich einen Film über die Geschichte der Brigade an. Ich konnte sie applaudieren hören.

Auf dem Rückweg nach Jerusalem fuhren wir durch Sonnenblumenfelder.

Michael sagte mir, ich solle aus dem Wagen steigen und eine Blume pflücken. Die Blattspitzen waren schwarz von der Sonne, und der Stängel rau wie ein Seil. Während ich daran riss, schien sich die Blume dagegenzustemmen. Meine Hände fingen an zu bluten. Im Auto legte Michael die Blume auf die Ablage. Während er fuhr, pickte er die Körner heraus. Mir fiel auf, dass ich noch niemals bewusst eine verblühte Sonnenblume gesehen hatte. Die Körner waren in perfekten Reihen angelegt, als hätte sie ein Konditor arrangiert.

»Ein Wunder der Natur«, staunte ich.

Der Historiker, der auf dem Rücksitz gedöst hatte, richtete sich auf und sagte: »Ein Wunder? Das ist doch kein Wunder.«

»Doch, es ist ein Wunder«, sagte Michael. »Das alles ist ein Wunder.«

★ ★ ★

Ich verbrachte einige Wochen im Kibbuz, schlief in einem Gästehaus unter den Bäumen. Mein Bett war von Ventilatoren umgeben. Jeden Morgen traf ich Vitka in ihrem Garten. Sie trug einen Strohhut und ein Sommerkleid. Wenn ich kam, stemmte sie die Hände in die Hüften und lächelte. Sie war kurz zuvor aus der Praxis gekommen, die sie im Kibbuz betreibt. Nach dem Krieg ging Vitka wieder zur Schule und studierte Psychologie. Sie hatte ein System entwickelt, mit Hilfe dessen sich Kinder mit psychischen Störungen in Farben mitteilen können. Während sie von ihrer Arbeit spricht, muss ich plötzlich daran denken, dass sie ja selbst noch ein halbes Kind gewesen war, als der Krieg ausbrach, und dass sie, indem sie diesen Kindern half, auch eigene Erlebnisse verarbeitete. Wir unterhielten uns in ihrem Wohnzimmer. Hin und wieder stand sie auf, ging zum Kühlschrank und kam mit ein paar Melonenstücken zu-

rück. »Im Kibbuz gewachsen«, sagte sie. Sie waren sehr süß. Sie erzählte mir ihre Geschichten mit staunenden Augen, als könne sie sie selbst kaum glauben.

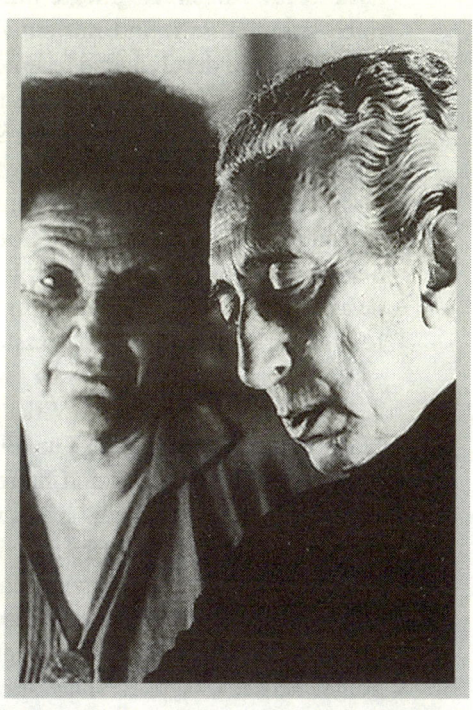

Manchmal fuhr sie mit mir zu anderen Siedlungen, um mir ehemalige Partisanen vorzustellen. Bei einer dieser Gelegenheiten sah ich das Werk eines Überlebenden, der mit Hilfe von Zahnstochern Dutzende von Synagogen nachgebildet hatte, die in

Vitka und Abba

Polen zerstört worden waren. Die Modelle hingen an der Wand, sie besaßen eine eigenartige, zerbrechliche Schönheit.

Eines Morgens erzählte uns Lebke, wie er es anstellte, obwohl er fast alle Finger eingebüßt hatte, das Brot zu vergiften. Während er redete, zuckte er mit den Achseln, eine Geste, die ich von meiner Großmutter kannte. Sie bedeutete soviel wie: »Das hättet ihr genauso gekonnt.«

Das Abendessen nahm ich im Speisesaal des Kibbuz ein. Die Mahlzeiten wurden oft von Ghadi aufgetragen, Ruzkas jüngstem Sohn, der Generalsekretär des Kibbuz war. In Ein Hahoresch bedeutet eine führende Stellung das Gegenteil von Privilegiertheit. Ghadi hat graue Haare und lebhafte blaue Augen. Er pflegte mir zuzuzwinkern, wenn er mich kommen sah, und mir ein zusätzliches Stück Huhn oder Fisch auf den Teller zu legen. Das Essen im Kibbuz ist nicht mehr und nicht weniger, als man für einen arbeitsreichen Tag braucht. Ruzkas ältester Sohn, mein Cousin Yehuda, lebte damals in Toronto, wo er für die Kibbuzbewegung Israels arbeitete. Ich besuchte ihn dort, als ich mich dazu entschloss, dieses Buch zu schreiben. Ich bat ihn um seinen Segen, und er sah mich an, als wäre ich verrückt geworden: »Was soll das werden, eine viktorianische Hochzeit?«, fragte er. »Ruzka würde wollen, dass du sie erzählst – also erzähle sie.«

Manchmal, wenn ich mit Vitka redete, kam Michael ins Haus und schloss leise die Tür. Er war mit seiner Staffelei in den Feldern gewesen und hatte die Landschaft gemalt. Wenn Vitka zu Ende erzählt hatte, fuhr er mit mir in seinem Wagen über kleine Landstraßen hinunter zum Strand. Es war eine wunderschöne, malerische Bucht mit den Pfosten eines längst verschwundenen Landestegs, der ein Stückweit in die Brandung hinausgereicht hatte. »Ich bin hier aufgewachsen«, sagte er. »Das ist mein Strand.«

Ich fragte Michael, was er über die Geschichten seiner Eltern dachte.

»Manchmal denke ich an die Menschen, die damals in Wilna lebten«, sagte er. »Es gab welche, die halfen, und andere, die nichts taten. Man lernt etwas über das Leben.«

Ich verbrachte auch Zeit mit Ruzkas Tochter Yanot, die aussieht wie Ruzka vor dem Krieg ausgesehen haben mag. Yanot leitet das Moreshet-Archiv, das Ruzka einrichtete, um die Geschichten der Überlebenden zu sammeln. Ruzka glaubte, dass es den Menschen gut tat, wenn sie ihre Geschichten erzählen konnten. Sie war Historikerin, Schriftstellerin und Aktivistin.

Ruzka starb 1988. Obwohl sie sehr krank gewesen war, hatten ihre Kinder nichts davon gewusst. Sie hatte sich nichts anmerken lassen. »Sie wollte nicht zugeben, dass sie krank war«, sagt Yanot. »Sie war zu sehr mit ihrer Sorge um Abba beschäftigt. Ihr ganzes Leben war es so gewesen. Erst als er tot war, schien sie sich zu sagen: ›Jetzt kann ich von mir aus krank sein.‹«

Abba wurde beerdigt und Ruzka kaum ein Jahr nach ihm.

An einem meiner letzten Tage in Israel breitete Vitka eine Karte von Osteuropa auf ihrem Wohnzimmertisch aus. »Ich zeige dir, wohin du fahren musst«, sagte sie. Als sie jede Straße und jeden Ort mit einem Kreis gekennzeichnet hatte, bemerkte sie: »Ein paar von den Leuten hier waren in Ordnung, aber die meisten waren gemeine Hunde.«

Ein paar Tage später verließ ich Israel. Am Flughafen fragte mich eine junge Frau vom Sicherheitsdienst, wozu ich ihr Land besucht hatte. Ich antwortete ihr, dass ich ein Buch schriebe. Sie fragte mich, worüber ich ein Buch schriebe, und ich erwähnte Ruzka. Das Mädchen lehnte sich zurück und fragte: »Ruzka, die Partisanin?«

Und dann war ich in Wilna, in einem Hotel, das nur wenige Häuserblocks vom jüdischen Ghetto entfernt war. Luftreisen lassen einem keinerlei Zeit, die seelische Distanz zu überbrücken. Auf der Straße gegenüber stellte ein Museum Bilder von Goya aus mit dem Titel »Die Schrecken des Kriegs«. Es gab Skizzen von Vergewaltigungen, Schlägen, Foltern. Der Gehsteig vor dem Museum ist gepflastert mit Grabsteinen vom alten Judenfriedhof. Bei näherer Betrachtung kann man die ausgewaschenen hebräischen Buchstaben sehen, die gespreizten Finger der Hohenpriester, Geburts- und Todesdaten.

Mit Hilfe eines Führers ging ich in der ganzen Stadt herum – zum Armenhaus, wo Ruzka und Vitka sich trafen, zur Wohnung, wo sie im Ghetto lebten, zum Einstieg in die Kanalisation. Die Straßen im Ghetto sind unverändert geblieben; sie erinnern an eine alte Kulisse, die man vergessen hat fortzuräumen. Man hat keine Mühe, sich die Schauspieler vorzustellen, die hier ihre Rollen einstudieren: Ruzka, die Kämpfer rekrutiert, Vitka, die sich die Haare bleicht, Abba, der durch die Kanalisation kriecht. Wenn man die Geschichte der Kämpfer kennt, dann sieht man diese verwahrlosten Gassen mit anderen Augen.

Ich besuchte Schmuel Kaplinsky, den Mann, der eine Karte von der Kanalisation in Wilna gezeichnet und die Juden aus dem Ghetto geführt hatte. Er lebt mit seiner Frau noch immer in der Wohnung, wo Abba an seinem letzten Tag in der Stadt von ihm Abschied nahm. Sie befindet sich in einem aschgrauen Wohnblock, am Ende einer finsteren Treppe, lediglich von einer trüben Funzel beleuchtet. Seine Frau war sehr krank, würde vielleicht bald sterben, und Schmuel saß an ihrem Bett und hielt ihre Hand. Er trug seine dicke Brille. Wenn er aufblickte, wirkten seine Augen riesig und fremd, wie etwas, das man durch ein Mikroskop betrachtet. Er sprach nur Polnisch. Er schien zu glauben, dass er, um sich verständlich zu machen, nur laut genug reden und mir dabei auf die Schenkel klopfen müsse. Seine Frau dagegen tat mir in untadeligem Englisch ihre Verachtung für Amerika kund und ihren festen Glauben an den unausweichlichen Sieg der kommunistischen Idee. Als ich ihr widersprach, schalt sie mich: »Sie haben keine Ahnung von Dialektik.« Bevor ich etwas erwidern konnte, warf mir mein Führer einen vielsagenden Blick zu.

Eines Abends fuhr ich nach Ponar, zu den Gruben im Wald, wo die meisten Juden Wilnas umgebracht worden waren. Es war dunkel, als ich dort ankam. Die Pfade zwischen den Bäumen waren schmal und fielen dann steil zu den Gruben ab. Die Wipfel der Bäume, die sich schwarz gegen den dunklen Himmel abzeichneten, schienen von Tausenden sterbender Blicke befleckt. Ich fuhr auch zum Rudnicki-Wald, wo die jüdischen Partisanen ihren Stützpunkt hatten. Es war eine düstere, sumpfige Gegend, in der es von Pilzen und Ungeziefer wimmelte, ein elender Ort. Einige Partisanenunterstände sind noch erhalten. Wenn man die lehmigen Räume betritt, kann man spüren, wie die Erde um einen herum atmet. Ein Schild identifiziert diese Unterstände als die Bleibe der Kommunisten, die die Faschisten vertrieben haben. Die Juden hat man schlicht aus der Geschichte herausgestrichen.

Im Wald traf ich eine Jüdin, die im Ghetto als Botin gearbeitet hatte. Sie war eine Kommunistin, die sich dazu entschlossen hatte, in Litauen zu bleiben. Sie war alt geworden, hatte weißes Haar und einen krummen Rücken, aber man konnte noch immer erahnen, wie hübsch sie einmal gewesen sein musste. Sie war mit einer israelischen Reisegruppe gekommen, um dieser zu zeigen, wo die Juden gekämpft hatten. Ich fuhr sie nach Wilna zurück. Wir hielten an einem gewundenen Fluss. Ich hatte einen Apfel und bot an, ihn mit ihr zu teilen.

»Wie sollen wir ihn teilen?«, fragte ich.

Sie griff in ihre Tasche und holte ein riesiges Jagdmesser heraus. Sie ließ es aufschnappen und sagte: »Damit wird's wohl gehen.«

Während der folgenden sechs Tage fuhr ich kreuz und quer durch Litauen, dann hinüber nach Polen. Manchmal hielt ein Heuwagen auf der Hauptstraße den gesamten Verkehr auf. Wenn man vorbeifuhr, fuchtelte der kleine Mann auf dem Wagen mit der Peitsche herum und fluchte. Mitten auf dem Lande, meilenweit von der nächsten Ortschaft entfernt, standen Prostituierte in hochhackigen Schuhen und Pelzmänteln an der Straße. Während ich südlich von Kielce im Radio nach einem passenden Sender suchte, hörte ich Zero Mostel singen: »Wenn ich einmal reich wär...«

Mein Freund Todd war bei mir. Wir sind seit dem College miteinander befreundet, und wir machten uns unterwegs über vieles lustig – aber nicht über alles.

Eines Nachmittags fuhren wir nach Majdanek, das Todeslager bei Lublin, in dem über eine Million Juden starben. Während wir uns durch die überwucherten Felder kämpften, innerhalb und außerhalb der gespenstischen Baracken, sah ich Paare mit Frisbeescheiben, Jungen mit Fußbällen und Hunde, die Stöckchen apportierten.

Todd blickte zum Krematorium hinüber und sagte: »Sie halten es wohl für eine Art Park.«

Dies ließ mich wieder an Abba denken und daran, wie wichtig seine Geschichte ist. Mein Leben lang hörte ich Menschen sagen, dass die richtige Einstellung zum Holocaust am besten mit dem Satz zusammengefasst werden könne: »Ihr dürft niemals vergessen.« Juden sollten niemals vergessen, was geschehen ist, und müssen auch dafür sorgen, dass die Welt es nicht vergisst. Wenn die Welt sich daran erinnert, wird so etwas nie mehr geschehen. Auf diese Weise wird die Zukunft kontrollierbar, glauben einige Leute, vorhersehbar. Aber Generationen leben und sterben,

Jahre kommen und gehen, alle, die leben, sind irgendwann tot – die Menschen vergessen. Sogar heute, da viele derer, die die Massenvernichtung überlebt haben, noch am Leben sind, streiten ein paar Verrückte den Holocaust ab. Was geschieht, wenn der letzte Überlebende verschwunden ist? Was geschieht, wenn der Holocaust ebenso weit in der Vergangenheit liegt wie die napoleonischen Kriege? Wer spricht heute noch leidenschaftlich von der spanischen Inquisition? Genau jetzt befinden wir uns in diesem entscheidenden Moment, an dem die Geschehnisse der jüngeren Vergangenheit Teil der Geschichte werden. Vielleicht ist Abbas, Vitkas und Ruzkas Geschichte deshalb so bedeutend. Sie beweist, dass man kämpfen kann, ganz gleich, woran die Leute sich erinnern oder was sie vergessen. Abba hatte nur seine Überzeugung, dass man, wenn man kämpft, auf jeden Fall gewinnt, selbst wenn man verlieren sollte. Mit diesem Glauben brachte er viele dazu, ebenfalls Widerstand zu leisten, was ihnen letztendlich das Leben rettete. Eine Botschaft seiner Geschichte lautet: Wer kämpft, hat eine Chance zu überleben.

Als Abba starb, kam ein israelischer Fernsehreporter auf der Straße auf Ruzka zu. Er fragte sie auf Hebräisch, was Abba Kovner ihr bedeutet hatte.

Ohne zu zögern, sagte sie: »Er gab mir einen Grund zu leben.«

Die Geschichte dieses Buches verdanke ich den Gesprächen, die ich die letzten zwanzig Jahre mit Abba Kovner, Vitka Kempner-Kovner und Ruzka Korczak-Marle führte.

Auch bin ich den ehemaligen jüdischen Partisanen in Israel, den Vereinigten Staaten und Litauen zu Dank verpflichtet, die mir von ihrem Leben im Ghetto und in den Wäldern erzählt haben. Vor allem Isser Schmidt, Pinchas Ben-Tsur, Rachel Glicksman, Cesia Rosenberg, Mordechai Roseman, Schmuel Kaplinsky und Lena Hamill. Meine Treffen mit Gabik Sedlis in New York waren mir eine besondere Anregung.

Auch möchte ich Itzhak Rogalin, Mira Verdin und Lebke Distel danken, die ich in YaQuim, einem Kibbuz in Israel, traf. Außerdem bin ich Dutzenden von Partisanen und Holocaust-Überlebenden dankbar, die mir von ihren Erlebnissen berichteten sowie den Kindern der Partisanen, vor allem meinen Cousins, die ihre Erinnerungen, Photographien und Andenken mit mir teilten. Dabei denke ich an Avi Marle, Yehuda und Reena Marle, Yanot und Yossi Rothbein, Ghadi und Ayala Marle und Schlomit Kovner. Besonderen Dank schulde ich Michael Kovner, der mich während meines Israel Aufenthalts unter seine Fittiche nahm, mein gelegentlicher Übersetzer und Ratgeber war und immer mein Freund sein wird. Ich bin Meir Turner dankbar, Geschichtsstudent und hervorragender Linguist, der große Teile von Ruzkas Memoiren für mich übersetzte sowie den Briefwechsel zwischen Ruzka und Vitka.

Des Weiteren möchte meiner Lektorin Jordan Pavlin, meinem Agenten Andrew Wylie und Jeff Posternak von der Wylie Agency danken. Auch danke ich für ihre Hilfe: Dorothy Medoff, William Levin, Lisa Melmed, Alec Wilkinson, Savid Lipsky, James Albrecht, Renee und Ralph Blumenthal, Robert Blumenthal (wie versprochen) sowie C. S. Ledbetter III. Ich möchte meiner Schwester Sharon Levin und meinem Bruder Steven Cohen danken. Spezieller Dank gebührt Jessica Medoff für ihren Rat und ihre beständige Ermutigung. Ebenso ihrem Vater Allan Medoff, der mir ein wunderschönes altes Buch über das jüdische Wilna schenkte und von dem ich mir wünschte, die Chance gehabt zu haben, ihn besser kennen zu lernen. Wie immer bin ich meiner Mutter und meinem Vater zutiefst dankbar, und sie wissen warum. Am meisten möchte ich Vitka Kovner danken, die mich in ihr Zuhause, in ihr Leben und in ihre Vergangenheit mitgenommen hat und die für mich das beste lebende Beispiel für den Mut und die Entschlossenheit guter Menschen ist.

Ainsztein, Reuben. *Jüdischer Widerstand im deutschbesetzten Osteuropa während des Zweiten Weltkrieges.* Oldenburg, 1993.

Arad, Yitzhak. *The Partisan; From the Valley of Death to Mount Zion.* New York, 1979.

Arad, Yitzhak. *Ghetto in Flames: The Struggle and Destruction of the Jews in Vilna in the Holocaust.* New York, 1982.

Azcarate, Pablo De. *Mission in Palestine: 1948–1952.* Washington, D. C., 1966.

Barnouw, Dagmar. *Germany 1945: Views of War and Violence.* Bloomington, 1996.

Beckman, Morris. *The Jewish Brigade: An Army with Two Masters 1944–1945.* New York, 1998.

Bernstein, Burton. *Sinai: The Great and Terrible Wilderness.* New York, 1979.

Black, Ian und Morris, Benny. *Israels Secret Wars; A History of Israels Intelligence Services.* New York, 1991.

Browning, Christopher. *Der Weg zur Endlösung. Entscheidungen und Täter.* Bonn, 1998.

Buber, Martin. *Israel und Palàstina. Zur Geschichte einer Idee.* München, 1968.

Clark, Alan. *Barbarossa: The Russian-German Conflict, 1941–1945.* New York, 1965.

Cohen, Israel. *History of the Jews in Vilna.* Philadelphia, 1943.

Conot, Robert E. *Justice at Nuremberg.* New York, 1983.

Dawidowicz, Lucy S. *The Holocaust Reader.* West Orange, 1976.

Dupuy, Colonel T. N. *Elusive Victory: The Arab-Israeli Wars 1947–1974.* Dubuque, 1992.

Duffy, Christopher. *Der Sturm auf das Reich: Der Vormarsch der Roten Armee 1945*. München, 1994.

Eckman, Lester and Lazar, Chaim. *The Jewish Resistance: The History of the Jewish partisans in Lithuania and white Russia During the Nazi Occupation 1940–1945*. New York, 1977.

Ehrenburg, Ilya und Simonov, Konstantin. *In One Newspaper*. New York, 1985.

Elkins, Michael. *Forged in Fury: A True Story of Conrage, Horror and Revenge*. London, 1971.

Falkenrath, Richard A., Newman, Robert D. und Thayer, Bradley A. *America Achilles Heel: Nuclear, Biological and Covert Attack*. Cambridge, Mass., 1998.

Foxman, Abraham. »The Resistance Movement in the Vilna Ghetto« in Yuri Suhl (Hg.) *The Fought Back: The Story of The Jewish Resistance in Nazi Europe*. New York, 1967.

Friedländer, Saul. *Das Dritte Reich und die Juden, Bd. 1: Die Jahre der Verfolgung, 1933–1939*. München, 1997.

Friedman, Philip. *Roads to Extinction: Essays on the Holocaust*. New York, 1980.

Gilbert, Martin. *The Holocaust: A History of The Jews of Europe During The Second World War*. New York, 1986.

Gilbert, Martin. *Atlas of the Arab-Israeli Conflict: The Complete History of the Struggle and Efforts to Resolve It*. New York, 1993.

Glantz, David M. and House, Jonathan. *When Titans Clashed: How the Red Army Stopped Hitler*. Lawrence, 1995.

Goldberg, David J. *To The Promised Land: A History of Zionist Thought*. New York, 1996.

Gordon, Harry. *The Shadow of Death: The Holocaust in Lithuania*. Lexington, 1992.

Greenbaum, Masha. *The Jews of Lithuania: A History of A Remarkable Community 1316–1945.* Jerusalem, 1995.

Grubsztein, Meir. J*ewish Resistance During the Holocaust: Preceedings of the Conference on Manifestations of Jewish Resistance.* Jerusalem, 1971.

Gutman, Israel. *Youth Movements in the Underground and the Ghetto Revolts in the Holocaust.* Westport, 1989.

Gutman, Israel. *Resistance: The Warsaw Ghetto Uprising.* New York, 1994.

Guzenberg, Irina and Kalasauskiene. *Vilnius Ghetto: List of Prisoners.* Volume Two. Vilnius, 1998.

Halevy, Yechiam (Hg.). *History Atlas of the Holocaust.* New York, 1996.

Harel, Isser. *The House of Garibaldi Street: The First Full Account of the Capture of Adolf Eichman, Told by the Former Head of Israel's Secret Service.* New York, 1975.

Harmatz, Joseph. *From the Wings: A Long Journey, 1940–1960.* Sussex, 1998.

Hashomer Hatzair. *The Massacre of European Jewry.* Israel, 1963.

Herzog, Chaim. *Kriege um Israel. 1948–1984.* Frankfurt, 1984.

Hilberg, Raul. *Die Vernichtung der europäischen Juden.* Frankfurt, 1994.

Keegan, John. *The Second World War.* New York, 1989.

Kesselring, Albert. *Soldat bis zum letzten Tag.* Bonn, 1953.

Konstanin, Rachel. *Green House: The Jewish State Museum of Lithuania.* Vilnius, 1996.

Korczak, Ruzka. *Flames in Ashes.* (unveröffentlichte Übersetzung aus dem Hebräischen). Tel Aviv, 1948.

Kowalski, Isaac. *A Secret Press in Nazi Europe: The Story of the Jewish United Partisan Organization.* New York, 1969.

Kowalski, Issac (Hg.). *Anthology of Armed Resistance 1939–1945.* Brooklyn, 1985.

Larkin, M. *The Six Days of Yad-Mordechai*. Jerusalem, 1965.

Lorch, Carlos and Lorch, Netanel. *Shield of Zion: The Israel Defense Forces*. Charlottesville, 1991.

Merritt, Richard L. *Democracy Imposed: U. S. Occupation Policy and the German Public, 1945–1949*. New Haven, 1995.

Near, Henry (Hg.). *The Seventh Day: Soldiers Talk About the Six Day War*. London, 1967.

Porat, Dina. *The Blue and The Yellow Stars of David: The Zionist Leadership in Palestine and the Holocaust 1939–1945*. Cambridge, 1990.

Rudashevski, Isaak. *The Diary of the Vilna Ghetto*. Tel Aviv, 1973.

Segev, Tom. *Die Siebte Million. Der Holocaust und Israels Politik der Erinnerung*. Hamburg, 1995.

Sereny, Gitta. *Albert Speer: Das Ringen mit der Wahrheit und das deutsche Trauma*. München, 1997.

Shirer, William. *Aufstieg und Fall des Dritten Reichs*. Köln, 1961.

Sutzkever, Abraham. »Never Say This is The Last Road,« in Leo Schwarz (Hg.). *The Root and The Bough: The Epic of An Enduring People*. New York, 1949.

Tec, Nechama. *When Light Pierced The Darkness: Christian Rescue of Jews in Nazi-Occupied Poland*. New York, 1986.

Tennenbaum, Joseph. *Underground: The Story of a People*. New York, 1952.

Wasserstein, Bernard. *Vanishing Diaspora: The Jews of Europe Since 1945*. Cambridge, 1996.

Weizmann, Chaim. *The Letters and Papers of Chaim Weizmann: November 1917 – October 1918*. Jerusalem, 1977.

Werner, Harold. *Partisan im Zweiten Weltkrieg. Erinnerungen eines polnischen Juden*. Lüneburg, 1999.

*Das Gedicht von Abba Kovner auf Seite 7
wurde aus dem Hebräischen ins Englische übersetzt.
Gemäß einer Verfügung des Autors darf keiner seiner Texte
ins Deutsche übersetzt werden.*

Ingrid Strobl

Die Angst kam erst danach

Jüdische Frauen im
Widerstand 1939–1945

Band 13677

Von der Rettung jüdischer Kinder bis zur »Liquidierung«
von Gestapospitzeln, von der Herstellung falscher Papiere
bis zum Transport von Waffen und Informationen: überall,
vom westlichen Frankreich bis zum östlichen Polen,
engagierten sich jüdische Frauen aktiv im Widerstand
gegen nationalsozialistische Besatzer und die Politik
der »Endlösung«. Anhand von Archivmaterial, Briefen,
Tagebüchern und zahlreichen Interviews untersucht
Ingrid Strobl erstmals die Beteiligung jüdischer Frauen
am Widerstand im von den Deutschen besetzten
Europa – ein bislang verborgenes Kapitel der Geschichte
des Zweiten Weltkriegs und der Shoa.

Fischer Taschenbuch Verlag